公司主体常见法律纠纷及风险提示

TIPS ON COMMON LEGAL DISPUTES AND RISKS OF COMPANY SUBJECTS

刘建军◎著

法律出版社
LAW PRESS · CHINA
北京

图书在版编目(CIP)数据

公司主体常见法律纠纷及风险提示 / 刘建军著. --
北京：法律出版社，2023
ISBN 978-7-5197-7725-8

Ⅰ. ①公… Ⅱ. ①刘… Ⅲ. ①公司–经济纠纷–研究
–中国 Ⅳ. ①D925.104

中国国家版本馆 CIP 数据核字(2023)第 050951 号

公司主体常见法律纠纷及风险提示
GONGSI ZHUTI CHANGJIAN FALÜ
JIUFEN JI FENGXIAN TISHI

刘建军 著

责任编辑 李争春
装帧设计 李 瞻

出版发行 法律出版社
编辑统筹 法规出版分社
责任校对 张红蕊
责任印制 耿润瑜
经　　销 新华书店

开本 710 毫米×1000 毫米 1/16
印张 16.5　　字数 280 千
版本 2023 年 6 月第 1 版
印次 2023 年 6 月第 1 次印刷
印刷 固安华明印业有限公司

地址：北京市丰台区莲花池西里 7 号(100073)
网址：www.lawpress.com.cn
投稿邮箱：info@lawpress.com.cn
举报盗版邮箱：jbwq@lawpress.com.cn
销售电话：010-83938349
客服电话：010-83938350
咨询电话：010-63939796

书号：ISBN 978-7-5197-7725-8
定价：58.00 元
凡购买本社图书，如有印装错误，我社负责退换。电话：010-83938349

前言

改革开放以来,我国社会主义市场经济蓬勃发展。自 1993 年《中华人民共和国公司法》(以下简称《公司法》)颁布,我国现代公司制度逐步完善。《公司法》设立之初,我国公司资本制度为注册资本实缴制,而 2013 年《公司法》的修订,对公司资本制度相关问题进行了重要修改,即公司资本制度由注册资本实缴制改为注册资本认缴制。

在注册资本认缴制模式下,公司的注册资本只要被股东认缴完毕,公司就可以登记成立。相较更为宽松的股东出资义务,在降低公司成立的门槛与条件,极大地激发市场投资热情,促使公司注册数量大幅增加的同时,大量基于公司主体产生的争议与纠纷随之涌现。公司主体,作为我国社会主义市场经济中不可或缺的重要民商事主体,理当充分重视其设立、运营,直至解散等全流程中可能出现的各类法律纠纷。

对于公司主体而言,如何在合理合法的生产运营以获取经济利益的同时,充分维护公司主体权益;对于公司股东而言,如何在充分履行应尽的包括出资义务等在内的法定义务的基础上,主张自身应有的各类民事权益;对于债权人而言,如何在基于公司主体债权无法顺利清偿的情况下,采取适宜的法律手段向公司、股东主体主张权利……凡此种种,需要我们对各类基于公司主体产生的法律纠纷进行充分的总结和归纳。

本书正是基于这一目的,选取最高人民法院,各省市高级人民法院、中级人民法院等作出的判决中具有代表性和指导性的案例判决,通过精炼案例中的关键词,对基本案情进行概括并对法院裁判观点进行整理,进而对法院的裁判思路作出分析,最终为公司主体在面临相关法律纠纷时提出具有一定参考价值的风险提示与处理意见。本书同时选取与纠纷相关的法律法规条文,以确保法律规定与司法实践的有机结合。

根据《民事案件案由规定》，我国民商事诉讼中目前确立的与公司主体相关的案由共二十四项。本书选取其中司法实践中常见的法律纠纷案由类型，作为本书的四个章节，即基于公司资本关系产生的纠纷、基于公司整体利益产生的纠纷、基于股权关系产生的纠纷以及基于股东主体权益产生的纠纷。

第一部分，基于公司资本关系产生的纠纷。公司作为资本合法人，资本充实是公司正常存续及运营的经济基础。股东应当按照公司章程规定按期、足额缴纳其本人所认缴的出资额。公司资本关系的相关问题，是对于公司主体而言最为基础性的内容之一。随着公司主体的大量成立，与之相关的基于公司资本关系产生的纠纷随之大量出现。本章选取股东出资纠纷、新增资本认购纠纷、公司减资纠纷、公司增资纠纷四类案由，十个司法判例的具体内容，为公司主体作基于公司资本关系产生的纠纷的相关风险的提示与建议。

第二部分，基于公司整体利益产生的纠纷。公司整体利益指的是实现企业宗旨为目的的同时包括所有相关当事人的利益，是一种集体利益的体现。其中相关当事人包括发起人、股东、债权人等。司法实践中，发起人、股东的一些行为会直接损害到公司的整体利益，与之相关的基于公司整体利益产生的纠纷随之大量出现，不利于公司长远发展。本章选取发起人责任纠纷、股东损害公司债权人利益责任纠纷、损害公司利益责任纠纷、公司决议纠纷四类案由，十七个司法判例的具体内容，为公司主体作基于公司整体利益产生的纠纷的相关风险的提示与建议。

第三部分，基于股权关系产生的纠纷。公司制是现代商事活动的重要基础，股权制度是保障公司制能够平稳运行的核心和关键。随着市场经济的不断发展，公司中的股权交易日益频繁，股权纠纷案件也日益增多。股权问题，影响着一个企业的生存和发展，也是我国企业创始人、投资人最关心的问题之一。从公司的创立、运营直至解散、清算，股权问题几乎贯穿企业经营的每个环节，由此衍生出的争议纠纷也牵扯各方股东的权益。本章选取请求公司收购股份纠纷与股权转让纠纷两类案由，八个司法判例的具体内容，为公司主体作基于股权关系产生的纠纷的相关风险的提示与建议。

第四部分，基于股东主体权益产生的纠纷。股东权益系股东基于公司法的规定和公司章程的约定所享有的基本权益，依据权利行使的目的，可分为自益权和共益权。法律充分尊重股东基于其股东身份所享有的各项权利，但由于公司内部各股东持股比例的不同,实践中出现大量控股股东利用自身优势侵害中小股东利益的倾向,与之相关的基于股东权益产生的纠纷随之大量出现。本章选取股东资格确认纠纷、股东知情权纠纷、损害股东利益责任纠纷、公司盈余分配纠纷、股东名册记载纠纷五类案由,十五个司法判例的具体内容,为公司主体作基于股东主体权益产生的纠纷的相关风险的提示与建议。

目录

第一章

基于公司资本关系产生的纠纷

公司作为资合法人，资本充实是公司正常存续及运营的经济基础。股东应当按照公司章程规定按期、足额缴纳其本人所认缴的出资额。公司资本关系的相关问题，是对于公司主体而言最为基础性的内容。而随着公司主体的大量成立，与之相关的基于公司资本关系产生的纠纷随之大量出现，笔者通过选取基于公司资本关系产生纠纷的相关民事案由，以案例分析的形式提炼司法实践中的相关裁判观点。

具体而言，本章内容包括股东出资纠纷、新增资本认购纠纷、公司减资纠纷、公司增资纠纷四个小节。通过分析四类案由，十个司法判例的具体内容，为公司主体作基于公司资本关系产生的纠纷的相关风险的提示与建议。

一、股东出资纠纷

股东出资是指公司股东在公司设立或增加资本时，按照法律、公司章程的规定以及认股协议的约定，向公司交付财产或履行其他给付义务以取得股权的行为。出资是股东对公司的基本义务，也是形成公司财产的基础。如实出资是股东最基本的法律义务，是形成公司财产的基础，同时也是股东预防法律风险的必要前提。出资制度在整个公司制度中具有极其重要的意义。

司法实践中，基于股东出资而产生的民事纠纷大量出现，公司案件审理中常见的股东出资纠纷类型包括股东虚假出资、出资不足、逾期出资、抽逃出资，从而引发公司与股东、股东与股东、股东与债权人之间的出资纠纷和诉讼，股东可能被起诉而依法承担继续履行、损害赔偿等违约责任。本节从实际的民事判决出发，分析其中的具体表现形式以及相关责任的认定，以期为公司主体提供基于公司股东出资纠纷的防范和处理建议。

1. 股东出资不足的认定问题

江西省煤炭集团云南矿业有限责任公司与福建双林农业开发有限责任公司股东出资纠纷[①]

【关键词】

公司出资纠纷　虚假出资　出资不足　连带责任

【案情简介】

2010 年 5 月 7 日，江西省煤炭集团公司（以下简称江煤集团）与广丰公司、恒达华星公司、永灿经营部约定共同出资组建合资公司。江煤集团以货币出资 5100 万元；广丰公司以煤矿勘探权作价出资 900 万元；恒达华星公司以煤矿探矿权作价出资 3400 万元；永灿经营部以煤矿探矿权作价出资。

2010 年 2 月 10 日，山连山公司根据委托对案涉拟出资探矿权出具评估报告。后各方签订《探矿权出资作价协议》，确认评估结果。

2011 年 2 月 1 日，江西省煤炭集团云南矿业有限责任公司（以下简称江煤云南公司）各股东通过股东会决议确认江煤云南公司注册资本增加到 22157 万元，其中广丰公司、恒达华星公司、永灿经营部出资方式均为探矿权。

2011 年 3 月 2 日，云南省矿业权交易鉴证书记载恒达华星公司将顺通煤矿精查项目探矿权以 3400 万元转让给江煤云南公司；2011 年 3 月 8 日，云南省矿业权交易鉴证书记载广丰公司将红丫口煤矿勘探项目探矿权以 900 万元转让给江煤云南公司；2011 年 1 月 24 日，云南省矿业权交易鉴证书记载永灿经营部将永思安煤矿普查项目探矿权以 200 万元转让给江煤云南公司；2011 年 1 月 24 日，云南省矿业权交易鉴证书记载永灿经营部将永乐顺煤矿精查项目探矿权以 400 万元转让给江煤云南公司。

2011 年 10 月 26 日，恒达华星公司将其持有的股份转让给福建双林农业开发有限责任公司（以下简称双林公司）。2011 年 10 月 20 日，广丰公司将其持有的股份转让给双林公司。2011 年 10 月 26 日，永灿经营部将其持有的股份转让给双林

① 最高人民法院（2019）最高法民终 1391 号民事判决书。

公司。

2012年3月26日，江煤集团发出通知，决定将江煤集团所持有江煤云南公司51%的股权，无偿划转给江西省煤炭集团贵州矿业有限责任公司持有。

江煤云南公司提起诉讼，请求判令恒达华星公司、广丰公司、林某向江煤云南公司缴纳设立公司出资金，由双林公司承担连带责任；判令恒达华星公司、广丰公司、林某赔偿江煤云南公司经济损失，由双林公司承担连带责任。

经法院裁判，一审法院未支持江煤云南公司的诉讼请求。

江煤云南公司提起上诉。二审法院认为，现有证据不能证明恒达华星公司、广丰公司、永灿经营部出资不实。江煤云南公司的上诉请求不成立，应予驳回。

后江煤云南公司继续提起再审申请，最高人民法院认为其再审申请不符合《民事诉讼法》规定的应当再审的情形，裁定驳回。

【判例分析】

关于本案，首先应当明确的是，本案系原告围绕各被告，尤其是公司成立之初原始股东因未履行全面出资义务，请求各股东补足出资并承担相应责任而发生的纠纷。法院将本案案由确定为股东出资纠纷。

原告公司认为，被告恒达华星公司、广丰公司、永灿经营部同时存在虚假出资与出资不足两种情形，其通过虚假的地质资料进行评估的探矿权，没有实际经济价值，应当按照公司章程全额补足出资。因此，原告作为目标公司提起诉讼，要求本案被告补足出资，并承担损失责任。

在本案中，原告公司认为各被告出资不足的主要原因在于，其认为本案所涉及的四个探矿权，即原始股东用以出资的内容，对应的价值显著低于公司章程规定，并提交包括《检察建议书》等相关证据材料以支持这一主张。关于这一问题，一审法院认为，原告所提交的相关证据不能充分证实上述主张。

从形式上看，原告公司的成立，包括被告以探矿权作价出资的出资方式，系各方股东协商一致的真实意思表示。在公司设立之初，各股东协商一致签订了《出资人协议》，同意恒达华星公司、广丰公司等以探矿权作价出资。且江西省国有资产监督管理委员会赣国资规划〔2010〕157号文件证实，原告公司的设立经过了江西省国资委的事前合规性审查，同意恒达华星公司等以名下探矿权作价出资。再者，本案涉及的探矿权依法律规定，委托专门的评估公司进行评估并出具了《矿权价值评估报告》。各股东就此签订《探矿权出资作价协议》，确认评估公司的评估结果。

从实质上看，原告所提交的证据材料，并不能证明被告以探矿权作价出资的方式存在出资不足或虚假出资的情形。

另一发起人股东在合作过程中出具了包括案涉探矿权在内的《云南煤矿项目尽职调查报告》，且委托专门的评估公司进行评估并出具了《矿权价值评估报告》，结合报告情况来看，各股东作为企业主体，应当对其中可能存在的商业风险作合理性判断，从各方股东共同设立公司，并签订《探矿权出资作价协议》以确认评估公司的评估结果的行为来看，应当认定其对于其中的商业风险予以认可。再者，从后续的煤矿勘探、开发情况来看，涉案的四处煤矿中，存在部分煤矿勘探探矿权评估报告中的资源储量依据及数据一致，甚至存在部分煤矿目前已经探明的资源储量实质上已经超过了评估时所预测的资源储量，未及评估资源储量的部分煤矿，所拥有的权证同样真实有效，原告并无有效的证据材料证明相应的探矿权价值为零。

至于原告提交的另案刑事诉讼中的证据材料，无法认定其与本案股东出资纠纷具有因果关系。

鉴于此，一审法院最终驳回了原告的诉讼请求。

一审原告上诉后，二审法院采一审法院观点，认为一审判决认定事实清楚，适用法律正确，驳回了上诉人的上诉请求。

【风险提示】

公司作为资合法人，资本充实是公司正常存续及运营的经济基础。股东应当按照公司章程规定按期、足额缴纳其本人所认缴的出资额。如实出资是股东最基本的法律义务，是形成公司财产的基础，同时也是股东预防法律风险的必要前提。

如本案中原告所持关于股东虚假出资和出资不足的观点，虽在本案中并未被法院支持，但司法实践中此类问题确实大量存在。

所谓虚假出资，是指股东在股权的获取中，认购出资而未实际出资，如以虚假的实物出资手续骗取验资报告，以实物、知识产权等出资，却并未办理产权转移手续等方式，在司法实践中屡见不鲜。出资不足则是指股东在公司章程规定的出资期限内，未完全履行出资义务的情形。具体如作为出资的实物、知识产权，包括本案中涉及的探矿权，其实际价额显著低于其认缴出资额等情形。

为了应对此类问题，建议公司主体在设立过程中，发起股东，尤其是准备以货币作为出资方式的股东，应当尽量掌握其他股东的真实资产状况和履约能力，确有必要的，建议聘请律师等专业人士，对相关主体进行尽职调查。对于以知识产权、土地使用权、包括本案中涉及的探矿权等出资方式，建议聘请专业的评估机构，对其进行作价评估，对其进行实质性的审查，从源头上避免虚假出资或出资不足等问题的产生。

由于认缴注册资本制的现实情况，发起股东通常会设置较为长期的出资履行期限。对此，笔者建议出资人在认缴出资时，应根据自身经济状况及企业发展状况合理安排，尽量避免长期高额认缴低额实缴的局面，以免出现企业高额负债被债权人申请破产，股东在认缴出资范围内承担连带责任的情况。同时，建议公司章程加入关于董事、监事以及高级管理人员对于股东出资的催缴义务。

对于实际出现的虚假出资或出资不足等情形，建议公司主体以提起诉讼作为公司权利的维护途径。依《公司法》及其司法解释的规定，存在出资不足等情形的股东主体，依法应当补足出资，并向已按期足额缴纳出资的股东承担违约责任。

【法条链接】

《公司法》

第二十七条 股东可以用货币出资，也可以用实物、知识产权、土地使用权等可以用货币估价并可以依法转让的非货币财产作价出资；但是，法律、行政法规规定不得作为出资的财产除外。

对作为出资的非货币财产应当评估作价，核实财产，不得高估或者低估作价。法律、行政法规对评估作价有规定的，从其规定。

第二十八条 股东应当按期足额缴纳公司章程中规定的各自所认缴的出资额。股东以货币出资的，应当将货币出资足额存入有限责任公司在银行开设的账户；以非货币财产出资的，应当依法办理其财产权的转移手续。

股东不按照前款规定缴纳出资的，除应当向公司足额缴纳外，还应当向已按期足额缴纳出资的股东承担违约责任。

第三十条 有限责任公司成立后，发现作为设立公司出资的非货币财产的实际价额显著低于公司章程所定价额的，应当由交付该出资的股东补足其差额；公司设立时的其他股东承担连带责任。

《最高人民法院关于适用〈中华人民共和国公司法〉若干问题的规定（三）》

第十八条 有限责任公司的股东未履行或者未全面履行出资义务即转让股权，受让人对此知道或者应当知道，公司请求该股东履行出资义务、受让人对此承担连带责任的，人民法院应予支持；公司债权人依照本规定第十三条第二款向该股东提起诉讼，同时请求前述受让人对此承担连带责任的，人民法院应予支持。

受让人根据前款规定承担责任后，向该未履行或者未全面履行出资义务的股东追偿的，人民法院应予支持。但是，当事人另有约定的除外。

2. 股东逾期出资的违约责任承担

中铁二局建设有限公司等与中联重科股份有限公司等股东出资纠纷[①]

【关键词】

公司出资纠纷　逾期出资　违约责任

【案情简介】

2015年4月29日，中铁亚欧公司成立。公司注册资本为10000万元。北京国资公司认缴出资额3600万元，中铁国际集团有限公司认缴出资额3400万元，中联恒通公司认缴出资额3000万元。

2016年4月1日，北京国资公司实际出资3600万元。

2016年6月28日，中铁亚欧公司进行变更登记，变更后的股东为北京国资公司、中铁二局公司和中联恒通公司。

2017年，中铁亚欧公司与北京国资公司、中联恒通公司、北京帝亨公司、中联重科股份有限公司（以下简称中联重科公司）、中铁二局建设有限公司（以下简称中铁二局公司）共同签署《增资协议》，1月20日，中铁亚欧公司修改公司章程并进行工商变更登记。注册资本变更为30000万元；股东变更为北京国资公司、中联恒通公司、北京帝亨公司、中联重科公司和中铁二局公司。公司章程规定各股东出资时间均为2017年4月30日前。各位股东应在收到公司发出的缴付出资通知书之日起5个工作日内完成出资缴付，逾期应按同期银行贷款利率向其他守约股东承担违约责任，且未按规定实缴出资的股东不得享有包括表决权在内的各项股东权利。

2017年2月27日，中铁二局公司支付出资款3400万元。

2018年7月至2019年10月，中联恒通公司入资4笔，共计7200万元。

2018年11月，中铁二局公司多次函告中联恒通公司、北京帝亨公司、中联重科公司实缴出资，督促中铁亚欧公司催告相关股东履行实缴出资义务。

---

① 北京市高级人民法院（2021）京民终143号民事判决书。

2018 年 11 月至 12 月，北京帝亨公司向北京国资公司支付项目退出款 7 笔，共计 3600 万元。北京国资公司将其持有的股权转让给北京帝亨公司，并于 2019 年 1 月 21 日完成工商登记变更。

2019 年 1 月 10 日，中铁亚欧公司致函指出："因中铁亚欧公司的经营管理不规范、不到位，造成轻轨项目损失数亿元人民币，也间接给各股东造成了既得损失。鉴于此，中铁亚欧公司同意各股东暂缓缴纳股本金，不追究逾期出资责任。"

2019 年 10 月 30 日，北京帝亨公司入资 3 笔，共计 11300 万元。

中铁二局公司起诉要求，中联恒通公司、北京帝亨公司、中联重科公司支付股东出资款并支付违约金，并请求确认在其完成实缴出资义务前，各股东在中铁亚欧公司股东会中享有的表决权比例按照实际出资比例确定。

对于要求中联恒通公司、北京帝亨公司、中联重科公司支付股东出资款的诉讼请求，一审法院予以支持，其他诉讼请求，法院未予支持。

中铁二局公司提起上诉。

二审法院判令中联重科公司补足认缴出资款，并判令中联恒通公司、北京帝亨公司和中联重科公司，分别向中铁二局公司赔偿违约损失。

【判例分析】

针对中铁二局公司要求各被告支付出资款的诉讼请求，一审判决首先明确了出资义务这一股东基本义务。股东出资义务，既是股东的法定义务，也是股东之间以及股东与公司之间的一种约定义务。在认缴注册资本制下，股东应当按期足额缴纳公司章程中规定的各自所认缴的出资额。本案中，根据已查明的事实情况，除中联重科公司实缴出资 0 元，未履行出资义务外，其余股东已客观上履行出资义务完毕。因而，法院对其诉讼请求作出区分，判令中联重科公司履行出资义务。

《公司法》第 28 条第 2 款规定，股东不按照前款规定缴纳出资的，除应当向公司足额缴纳外，还应当向已按期足额缴纳出资的股东承担违约责任。法院按通常理解，认为公司章程记载的出资时间为 2017 年 4 月 31 日属笔误，最终认定股东出资期限为 2017 年 4 月 30 日之前。

以 2017 年 4 月 30 日为标准，本案被告确实存在逾期出资的违约行为。至于本案被告应否就其客观存在的违约行为，成为一审判决与二审判决的差异之处。

根据一审法院认定的事实，公司章程规定各位股东应在收到公司发出的缴付出资通知书之日起 5 个工作日内完成出资。中铁亚欧公司未向各股东发出缴付出资通知书，并于 2019 年 1 月 10 日致函同意各股东暂缓缴纳股本金，不追究逾期出资责任。各股东均确认收到该函。再者，中铁二局公司未对自身因本案被告的逾期出资行为遭受的间接损失进行举证证明。因此，一审法院并未支持中铁二局公司要求各被告股东支付违约金的诉讼请求。

而在二审判决中，法院首先否认了一审法院认定的各股东均确认收到"同意各股东暂缓缴纳股本金，不追究逾期出资责任"的函件的事实。中铁二局公司否认收到上述函件，且本案并无证据对此进行证明。再者，公司章程关于各出资股东关于出资设立公司的各基本内容达成合意的应履行义务，不应因公司的同意，抑或法定程序而予以变更。具体之于本案，公司无权替代及时足额缴纳出资股东即中铁二局公司作出免除或放弃要求瑕疵出资股东承担违约责任的意思表示。

关于一审判决的中铁二局公司未对自身因本案被告的逾期出资行为遭受的间接损失进行举证证明这一问题。根据《公司法》的规定，未按期缴纳注册资本的股东，除应当向公司足额缴纳外，还应当向已按期足额缴纳出资的股东承担违约责任。至于上诉人因此遭受的损失，本案中被上诉人股东致使按时足额缴纳出资的股东中铁二局公司无法按照其出资比例享受公司资本充实确定状态下的收益，此部分未能享有的收益及其损失。

最终，二审法院判令中联重科公司补足认缴出资款，并判令中联恒通公司、北京帝亨公司和中联重科公司，分别向中铁二局公司赔偿违约损失。

【风险提示】

针对股东逾期出资这一问题，笔者此处从不同的主体角度对这一问题作出风险提示并给出建议。

从公司主体角度出发。出资义务是股东最为基本的义务，股东应当按期足额缴纳公司章程中规定的各自所认缴的出资额。对于公司主体而言，资本充实是公司正常存续及运营的经济基础，公司主体有义务、也有必要督促各股东按期履行出资义务。有鉴于本案，建议公司章程明确股东逾期出资应尽的违约责任，保护依约履行出资义务的股东主体的合法权益。建议公司主体明确公司董事、监事及高级管理人员对于股东的出资催缴义务，通过前置性程序避免股东逾期出资情况的发生。在实际已经出现股东逾期出资的情况下，公司主体首先应积极进行股东间的协调，督促相应股东履行出资义务。在督促无效的情况下，建议着手准备民事诉讼程序，起诉要求未履行，或未完全履行出资义务的股东补足出资，并通过支付违约金等方式，承担相应的违约责任，维护公司及其他按期履行出资义务股东的合法权益。

从完全履行出资义务的股东主体角度出发,作为已经完全履行出资义务的股东,督促其他股东按期履行出资义务,可以最大限度地充实公司资本,保障公司正常生产经营及进一步发展,维护自身利益。对此,完全履行出资义务的股东可以通过董事、监事、高级管理人员对其他股东的出资进行督促。在出现实际纠纷,且公司主体并未对此作出回应的情况下,完全履行出资义务的股东可以选择以自己的名义,向法院提起案由为股东出资纠纷的民事诉讼,要求其补足出资,并向自己一方支付因逾期出资产生的违约金等以赔偿损失。

从未履行或未完全履行出资义务的股东主体角度出发,此类股东主体,一方面,应当积极筹措资金,补足注册资本;另一方面,应当积极与公司主体以及其他股东进行沟通协商,避免诉讼纠纷的产生。进入诉讼程序,既有可能对公司整体商誉产生不良影响,间接地减损股东自身权益,未履行或未完全履行出资义务的股东同时也将承担相应的违约责任,造成更大的损失。

鉴于此,笔者进一步建议股东在出资设立公司时,应根据自身经济状况等相关因素,合理设置认缴出资额、出资期限等核心内容,从源头上避免可能由此产生的各类民商事纠纷。

【法条链接】

《公司法》

第二十八条 股东应当按期足额缴纳公司章程中规定的各自所认缴的出资额。股东以货币出资的,应当将货币出资足额存入有限责任公司在银行开设的账户;以非货币财产出资的,应当依法办理其财产权的转移手续。

股东不按照前款规定缴纳出资的,除应当向公司足额缴纳外,还应当向已按期足额缴纳出资的股东承担违约责任。

《最高人民法院关于适用〈中华人民共和国公司法〉若干问题的规定(三)》

第十三条 股东未履行或者未全面履行出资义务,公司或者其他股东请求其向公司依法全面履行出资义务的,人民法院应予支持。

公司债权人请求未履行或者未全面履行出资义务的股东在未出资本息范围内对公司债务不能清偿的部分承担补充赔偿责任的,人民法院应予支持;未履行或者未全面履行出资义务的股东已经承担上述责任,其他债权人提出相同请求的,人民法院不予支持。

股东在公司设立时未履行或者未全面履行出资义务,依照本条第一款或者第二款提起诉讼的原告,请求公司的发起人与被告股东承担连带责任的,人民法院应予支持;公司的发起人承担责任后,可以向被告股东追偿。

股东在公司增资时未履行或者未全面履行出资义务,依照本条第一款或者第二款提起诉讼的原告,请求未尽公司法第一百四十七条第一款规定的义务而使出资未缴足的董事、高级管理人员承担相应责任的,人民法院应予支持;董事、高级管理人员承担责任后,可以向被告股东追偿。

3. 股东抽逃出资的认定及举证责任的分配

美达多有限公司与深圳市新大地数字网络技术有限公司、周某等借款合同及股东出资纠纷①

【关键词】

公司出资纠纷　抽逃出资　举证责任

【案情简介】

2010年12月24日,美达多有限公司(以下简称美达多公司)与宏宝公司约定合作开拓业务。甲方负责产品的市场开拓,与出口客户商议确定实际的出口结算价格和结算方式,出口货物运输载配、报关手续等事项的办理。乙方负责在签订合同后按照甲方相应的合同付款通知书指示支付预付货款,提供出口环节的服务和咨询等内容。

2011年2月18日,宏宝公司向美达多公司发出《付款通知书》,3月4日,美达多公司按照通知书指示向志诚公司电汇50万美元。6月2日,宏宝公司再次向美达多公司发出《付款通知书》,6月7日,美达多公司按照通知书指示向志诚公司电汇50万美元。

2011年3月28日,深圳市新大地数字网络技术有限公司(以下简称新大地公司)与美达多公司签订了《出口液晶电视机订单合作协议书》,新大地公司加盖公章,并由李某林签字。同日,双方签订了《补充协议》,补充约定甲方另外给予乙方分享垫付资金金额的2.5%利润,以现金一次性向乙方指定的账户支付。

2011年5月11日,新大地公司向美达多公司发出《开证说明》,请求其向供应商开出金额为427000美元的采购信用证。2011年5月16日,美达多公司按照指示向供应商开立信用证。

2012年3月16日,新大地公司向美达多公司就项目货款出具《还款计划书》,加盖了新大地公司的公章,并有"经手人李某林"签名,内容包括所有协议之补充协议中款项。

① 最高人民法院(2016)最高法民再2号民事判决书。

2012年6月1日,新大地公司再次向美达多公司出具《新大地还款美达多计划》,加盖了新大地公司公章并有“李某林”签名,载明其尚欠美达多公司货款本金及过期罚息,计划分批摊还本息。同日,新大地公司在对账单上加盖公章,并有“李某林”签名。

另,新大地公司于2006年12月4日注册成立,其股权结构经过多次变更,2011年2月28日股东变更为张某妮、周某;2011年5月6日注册资本由100万元增加为6100万元,变更后股东为张某妮、周某。2012年11月12日,张某妮将所持股份全部转让给周某,周某持股100%,出资额为6100万元。

美达多公司起诉要求新大地公司清偿欠款本金、罚息806528.93美元;张某妮、周某对欠款本息承担连带清偿责任。

一审法院判令,新大地公司返还美达多公司借款及相应的利息损失。关于周某、张某妮是否应承担抽逃出资的责任。一审法院未予支持。

美达多公司提起上诉。二审法院认定一审判决认定事实清楚,适用法律正确,予以维持。驳回了美达多公司提出的上诉请求。

二审判决后,美达多公司再次提起再审申请。

再审法院认定美达多公司申请再审主要理由成立,判令周某、张某妮在抽逃出资本息范围内对新大地公司的债务不能清偿的部分向美达多公司承担补充赔偿责任。

【判例分析】

一审法院认为,本案合同名为合作,实为借贷,案由应为借款合同纠纷。

在案涉合同的法律效力这一问题上。本案中的美达多公司是在香港特别行政区注册成立的公司,且案涉借款币种为美元,本案中的借款关系,属于外债,依照《外汇管理条例》《境内机构国际商业贷款管理办法》《外债管理暂行办法》等行政法规和规章的规定,借用外债应当依法到外汇管理机关办理外债审批和登记手续。本案中的借款合同未经审批和登记,违反了外债管理的相关法规,属于无效法律行为。

关于新大地公司应否承担还款责任这一问题。前文已明确,案涉借款合同违反法律、行政法规的效力性强制性规定情形,属于无效合同。无效合同自始没有法律约束力,因该合同取得的财产,应当予以返还,有过错的一方应当赔偿对方因此所受到的损失,双方都有过错的,应当各自承担相应的责任。具体之于本案,新大地公司应当返还涉案借款本金。根据公平原则,结合各方当事人过错程度等因素，一审法院判令新大地公司按汇率中间价折算借款后按照中国人民银行同期贷款利率支付利息损失。

对于上述裁判内容，各方当事人并无异议，本案一审过后的二审及再审程序的争议焦点在于：周某、张某妮是否存在抽逃出资行为，是否应就新大地公司对美达多公司负有的债务承担相应法律责任。

对此，一审法院认为，美达多公司未能提交周某、张某妮在增资后抽逃出资的任何证据，应承担举证不能的不利后果，对该项主张未予支持。

二审程序中，美达多公司提交《调查取证申请书》，请求法院调查新大地公司、周某、张某妮的银行账户交易流水账和新大地公司的财务会计账册。二审法院认为，相关内容不能证明张某妮、周某在增资后有抽逃出资的事实，未予采纳。最终支持一审法院观点，驳回了美达多公司的上诉请求。

然而，《最高人民法院关于适用〈中华人民共和国公司法〉若干问题的规定（三）》第20条规定："当事人之间对是否已履行出资义务发生争议，原告提供对股东履行出资义务产生合理怀疑证明的，被告股东应当就其已履行出资义务承担举证责任。"再审法院根据该司法解释规定，认为股东是否抽逃出资的举证责任分配，在美达多公司提供了对周某、张某妮抽逃出资合理怀疑的证明后，举证责任转移应已转移至周某、张某妮。而周某、张某妮未能予以举证。在此情况下，应作出对周某、张某妮不利的判断，认定周某、张某妮构成抽逃出资。在认定抽逃出资行为的基础下，周某、张某妮作为新大地公司当时的股东，再审法院最终判令其在各自抽逃出资本息范围内对新大地公司的债务不能清偿的部分承担补充赔偿责任。

【风险提示】

所谓抽逃出资，一般是指公司股东基于不存在合法真实的债权债务关系，将出资转出的行为。根据《公司法》及其司法解释的规定，抽逃出资的表现形式通常为制作虚假财务会计报表虚增利润进行分配、通过虚构债权债务关系将其出资转出、利用关联交易将出资转出，以及其他未经法定程序将出资抽回的行为。

法律之所以禁止抽逃出资行为，是因为此种行为非法减少了公司的责任财产，降低了公司的偿债能力，不仅损害了公司与其他股东的权益，更损害了公司债权人等相关权利人的权益。对存在抽逃出资的公司股东的处理，除要求其返还出资本息，还可以要求其在抽逃出资本息的范围内对公司债务不能清偿的部分承担补充赔偿责任。

股东抽逃出资的行为，在客观上对于公司主体及其他股东的合法权益造成减损。对此，公司主体应重视生产运营中的财会工作，针对生产经营中涉及的，尤其是与公司股东相关的债权债务关系，应进行实质性审查，而非简单的形式审查。同时，建议公司定期聘请外部的会计师事务所等专业机构，对公司开展审计工作，通过"定期体检"的方式，及时预防和发现公司运行中可能出现的问题。

在发现股东出现抽逃出资行为时，应第一时间要求其完成出资的补足，积极进行沟通。在沟通无果的情况下，应当着手准备民事诉讼的提起，起诉要求抽逃出资的股东补足出资，存在协助抽逃出资行为的其他股东、董事、高级管理人员或者实际控制人，均应当承担相应的法律责任。

对于无法明确举证证明股东出资行为的情形，则可以依据本案中最高人民法院的裁判思路，通过提供对股东履行出资义务产生合理怀疑的初步证据材料，将举证责任转移至可能存在抽逃出资行为的股东。在其无法举证证明的情况下，可以进一步要求其在抽逃出资本息的范围内对公司债务不能清偿的部分承担补充赔偿责任。

主张股东构成抽逃出资的一方举证难度相对较低，与之相对，证明自己的行为不构成抽逃出资则需要相较完整的证据链。具体而言，建议股东与公司之间、具有关联性的公司之间，发生各类经济往来时，都应当订立书面协议，在转账或其他款项往来时，必须详细备注说明转账或收付款原因。同时，应当保留合同、债权凭证，以及必要的财务凭证、转账记录等材料以形成完整的证据链，避免抽逃出资行为的认定。

【法条链接】

《最高人民法院关于适用〈中华人民共和国公司法〉若干问题的规定(三)》

第十二条　公司成立后，公司、股东或者公司债权人以相关股东的行为符合下列情形之一且损害公司权益为由，请求认定该股东抽逃出资的，人民法院应予支持：

(一)制作虚假财务会计报表虚增利润进行分配；

(二)通过虚构债权债务关系将其出资转出；

(三)利用关联交易将出资转出；

(四)其他未经法定程序将出资抽回的行为。

第十四条　股东抽逃出资，公司或者其他股东请求其向公司返还出资本息、协助抽逃出资的其他股东、董事、高级管理人员或者实际控制人对此承担连带责任的，人民法院应予支持。

公司债权人请求抽逃出资的股东在抽逃出资本息范围内对公司债务不能清偿的部分承担补充赔偿责任、协助抽逃出资的其他股东、董事、高级管理人员或者实际控制人对此承担连带责任的，人民法院应予支持；抽逃出资的股东已经承担上述责任，其他债权人提出相同请求的，人民法院不予支持。

第二十条 当事人之间对是否已履行出资义务发生争议，原告提供对股东履行出资义务产生合理怀疑证据的，被告股东应当就其已履行出资义务承担举证责任。

二、新增资本认购纠纷

公司为扩大经营规模、拓宽业务、提高公司的资信程度等原因而依法增加注册资本金的行为,即为增资。而公司新增资本的优先购买权是指公司新增资本或发行股份时,原有股东享有的优先于非股东认购的权利。有限责任公司新增资本认购、股份有限公司发行新股认购而产生的纠纷即为新增资本认购纠纷。在此类纠纷中,权利主体是股东或者新投资人,而责任主体往往是公司。

这类问题在实践中往往发生在投资人已经缴纳投资款即已经履行出资义务的情况下,基于履行出资义务以外的其他请求权,如返还出资款等引发的纠纷。常见的情形有:股东或者公司之外的其他人起诉要求确认享有公司股权;因行使优先认购权产生的纠纷。本节从民事判决出发,分析其中的具体表现形式以及相关责任的认定,以期为公司主体提供基于公司股东新增资本认购纠纷的防范和处理建议。

1. 股东依出资比例享有对新增资本的优先认购权

绵阳高新区科创实业有限公司、福建省固生投资有限公司、陈某高与绵阳市红日实业有限公司股东会决议效力及公司增资纠纷①

【关键词】

公司出资纠纷　优先认购权　交易安全

【案情简介】

绵阳高新区科创实业有限公司(以下简称科创公司)于2001年7月成立。在2003年12月科创公司增资扩股前,公司的注册资金为475.37万元。其中蒋某出资额67.6万元,出资比例14.22%,为公司最大股东;绵阳市红日实业有限公司(以下简称红日公司)出资额27.6万元,出资比例5.81%。科创公司第一届董事长由蒋某担任。

2003年3月31日,科创公司作为甲方,林某业、陈某高作为乙方,高新区管委会作为丙方,签订了石桥铺项目合作协议书。

2003年7月2日,全体股东大会通过选举李某为公司董事长,任期2年的决议。此后蒋某在科创公司的身份为董事。

2003年12月16日,股东会通过的吸纳陈某高为新股东的决议已在股东会上经75.49%表决权的股东通过,该决议及《入股协议书》遭到原股东红日公司和蒋某反对,并于2003年12月22日,红日公司向科创公司递交了《关于要求作为科创公司增资扩股增资认缴人的报告》:主张蒋某和红日公司享有优先认缴出资的权利,愿意在增资扩股方案的同等条件下,由红日公司与蒋某共同或由其中一家向科创公司认缴新增资本800万元人民币的出资。

2005年12月12日,蒋某和红日公司向一审法院提起诉讼,请求确认科创公司2003年12月16日股东会通过的吸纳陈某高为新股东的决议无效,确认科创公司和陈某高2003年12月18日签订的《入股协议书》无效,确认其对800万元新增

① 最高人民法院(2010)民提字第48号民事判决书。

资本优先认购,科创公司承担其相应损失。

一审法院认定,对于2003年12月16日股东会通过的吸纳陈某高为新股东的决议已在股东会上经75.49%表决权的股东通过,该决议及《入股协议书》合法有效。红日公司和蒋某在2003年12月22日向科创公司主张优先权时,上述两份协议已经生效并已在履行过程中,但红日公司和蒋某没有及时采取进一步的法律措施实现其优先权。本案起诉前,围绕科创公司和公司股权又形成了一系列新交易关系,为保障交易安全,判决驳回红日公司、蒋某的诉讼请求。

红日公司和蒋某不服一审判决,向四川省高级人民法院提起上诉。

二审法院认为蒋某和红日公司所提股东会议决议中关于吸收陈某高为股东的内容、《入股协议书》无效,其享有优先认缴科创公司800万元新增资本的上诉理由依法成立,二审法院予以支持。

科创公司、福建省固生投资有限公司(以下简称固生公司)、陈某高不服四川省高级人民法院上述二审民事判决,向最高人民法院申请再审。最高人民法院认为科创公司2003年12月16日作出的股东会决议中由陈某高出资800万元认购科创公司新增615.38万股股份的决议内容中,涉及新增股份20.03%的部分无效,涉及新增股份79.97%的部分及决议的其他内容有效;驳回红日公司、蒋某的其他诉讼请求。

【判例分析】

本案的争议焦点为:一是关于科创公司2003年12月16日股东会通过的吸纳陈某高为新股东的决议的效力问题。二是科创公司与陈某高于2003年12月18日签订的《入股协议书》的效力问题。三是关于红日公司和蒋某能否优先认缴科创公司2003年12月16日股东会通过新增的800万元资本,并由科创公司承担相应损失的问题。

首先应当明确的是,本案系原告围绕各被告,针对公司股东会决议中关于新增资本时股东优先认购权导致的效力问题而发生的纠纷,法院将本案案由确定为股东新增资本认购纠纷。

从股东会决议上看,虽然股东会决议的效力不取决于股东会议通知的时间及内容,而决定于股东认可并是否达到公司法的要求。因此,"吸纳陈某高为新股东"的决议符合上述规定,该决议有效。红日公司和蒋某以通知的时间不符合法律规定,内容讨论不符合议事程序主张"吸纳陈某高为新股东"决议无效的理由不成立。从《入股决议书》上看,主体适格,意思表示真实,不违反法律或者社会公共利益,应为有效协议。故该协议不存在原《合同法》第 52 条所规定的合同无效的情形,应属有效。

一审原告上诉后,二审法院认为,对公司增加或者减少注册资本、分立、合并、解散或者变更公司形式作出决议,必须经代表 2/3 以上表决权的股东通过的规定,科创公司增资决议获代表 75.49% 表决权的股东通过,应属合法有效。蒋某和红日公司享有该次增资的优先认购出资权。在股东会议上,蒋某和红日公司对由陈某高认缴 800 万元增资股份并成为新股东的议题投反对票并签注意见,使其明确不放弃优先认缴出资权的意思表示。判决撤销一审判决,并认定科创公司关于吸收陈某高为股东的内容无效,《入股协议书》无效。

二审被告上诉后,最高人民法院认为,科创公司的决议内容中,涉及新增股份中 14.22% 和 5.81% 的部分因分别侵犯了蒋某和红日公司的优先认缴权而归于无效,涉及新增股份中 79.97% 的部分因其他股东以同意或弃权的方式放弃行使优先认缴权而发生法律效力。该股东会将吸纳陈某高为新股东的议题中由陈某高认缴新增出资的决议内容部分无效不影响增资决议的效力,科创公司认为上述两方面的内容不可分割缺乏依据,不予支持。科创公司与陈某高签订的《入股协议书》系科创公司与该公司以外的第三人签订的合同,应适用合同的一般原则及相关法律规定认定其效力,该协议不存在原《合同法》第 52 条所规定的合同无效的情形,应属有效。

【风险提示】

公司新增资本时,股东有权优先按照实缴的出资比例认缴出资。从权利性质上来看,股东对于新增资本的优先认缴权应属形成权。现行法律并未明确规定该项权利的行使期限,但从维护交易安全和稳定经济秩序的角度出发,结合商事行为的规则和特点,人民法院在处理相关案件时限定了该项权利行使的合理期间,对于超出合理期间行使优先认缴权的主张不予支持。因此,建议公司合理安排、明晰各项权利行使期限,避免产生纠纷。

侵犯股东优先认缴权的股东会决议在股东实缴出资比例范围内无效,如本案中,科创公司作出的股东会决议,在其股东红日公司、蒋某明确反对的情况下,未给予红日公司和蒋某优先认缴出资的选择权、径行以股权多数决定方式通过了由股东以外的第三人陈某高出资 800 万元认购科创公司全部新增股份 615.38 万股的决议内容,侵犯了红日公司和蒋某按照各自的出资比例优先认缴新增资本的权利。

为了应对此类问题，建议公司在为扩大经营规模、拓宽业务、提高公司的资信程度等原因而依法增加注册资本金时，应当尽量及时、准确地发布召开股东会的通知，并清楚掌握具有新增资本认购资格的权利人，例如原始股东、新增股东或已获得股东会允许的权利人等。

同时，由于股东比较固定，股东之间具有相互信赖、比较紧密的关系，因此，在公司需要增资、发行新股时，股东大会应当对向原有股东发行新股的种类及数额作出决定。股东按照实缴的出资比例分取红利，公司新增资本时，股东有权优先按照实缴的出资比例认缴出资。本条允许股东之间也可以经过协商，由全体股东约定不按照出资比例分取红利或者不按照出资比例优先认缴出资。

在民商事法律关系中，公司作为行为主体实施法律行为的过程可以划分为两个层次：一是公司内部的意思形成阶段，通常表现为股东会或董事会决议；二是公司对外作出意思表示的阶段，通常表现为公司对外签订的合同。出于保护善意第三人和维护交易安全的考虑，在公司内部意思形成过程存在瑕疵的情况下，只要对外的表示行为不存在无效的情形，公司就应受其表示行为的制约。公司内部要制定明确的意思形成的决策机制，在对外签署合同等情况时，能够根据《公司法》及其司法解释的规定，作出明确、合法的表示行为。

【法条链接】

《公司法》

第二十二条　公司股东会或者股东大会、董事会的决议内容违反法律、行政法规的无效。

股东会或者股东大会、董事会的会议召集程序、表决方式违反法律、行政法规或者公司章程，或者决议内容违反公司章程的，股东可以自决议作出之日起六十日内，请求人民法院撤销。

股东依照前款规定提起诉讼的，人民法院可以应公司的请求，要求股东提供相应担保。

公司根据股东会或者股东大会、董事会决议已办理变更登记的，人民法院宣告该决议无效或者撤销该决议后，公司应当向公司登记机关申请撤销变更登记。

第三十四条　股东按照实缴的出资比例分取红利；公司新增资本时，股东有权优先按照实缴的出资比例认缴出资。但是，全体股东约定不按照出资比例分取红利或者不按照出资比例优先认缴出资的除外。

2. 未公示股东、隐名股东对新增资本的优先认购权

苏某慈与章某鸣新增资本认购纠纷[①]

【关键词】

公司出资纠纷　隐名股东　优先认购权

【案情简介】

百岳泰公司原有股东苏某慈和章某鸣,苏某为苏某慈的女儿,是百岳泰公司董事。苏某与章某鸣原为夫妻,双方于2006年9月14日离婚。章某鸣与王某于2014年11月5日结婚,于2015年6月12日协议离婚,于2015年6月18日因离婚后财产分割诉至深圳市南山区人民法院,经法院调解,于2015年8月10日达成协议如下:章某鸣于2015年8月4日前将其名下百岳泰公司的90%价值5万元的股份过户给王某。2017年3月31日,章某鸣与王某复婚。百岳泰公司2016年5月13日作出股东会决议:将公司的注册资本由1000万元增加至1010万元,本次新增加的10万元注册资本,由新投资者王某认缴出资情况如下:认缴出资方式为现金,认缴出资时间为2036年4月12日。本次增资前,各股东的出资情况如下:章某鸣出资额900万元,出资比例90%;苏某慈出资额100万元,出资比例10%。本次增资后,各股东的出资情况如下:章某鸣出资额900万元,出资比例89.1089%;苏某慈出资额100万元,出资比例9.901%;王某出资额10万元,出资比例0.9901%。章某鸣在该决议上签字。2016年5月16日,百岳泰公司变更了工商登记信息,变更前股东为苏某慈100(万元)10%,章某鸣900(万元)90%;变更后股东为王某10(万元)0.9901%,苏某慈100(万元)9.901%,章某鸣900(万元)89.1089%。变更前注册资本1000万元,变更后注册资本1010万元。2016年6月16日,章某鸣(甲方)与王某(乙方)签订了《股权转让协议书》,约定:甲方占有公司89.1089%的股权,根据原有公司章程规定,甲方实际投资900万元。现甲、乙方根据《离婚协议书》财产分配协议,甲方愿将其占有公司89.1089%的股权转让给乙方,乙方愿意受让。乙方经于本协议签订之日起3个月内按前款规定的币种和金额将股权转让款以现金(或银行转账)的方式一次性支付给甲方。同日,

① 广东省深圳市中级人民法院(2018)粤03民终18609号民事判决书。

百岳泰公司变更了工商登记信息，变更前股东为王某 10(万元)0.9901%，苏某慈 100(万元)9.901%，章某鸣 900(万元)89.1089%；变更后股东为苏某慈 100(万元)9.901%，王某 910(万元)90.099%。

苏某慈向二审法院诉请确认百岳泰公司 2016 年 5 月 16 日的增资行为无效；确认王某不具备百岳泰公司的股东资格；确认章某鸣与王某之间关于百岳泰公司股权转让的行为无效；判令章某鸣与王某将百岳泰公司的工商登记信息恢复至 2016 年 5 月 16 日之前的状态。二审法院判决驳回上诉，维持原判。

【判例分析】

百岳泰公司 2016 年 5 月 16 日增资行为实质上由 2016 年 5 月 13 日股东会决议所实施，该决议包含了增资 10 万元和由王某认缴新增出资两方面内容。苏某慈主张股东会决议无效的理由是该股东会的召开未通知其参会，程序违法，且决议内容存在恶意串通损害其股东权利的情形。股东会决议程序方面，苏某慈主张 2016 年 5 月 13 日股东会未通知其参会而程序违法。百岳泰公司称章某鸣已口头通知苏某转告苏某慈股东会事宜并已到苏某慈登记的地址当面通知，未提供充足证据证明而召集程序存在轻微瑕疵，但是苏某慈仅有 10% 的表决权而章某鸣有 90% 的表决权，苏某慈是否出席会议对决议未产生实质影响，根据《最高人民法院关于适用〈中华人民共和国公司法〉若干问题的规定(四)》第 4 条的规定，该股东会决议不应当予以撤销。

关于王某认缴新增出资问题，《公司法》第 35 条仅规定公司新增资本时，股东有权优先按照实缴的出资比例认缴出资，而未规定公司其他股东对于股东所放弃的认购增资有优先认购权。《公司法》第 35 条明确规定了全体股东无约定的情况下，有限责任公司新增资本时股东优先认缴出资的权利以及该权利的行使范围以“实缴的出资比例”为限。优先购买权作为一种排斥第三人竞争效力的权利，必须基于法律明确规定才能享有，故在法无明文规定或公司股东另无约定的情形下，股东对其他股东放弃的优先认缴额不享有优先购买权。百岳泰公司增资 10 万元，章某鸣与苏某慈有权分别优先认缴该增资 10 万元中的 9 万元与 1 万元，《公司法》与百岳泰公司章程均未规定百岳泰公司其他股东苏某慈对于章某鸣放弃认购的增资 9 万元有优先认购权，故王某有权认购章某鸣放弃认购的增资 9 万元。而且，参照 2017 年《最高人民法院关于适用〈中华人民共和国公司法〉若干问题的规定(四)》第 31 条关于公司股权优先购买权的损害救济原则对新增资本的优先认购权进行审查，苏某慈作为公司股东仅主张王某认缴新增资本无效及王某股权登记无效，而不主张对新增资本的优先认缴权利时，对王某认缴新增资本效力或股权登记变动的诉讼并无实际价值，反而浪费司法资源。

苏某慈关于确认 2016 年 6 月 16 日章某鸣与王某的股权转让行为无效问题，王某有权依据 2016 年 5 月 13 日股东会决议认购章某鸣放弃认购的增资 9 万元而成为百岳泰公司股东，根据《公司法》第 71 条的规定，有限责任公司的股东之间可以互相转让其全部或部分股权，故苏某慈关于确认 2016 年 6 月 16 日章某鸣与王某的股权转让行为无效的诉求没有法律依据，法院也未支持。因此，对于苏某慈关于将百岳泰公司的工商信息恢复至 2016 年 5 月 16 日之前的状态的请求，事实依据不足，最终被驳回。

【风险提示】

公司法赋予股东优先认缴权的根本目的并不在于排除外来投资者，其根本目的是为股东维持其股权比例利益提供平等保护机会，以保护其参与公司经营管理、决策以及享受分红等权益的比例利益不会因公司增资而受到影响与调整。

公司设立后，可能会因经营业务发展的需要而增加公司资本。由于有限责任公司具有人合性质，其股东比较固定，股东之间具有相互信赖、比较紧密的关系，因此，在公司需要增加资本时，应当由本公司的股东首先认缴。公司新增资本的优先购买权是指公司新增资本或发行股份时，原有股东享有的优先于非股东认购的权利。《公司法》第 34 条规定了有限责任公司股东的优先购买权。对于股份有限责任公司股东的优先购买权，《公司法》未作明确规定，只是规定公司发行新股，股东大会应当对向原有股东发行新股的种类及数额作出决定。股东按照实缴的出资比例分取红利，公司新增资本时，股东有权优先按照实缴的出资比例认缴出资。本条允许股东之间也可以经过协商，由全体股东约定不按照出资比例分取红利或者不按照出资比例优先认缴出资。

公司增资一般先要由公司作出增资方案并通过股东会表决通过。与此同时，在此过程中应征询股东对优先认缴权的行使意愿，如股东愿意行使优先认缴权，则股东与公司签署相应的增资协议，缴纳新增资本，并办理工商变更手续。

公司应当向股东告知增资方案：公司如要新增资本，则一般情况下是由董事会制订增资方案，在该增资方案中，具体说明增资的目的、增资金额、认缴价格、认缴实际出资期限以及拟引进的投资者、优先认缴权行使的方式与期限等，并将该增资方案提交股东会审议通过。

股东应当及时向公司作出行使优先认缴权的合格意思表示：如前所述，公司如在新增资本事宜决议或磋商过程中，已经明确了公司需要增资以及增资的具体方案时，则说明股东行使优先认缴权的条件已经成就，则作为参与决议或磋商过程的股东，其如欲行使优先认缴权，则其在此过程中就应及时行使该优先认缴权。

公司与股东签署增资协议并予以履行，办理增资工商变更登记：股东向公司作出了认缴新增资本的意思表示后，由于该种认缴新增资本的权利是股东依法享有的权利，公司对于股东该种认缴新增资本的意思表示应当接受，而无权予以拒绝，故此公司应与其签署增资协议，股东与公司均应按照增资协议的约定履行各自的义务，并完成新增资本的工商变更登记，以保障股东的优先认缴权得以实现，其股权比例在增资后不被稀释。

【法条链接】

《最高人民法院关于适用〈中华人民共和国公司法〉若干问题的规定（四）》

第四条 股东请求撤销股东会或者股东大会、董事会决议，符合公司法第二十二条第二款规定的，人民法院应当予以支持，但会议召集程序或者表决方式仅有轻微瑕疵，且对决议未产生实质影响的，人民法院不予支持。

第二十一条 有限责任公司的股东向股东以外的人转让股权，未就其股权转让事项征求其他股东意见，或者以欺诈、恶意串通等手段，损害其他股东优先购买权，其他股东主张按照同等条件购买该转让股权的，人民法院应当予以支持，但其他股东自知道或者应当知道行使优先购买权的同等条件之日起三十日内没有主张，或者自股权变更登记之日起超过一年的除外。

前款规定的其他股东仅提出确认股权转让合同及股权变动效力等请求，未同时主张按照同等条件购买转让股权的，人民法院不予支持，但其他股东非因自身原因导致无法行使优先购买权，请求损害赔偿的除外。

股东以外的股权受让人，因股东行使优先购买权而不能实现合同目的的，可以依法请求转让股东承担相应民事责任。

3. 股东投资意思表示不明致公司增资失败的法律后果

唐某与某贸易公司、茅某等公司增资纠纷①

【关键词】

投资意思表示不明　增资协议　优先认购权

【案情简介】

2010 年 4 月 14 日,某贸易公司被核准设立。设立时公司拥有股东 3 名,分别为茅某、王某以及唐某,其中茅某出资 60 万元,王某出资 30 万元,唐某出资 10 万元,共计注册资本为 100 万元,于 2010 年 4 月 9 日前均已出资到位。公司设立后,股东茅某向某贸易公司转账共计 102 万元。王某向某贸易公司转账共计 51 万元,其中 21 万元的大款进账单上载明用途为“借款”,30 万元的现金缴款单上载明款项来源为“股东借款”。唐某分两次向某贸易公司转账共计 17 万元,但仅在第二次的打款进账单上写了“投资款第三期”。关于公司设立后,再次向 3 名股东融资的款项性质,三人认识存在分歧:股东茅某认为 3 名股东达成了按原有股权比例增资的口头协议,因为各股东投入的资金数额符合原有股权 6∶3∶1 的比例;王某认为系借款,并曾向法院起诉,要求公司返还借款 51 万元。

法院支持了王某的诉请,判决某贸易公司返还王某借款 51 万元;唐某亦曾向法院起诉,要求公司返还借款 17 万元及利息,但法院认为唐某以借款关系主张还款证据不足,驳回了唐某的该项诉讼请求。

法院认为本案的争议焦点在于唐某的 17 万元款项投入是否构成对某贸易公司的有效增资。根据另案生效判决,王某投入某贸易公司的 51 万元被认定为借款,且王某表示股东间未就增资达成协议,也不同意其他股东单独增资,故 2 名股东单独增资某贸易公司的方式,不应被认为具有合理性。

公司增资不仅需要合意基础,还需要符合法律以及公司章程规定的股东会决议、工商登记变更等形式和手续。从本案来看,既不存在股东之间书面的增资协议,也没有形成增资的股东会决议,当然也就不可能发生工商登记变更事项。

某贸易公司 2017 年 6 月至 2018 年 2 月逐月的资产负债表显示,资本公积一

---

① 上海市第一中级人民法院(2018)沪 01 民终 2769 号民事判决书。

栏的数额经常变动,且唐某投入的17万元并非始终列入资本公积。而茅某作为大股东和公司法定代表人,多数情况下未将自己投入的102万元列入资本公积一栏。这说明,茅某本人也并未积极促成增资目的的实现。某贸易公司3名股东就增加投资一事而引发纠纷,自实际出资以来已有8年左右,其间引发多起诉讼。某贸易公司难以形成涉案相关的增资决议,在增资事项上可能会长期形成僵局。基于公司治理的正当考量,应当选择有利于促成公司有效治理,并且有利于维护中小股东利益的方案。

二审法院认为涉案增资行为因不具备法律规定的要件而不成立。某贸易公司应当返还唐某已经投入的17万元款项,但对唐某主张相关利息的请求不予支持。

【判例分析】

本案中,3名股东虽然都向公司实际投资(表示行为一致),但每个人具体的投资意思表示并不明确,即效果意思和表示意思并不完全一致,实质是未就增资事项达成合意,因此增资协议并不成立。

本案中,某贸易公司的股东唐某,先前曾在他案中向法院起诉,以存在借贷关系为由,要求某贸易公司返还17万元借款及利息,但因证据不足而承担了败诉责任。

在该判决生效后,除非有足以推翻的相反证据,唐某与某贸易公司之间就该17万元就不应认定为借贷关系。从唐某的两次诉讼路径选择,并结合其庭审陈述和举证情况来看,唐某对于投入公司17万元的性质并不明确,或者说只有向公司投资的概括意思表示。而其他股东对于投入公司的资金性质也是各执己见,无法统一。

鉴于公司融资主要通过股权融资和债权融资两种方式,在债权融资已被否定的情况下,唐某将其投入的17万元在本案中作为增资款主张其权利,与其说是其最初的意思表示内容,不如说是在既判力约束下的诉讼路径选择(或者说是一种增资意思的推定)。

退一步而言,即便唐某最初向公司投资就是为了增资,但在王某投入的款项已被生效判决认定为借款的情况下,同样基于既判力因素,也不能认为3名股东达成了增资合意,增资协议亦无法成立。

有限责任公司的股东投资意思表示不明确的,全体股东间的增资协议因无合意而不成立。对于具有共同增资意思表示的部分股东之间是否成立增资协议,应当根据是否有利于保护股东新增资本优先认购权、是否有利于优化公司治理、是否有利于平衡大小股东利益等标准进行判断。若股东对增资协议的不成立不存在过错,且向公司实际给付款项而又不能认定为借款的,应当按照不当得利规则处理法律后果。

【风险提示】

公司具有资金集合的属性,融资对公司的重要性不言而喻。公司增资是股权融资的具体形式,增资行为的构成要件包括相对一致的多方意思表示,以及符合法律或者公司章程规定的方式和程序。因股东投资意思表示不明确,以致公司股东会未形成有效增资决议的,应当视为欠缺意思表示要件而造成公司增资行为不成立,自然也就不发生公司法上的效果。此时,应当以公司法的规定为基础,按照债法规则处理公司增资行为不成立的法律后果。

意思表示是民事法律行为的核心。股东向公司作出投资,但对投资的性质属于股权抑或债权,各方未能达成共识,也无法达成补充协议的,应当视作股东投资意思表示不明确。此时,股东投资意思表示的要素尚未完全具备,意思表示本身仍未成立,因此股东间的增资协议也不会成立。

股东向公司投资是增资还是借款,对于股东或者公司而言,法律关系和法律后果都大相径庭,需要进行审慎判断。

有限责任公司中,全体股东间的增资协议因投资意思表示不明确而不成立。那么,对于具有相同增资意思表示的部分股东,基于对不同股东增资意思的推定,是否可以认为成立增资协议,主要基于以下三点进行判断。

第一,是否有利于保护股东新增资本优先认购权。股东对新增资本的优先认购权,其法律依据在《公司法》第 34 条。这一优先认购权的设置,是基于有限责任公司人合性的特征,旨在防止股东持股比例被不当稀释而损害其权益。对于侵害股东新增资本优先认购权的,《公司法》没有直接规定法律责任,实践中多认为涉及侵害权益部分的股东会决议无效。

第二,是否有利于优化公司治理。公司作为一种法律拟制的人格,必须依赖于内部的组织机构才能正常运作。而不同类型的公司,其组织机构的权力分配和实际效用是存在较大差别的。从学理上看,本案中某贸易公司符合封闭公司的特性,如股东人数较少、管理上的合伙化、缺乏股份市场以及小股东难以退出等。封闭公司因其较强的人合性,在存在大股东的情况下,股东之间往往会因公司控制权和利益分配引发矛盾,不断产生纷争、欺压和僵局等问题,造成公司管理经营障碍甚至彻底瘫痪。

第三,是否有利于平衡大小股东利益。在某贸易公司这样的封闭公司中,大股东往往兼任公司的执行董事和经理,在管理公司和经营决策中,大股东的身份是双重且易于混淆的。因此,对大股东而言,公司利益和其股东个人利益总是一致的。而小股东一方面被排除在管理层之外,另一方面被长期锁定在公司之中,在承担了责任的同时很难享受到对应的利益。因此,基于公平原则的考量,在增资事项上,小股东的义务范围不能超越大股东,即大股东不能要求小股东承担大股东都未实际承担的义务。

【法条链接】

《公司法》

第二十条第一款 公司股东应当遵守法律、行政法规和公司章程,依法行使股东权利,不得滥用股东权利损害公司或者其他股东的利益;不得滥用公司法人独立地位和股东有限责任损害公司债权人的利益。

第三十四条 股东按照实缴的出资比例分取红利;公司新增资本时,股东有权优先按照实缴的出资比例认缴出资。但是,全体股东约定不按照出资比例分取红利或者不按照出资比例优先认缴出资的除外。

《最高人民法院关于适用〈中华人民共和国公司法〉若干问题的规定(一)》

第二条 因公司法实施前有关民事行为或者事件发生纠纷起诉到人民法院的,如当时的法律法规和司法解释没有明确规定时,可参照适用公司法的有关规定。

三、公司减资纠纷

公司在经营期间内,可能因经营状况良好而形成大量的剩余资本,为发挥资本效能,减轻分红负担,可能会进行减资;也可能因为经营亏损而导致实有资本低于注册资本或者为解决股东出资瑕疵等目的,需要通过减资来合理安排公司的股权结构,发挥注册资本对公司资信状况的公示效应。

债权人通常基于公司的注册资本数额来评估公司的信用情况,减资行为的结果是公司注册资本的减少,这必然导致公司的信用基础动摇,影响债权人的利益。

因此,《公司法》将减资列为股东会的特别决议事项,要求减资决议须经由2/3以上表决权的股东通过,并在第 177 条规定了办理减资的具体程序。司法实践中常见情形包括:债权债务诉讼未完结的诉争债权人是否属于已知债权人,如何规范履行通知债权人义务,公司能否依据法定的特别决议程序对特定股东实行定向减资,公司按股东到期未实缴的出资额进行减资或瑕疵减资后又增资的,减资股东承担何种责任等问题。

1. 股东违法减资损害公司债权人利益的责任承担

南京嘉翔公司与陈某光、徐某荣等股东损害公司债权人利益责任纠纷[①]

【关键词】

违法减资　股东未取回出资　公司债权人利益责任

【案情简介】

2015 年 7 月 14 日，司利德公司设立，注册资本为 100 万元，股东为徐某、陈某、杨某。2017 年 10 月 31 日，司利德公司与嘉翔公司进行对账，司利德公司签字确认拖欠嘉翔公司部分代理费，后因司利德公司未予支付成讼并进入执行程序。2018 年 6 月 26 日，浦口法院判决司利德公司于判决生效之日起 5 日内向嘉翔公司支付代理费 418274.5 元及违约金。2018 年 9 月 14 日，司利德公司作出股东会决议同意将公司注册资本从 100 万元减至 70 万元；2018 年 9 月 15 日，司利德公司在《金陵晚报》刊登公告，载明：根据 2018 年 9 月 14 日股东会决议，司利德公司拟将注册资本从 100 万元减至 70 万元，陈某减少其全部出资 30 万元。债权人可自公告之日起 45 日内要求本公司清偿债务或提供担保；2018 年 11 月 10 日，司利德公司出具公司债务清偿或提供担保的说明至 2018 年 11 月 10 日，公司已对债务予以清偿或提供了相应的担保。后嘉翔公司以司利德公司减资未通知已知债权人等为由，诉请股东陈某在减资范围内承担司利德公司对嘉翔公司的债务。陈某抗辩称，司利德公司在减资后并未将减资款项实际支付给陈某，公司偿债能力不受影响。

一审法院认为，贸易公司的实际偿债能力并未因违法减资行为降低，遂判决驳回货运公司的诉讼请求。二审法院认为，司利德公司在作出减资决议之时，对嘉翔公司为其经营期间债权人是明知的，司利德公司的股东在办理减资过程中未直接通知嘉翔公司，司利德公司仅在《金陵晚报》刊登减资公告，该通知方式不符合减资的法定程序，也使嘉翔公司丧失了在司利德公司减资前要求其清偿债务或

① 江苏省南京市中级人民法院(2020)苏 01 民终 11565 号民事判决书。

者提供担保的权利。

股东负有按照公司章程切实履行全面出资的义务,同时负有保持公司注册资本充实的责任。公司是否减资及如何进行减资系股东会决议的结果,取决于股东的意志,股东对公司减资的法定程序及后果亦属明知,同时,公司办理减资手续需股东配合,对于公司通知义务的履行,股东亦应当尽到合理注意义务。

贸易公司股东办理减资过程中未通知已知债权人,也未进行清偿或提供担保,损害了债权人利益。即便陈某未从贸易公司取回出资,但该出资已由股权转化为对贸易公司的债权,会导致其清偿顺位提升,遂撤销一审判决,改判陈某在减资范围内就贸易公司欠付货运公司的债务承担补充赔偿责任。

【判例分析】

根据本案中时间节点可知,2018 年 6 月 26 日司利德公司股东即应当知晓公司尚欠付嘉翔公司债务,但是其却在同年 9 月进行减资而且在明知公司现有债权人的情况下仅进行公告通知而未能按照规定书面通知已知债权人,其主观明显存在恶意减资故意。根据《公司法》第 177 条的规定可知,公司决议减资时应当于决议之日起 10 日内通知债权人,对于潜在债权人应当于决议之日起 30 日内进行公告通知。据此,债权人在知晓债务人公司减资发生时,有权要求公司清偿债务或者提供相应的清偿担保。

而本案中司利德公司未能书面通知嘉翔公司致使债权人未能及时向司利德公司主张清偿债务或者提供相应的担保,其债权已经受损,故而本案中二审法院认为"司利德公司违法减资行为损害了债权人嘉翔公司的利益,有悖法律对公司债权人的保护规定,陈某、徐某、杨某作为司利德公司股东应当承担相应法律责任,嘉翔公司要求其在公司减资数额范围内共同对嘉翔公司债务不能清偿部分承担补充赔偿责任,本院予以支持"。

其依据主要系根据《最高人民法院关于适用〈中华人民共和国公司法〉若干问题的规定(三)》第 12 条第 4 项的规定在未经合法程序情况下减少公司注册资金应属抽逃出资范畴,故而根据《最高人民法院关于适用〈中华人民共和国公司法〉若干问题的规定(三)》第 14 条第 2 款的规定,公司债权人请求抽逃出资的股东在抽逃出资本息范围内对公司债务不能清偿的部分承担补充赔偿责任、协助抽逃出资的其他股东、董事、高级管理人员或者实际控制人对此承担连带责任的,人民法院应予支持。

本案中的补充赔偿责任法理主要源于侵权责任视角下的填平损失原则,即本案中3名股东利用股东权利在明知公司欠付债务的情况下恶意不予通知已知债权人同时虚假进行变更登记的行为，实际即是将公司注册资本100万元降至70万元，因此，对于债权人而言，其可能潜在的债权损失数额以30万元作为股东补充赔偿范围并无问题。

《公司法》第177条规定的公司减资需要遵循"通知—公告"的程序以及赋予债权人的干预权（要求提前清偿或者提供担保），其立法的出发点在于保障公司法人人格的独立性，防止公司法人财产的不当减损进而损害公司及债权人的利益。公司法人具有独立人格的首要特征便是财产独立——公司财产独立于股东的个人财产，股东将作为出资的财产交付公司履行其出资义务，就必须办理财产权转移手续。正是因为公司具有独立的法人人格，享有独立的法人财产权，才构成现代《公司法》的立法基础。

【风险提示】

公司资本构成公司对外交往的信用基础，与公司交易的相对方往往通过公司注册资本额判断公司资信状况。公司减资会减少公司责任财产，减轻股东责任，影响公司偿债能力，故公司法明确要求公司减资应自作出减少注册资本决议之日起10日内通知债权人，并于30日内在报纸上公告。本案中，公司减资未通知已知债权人，存在程序瑕疵，即使股东未实际抽回资本，但其股权已转为对公司的债权，等同于股东可以与债权人在同一顺位获得清偿，变相减少了公司的责任财产。在实践中，公司减资必须严格依照法定条件和程序实施，避免打擦边球，否则不仅实际影响公司债权人利益，还容易给减资股东埋下后患。

公司资本是构成公司独立人格的重要条件，并成为公司对外承担责任的物质基础。对股东而言，公司存续期间未经法定程序，不得收回投资，包括减资、回购或者其他方式变相收回投资。本案公司通过股东会达成对股东陈某实施减资的议案，并依照《公司法》的规定对外进行了公告，但未通知已知的债权人，导致已知的债权人未获得提前清偿或者担保的保障。由此，债权人提起本诉，要求陈某在其收回的出资范围内承担连带责任，获得法院的最终支持。

公司资本是以股东出资构成的公司对外承担责任的物质基础，在公司存续期间，未经法定程序，股东不得收回投资。

在公司存续期间，公司任何减少注册资本的行为都必须履行法定程序。如减资行为，一方面，要通过召开股东会的方式形成减资方案，目的在于保证全体股东能够得到股东平等原则的保护；另一方面，要征得债权人的同意，因为减资意味着公司对外承担债务的物质基础减少，增加了债权人的风险。

公司经营期间除了发生已知的债权债务，还可能产生或有债务或者潜在债务。因此，公司减资征得债权人同意的法定程序包括通知已知的债权人和公告未知的债权人，不可以用通知已知债权人的方式代替公告方式，亦不可用公告方式代替通知已知债权人。如果债权人对公司减资行为有异议，公司可以提前偿债或者提供担保，否则不得减资。公司在减资中有任何违反法定程序的行为，都将导致减资行为瑕疵，因瑕疵减资而受益的股东应当在回收资本的范围内对相应债务承担责任。需要强调的是，如果瑕疵减资的受益股东为数人，那么，还应当注意全体股东应当按比例承担责任，以保证股东平等原则的贯彻。

【法条链接】

《公司法》

第二十条　公司股东应当遵守法律、行政法规和公司章程，依法行使股东权利，不得滥用股东权利损害公司或者其他股东的利益；不得滥用公司法人独立地位和股东有限责任损害公司债权人的利益。

公司股东滥用股东权利给公司或者其他股东造成损失的，应当依法承担赔偿责任。

公司股东滥用公司法人独立地位和股东有限责任，逃避债务，严重损害公司债权人利益的，应当对公司债务承担连带责任。

《最高人民法院关于适用〈中华人民共和国公司法〉若干问题的规定(三)》

第十二条第(四)项　公司成立后，公司、股东或者公司债权人以相关股东的行为符合下列情形之一且损害公司权益为由，请求认定该股东抽逃出资的，人民法院应予支持：

(四)其他未经法定程序将出资抽回的行为。

第十四条第二款　公司债权人请求抽逃出资的股东在抽逃出资本息范围内对公司债务不能清偿的部分承担补充赔偿责任、协助抽逃出资的其他股东、董事、高级管理人员或者实际控制人对此承担连带责任的，人民法院应予支持；抽逃出资的股东已经承担上述责任，其他债权人提出相同请求的，人民法院不予支持。

2. 公司减资过程中债权人利益的实质性保护

上海博达数据通信有限公司与梅斯信息科技（苏州）有限公司、杨某、陈某等买卖合同纠纷[①]

【关键词】

违法减资　债权人利益　减资补偿责任

【案情简介】

梅斯信息科技（苏州）有限公司（以下简称梅斯公司）于2014年7月设立，原注册资本为2000万元，公司股东为杨某出资1950万元、陈某出资50万元。2015年9月15日，杨某、陈某两股东作出股东会决议，同意公司注册资本从2000万元减至1000万元，杨某出资金额由1950万元减至950万元。2015年10月16日，梅斯公司在《苏州日报》上对上述减资事宜进行公告，公告载明，债权人可自本公告之日起45日内要求公司清偿债务或者提供担保。2015年12月1日，杨某、陈某向工商管理部门出具《公司债务担保情况的说明》一份，承诺"本公司于2015年9月15日经股东会决议，将公司注册资本从2000万元减至1000万元，公司已于减资决议作出之日起10日内通知了全体债权人，并于2015年10月16日在《苏州日报》上发布了减资公告。至2015年12月1日，公司已对债务提供担保，所有债务由减资后全体股东担保"。

2016年1月21日，梅斯公司向苏州工业园区市场监督管理局申请注册资本变更登记申请。2016年8月，苏州工业园区市场监督管理局核发了新的营业执照。

上海博达数据通信有限公司（以下简称博达公司）与梅斯公司分别于2015年10月8日、2015年11月11日、2016年1月5日签订买卖合同，博达公司共计向梅斯公司提供了535800元货物，梅斯公司支付了28706元货款。

博达公司向一审法院起诉请求：（1）梅斯公司立即支付货款507094元；（2）梅斯公司支付逾期付款违约金（以507094元为本金，自2016年8月1日起至判决生

---

① 上海市高级人民法院（2020）沪民再28号民事判决书。

效日止,按中国人民银行同期贷款利率的 4 倍计算);(3)杨某对梅斯公司的债务在 1000 万元限额内承担连带清偿责任;(4)陈某对梅斯公司的债务在 1000 万元限额内承担连带清偿责任。

一审法院判决梅斯公司应于判决生效之日起 10 日内支付博达公司货款 507094元;梅斯公司应于判决生效之日起 10 日内支付博达公司违约金。

博达公司不服提起上诉。二审法院驳回上诉,维持原判。

再审法院认为,本案中,博达公司是明确的债权人,梅斯公司不得以公告方式替代,而应以书面方式通知。杨某、陈某出具的《公司债务担保情况的说明》承诺公司债务由减资后全体股东担保,故杨某、陈某应在梅斯公司 1000 万元减资范围内,对梅斯公司的债务承担连带清偿责任。最终判决撤销二审裁判,变更一审判决第 2 项为梅斯公司支付博达公司违约金,被申请人杨某、陈某在 1000 万元范围内,对梅斯公司的上述付款义务向博达公司承担连带清偿责任。

【判例分析】

本案中,首先,博达公司与梅斯公司之间的买卖合同分别于 2015 年 10 月 8 日、2015 年 11 月 11 日、2016 年 1 月 5 日签订,合同是债发生的原因,故上述买卖合同签订之日,即博达公司与梅斯公司的债权债务关系发生之时。博达公司享有要求梅斯公司支付货款的请求权,是梅斯公司的债权人。至于债权尚未到期或者债权数额尚未明确,均不影响博达公司作为债权人的身份。其次,博达公司的债权发生在梅斯公司股东会的减资决议后,工商登记变更前。梅斯公司应否就其减资通知博达公司,公司法对此并无明文规定。法院认为,减资是公司内部的重大行为,但同时也会影响外部债权人的利益。《公司法》规定,公司应当自作出减少注册资本决议之日起 10 日内通知债权人,旨在保护债权人的信赖利益和知情权,以便债权人选择要求清偿或者提供债的担保。因此,认定公司对自股东会的减资决议后至变更登记前产生的债权人均负有通知义务,更符合《公司法》的立法目的。最后,根据《公司法》的规定,对已知的、明确的债权人,公司必须以书面方式通知,对无法找到或通知到的债权人,则可通过报纸公告。本案中,博达公司是明确的债权人,梅斯公司不得以公告方式替代,而应以书面方式通知。

首先,梅斯公司 2014 年 7 月设立时,股东认缴注册资本 2000 万元,至 2015 年 12 月 31 日梅斯公司实缴资本为 500 万元。梅斯公司减少的是股东认缴的尚未实缴的注册资本。且梅斯公司在庭审中表示其无法提供相关的资产负债表。故杨某等辩称梅斯公司系形式减资,没有任何事实依据,法院未予采信。其次,梅斯公司未履行法定通知义务,直接通知博达公司。尽管公司法规定公司减资时的通知义务人是公司,但公司减资系股东会决议的结果,是否减资以及如何减资完全取决于股东的意志。杨某、陈某在通知债权人一事上亦未尽到合理的注意义务。梅斯公司的瑕疵减资,减少了债权人得以信赖的担保财产,降低了公司的对外偿债能力,对博达公司的债权造成实际的侵害。杨某、陈某作为梅斯公司的股东作出减资决议客观上降低了梅斯公司的偿债能力,产生了和股东抽逃出资一致的法律后果,应对梅斯公司不能清偿的部分在减资范围内承担补充赔偿责任。最后,梅斯公司股东陈某虽未减资,但股东会决议由杨某、陈某共同作出。陈某同意杨某的减资,导致公司无法以自身财产清偿债务的后果,陈某应与减资股东杨某在减资范围内承担连带责任。

而杨某、陈某出具的《公司债务担保情况的说明》承诺公司债务由减资后全体股东担保,故杨某、陈某应在梅斯公司 1000 万元减资范围内,对梅斯公司的债务承担连带清偿责任。

【风险提示】

法律规定,公司减资决议应当自作出之日起 10 日内通知债权人,这是为保护债权人的信赖利益和知情权,以便债权人选择要求清偿或者提供债的担保。在减资之后变更登记前产生的债权,《公司法》虽无明文规定,但如果公司不通知债权人,工商登记又尚未变更的情况下,债权人对公司减资情况无从得知。如公司存在恶意减资,其减资行为降低了公司的对外偿债能力,对债权人的债权将造成实际侵害。所以,在减资决议后至变更登记前产生的债权,公司负有通知义务,否则股东在公司不能清偿的部分在减资范围内承担连带责任。

对于公司股东而言,需慎重参与公司减资,在公司违规作出减资决议时及时提出异议,并且在公司作出减资决定后应积极督促公司将减资事项通知所有债权人,并有效回应债权人要求提供担保或清偿债务的需求。如果公司怠于履行上述通知义务,那么有过错的股东将会在实际减资范围内对公司不能清偿部分承担补充赔偿责任。

在公司决议减资后,公司应依法通知债权人。债权人范围不仅包括公司股东会作出减资决议时已确定的债权人,还包括公司减资决议后工商登记变更之前产生的债权债务关系中的债权人;以及公司在减资过程中涉及诉讼的,案件尚未宣判,抑或判决尚未生效,都应当通知诉讼相对方。若因未能有效通知到该潜在债权人,则可能存在减资程序瑕疵,而被认定恶意减资而无效。

公司应当自作出减资决议之日起 10 日内，通知债权人。通知债权人方式分为书面通知和公告通知，对已知的、明确的债权人，公司必须以书面方式通知；只有对无法找到或者无法通知到的债权人，才可采取公告方式通知，采取公告形式通知的，需 30 日内在报纸上至少公告 3 次。债权人自接到通知书之日起 30 日内，未接到通知书的自第一次公告之日起 90 日内，有权要求公司清偿债务或者提供相应的担保。

【法条链接】

《公司法》

第一百七十七条　公司需要减少注册资本时，必须编制资产负债表及财产清单。

公司应当自作出减少注册资本决议之日起十日内通知债权人，并于三十日内在报纸上公告。债权人自接到通知书之日起三十日内，未接到通知书的自公告之日起四十五日内，有权要求公司清偿债务或者提供相应的担保。

《最高人民法院关于适用〈中华人民共和国公司法〉若干问题的规定（三）》

第十四条　股东抽逃出资，公司或者其他股东请求其向公司返还出资本息、协助抽逃出资的其他股东、董事、高级管理人员或者实际控制人对此承担连带责任的，人民法院应予支持。

公司债权人请求抽逃出资的股东在抽逃出资本息范围内对公司债务不能清偿的部分承担补充赔偿责任、协助抽逃出资的其他股东、董事、高级管理人员或者实际控制人对此承担连带责任的，人民法院应予支持；抽逃出资的股东已经承担上述责任，其他债权人提出相同请求的，人民法院不予支持。

四、公司增资纠纷

公司增资，是指公司基于筹集资金、扩大经营等目的，依照法定的条件和程序增加公司资本的行为。公司增资纠纷，是指公司在增加注册资本过程中因增资行为引起的民事纠纷。公司资本增加会增强公司实力，有利于保障债权人的利益和维护交易安全，各国立法通常对增资条件和增资程序限制较少，但公司资本增加必然调整现有的股权结构，直接影响现有股东的利益并可能在股东之间引发利益之争。

因此，《公司法》规定，有限责任公司或者股份有限公司增加资本的，需经公司股东(大)会作出决议，并且有限责任公司增加资本时，除非全体股东约定不按照出资比例优先认缴出资，股东有权优先按照实缴的出资比例认缴出资。对于违反程序作出的决议，股东可以向人民法院提起诉讼请求确认增资决议无效。2011 年《民事案件案由规定》将公司增资纠纷列为第三级案由。

1. 增资公示前解除投资协议、返还投资款的法律后果

海南天然橡胶产业集团股份有限公司与海南华阳投资集团有限公司新增资本认购纠纷、买卖合同纠纷①

【关键词】

内部自治事项　增资扩股协议　通知债权人

【案情简介】

2017 年 12 月 21 日，海南华阳投资集团有限公司（以下简称华阳投资公司）、海南天然橡胶产业集团股份有限公司（以下简称海胶公司）、华阳致远公司、华橡公司签订《增资扩股协议》，约定华阳投资公司在对华橡公司原出资金额的基础上以货币加股权方式增资，于 2019 年 12 月 31 日全部出资到位；海胶公司将原出资方式变更为股权出资，并以股权方式增资，于 2017 年 12 月 31 日前办理过户手续。海胶公司办理股权过户后，若华阳投资公司未在协议约定的时间内出资或办理股权过户，经海胶公司催告，华阳投资公司仍未在海胶公司要求的时间内完成出资或股权过户，海胶公司有权单方解除协议。

海胶公司诉称：华阳投资公司未按照《增资扩股协议》约定实际履行，请求判令华阳投资公司返还海胶公司因 2017 年 12 月 21 日签订的《增资扩股协议》而注入华橡公司的资产，并判令华橡公司办理因返还海胶公司注入资产相应的减资手续。

海南省高级人民法院认为：公司减少注册资本属于公司内部自治事项，公司是否减资以及如何进行减资，按照法律规定，需经股东会决议通过后，编制资产负债表及财产清单，并通知债权人及在报纸上公告，如债权人在法定期限内要求公司清偿债务或提供相应担保的，还应依法清偿相关债务或提供相应担保。公司减资属于典型的公司内部自治，按法律规定，需履行较为严格和较为复杂的程序，目前法律并无规定强制公司减资的制度。对于办理公司减资，在无法律规定的情况下司法不宜直接干预，因此，海胶公司请求判决华橡公司办理返还其出资的相应

---

① 最高人民法院（2020）最高法民终 223 号民事判决书。

减资手续,缺乏法律依据,法院不予支持。因此,驳回了海胶公司的诉讼请求。海胶公司不服一审判决,向最高人民法院提起上诉。

二审裁判驳回上诉,维持原判。

最高人民法院认为:公司减资属于公司内部自治事项,《公司法》规定了经股东会决议后公司减资应履行的程序,但是目前尚无法律规定人民法院可以强制公司减资,事实上,强制公司减资也违背《公司法》关于公司自治的立法精神。原审法院认为在无法律规定的情况下司法不宜直接干预此问题,并无不当。海胶公司诉请华橡公司办理减资手续,于法无据,不予支持。

【判例分析】

当出资资本已投入公司且相应变更及完成工商登记,成为公司的注册资本,股东要求解除合同并返还出资本金和办理减资手续,已不仅仅涉及原《合同法》,还受《公司法》的限制。

本案的争议焦点主要是:(1)海胶公司主张案涉《增资扩股协议》已经解除是否应予支持;(2)海胶公司请求返还已经注入华橡公司的资产是否应予支持;(3)海胶公司请求华橡公司办理减资手续是否应予支持。

关于第一项注资5200万元的问题。原审法院查明,2018年1月19日,华阳投资公司向华橡公司转账5200万元,转账摘要载明为注册资本。华阳投资公司的该项出资虽然比协议约定时间晚19天,但不构成根本违约,海胶公司以此主张解除《增资扩股协议》,理据不足,法院未予支持。

关于第二项将翔宇公司100%股权过户至华橡公司的问题。2018年1月15日,华阳投资公司持有的翔宇公司100%股权经工商变更登记至华橡公司名下,因此华阳投资公司的第二项出资义务也已经完成。至于翔宇公司资产评估问题,其实际影响的是第三项义务的具体数额的多少。海胶公司关于国融兴华公司的评估并非经海胶公司、华阳投资公司共同委托,评估值亦未经海胶公司确认,不能认定华阳投资公司已经完成第二项义务的主张,不符合合同约定,法院未予支持。

《增资扩股协议》是海胶公司与华阳投资公司等各方主体的真实意思表示,海胶公司对华橡公司的增资行为系履行《增资扩股协议》,且相应变更及工商登记已经完成,符合公司增资的法定条件和程序。公司以资本为信用,公司资本一经增加,非依法定程序不可随意变更。海胶公司的履约行为可以据此获得华橡公司相应股权,但不能以华阳投资公司的履约瑕疵要求返还其已经工商变更登记地出资。海胶公司请求返还其因《增资扩股协议》而注入华橡公司的资产,于法无据。

原审法院认为在无法律规定的情况下司法不宜直接干预此问题，并无不当。海胶公司诉请华橡公司办理减资手续，法院不予支持。

由本案可见，尽管在《全国法院民商事审判工作会议纪要》中没有具体提及要求目标公司履行减资程序是否具有可诉性，但实际裁判过程中，最高人民法院认为通过起诉方式履行减资程序属于公司自治事项，司法不宜介入，如司法强制介入，也或难以强制执行，社会效果不好，故《关于审理公司纠纷案件若干问题的裁判指引》第45条中明确了该裁判规则，与最高人民法院的裁判惯例一致。

【风险提示】

股东出资是公司设立并从事生产经营活动的物质基础，股东出资形成的有限责任公司的全部法人财产是公司对外承担债务责任的保证，股东的出资一旦投入公司，即成为公司的资产，非经法定程序，股东出资不得随意抽回、减少。

《公司法》第3条规定，公司是企业法人，有独立的法人财产，享有法人财产权。公司以其全部财产对公司的债务承担责任。有限责任公司的股东以其认缴的出资额为限对公司承担责任；股份有限公司的股东以其认购的股份为限对公司承担责任。第35条规定，公司成立后，股东不得抽逃出资。第177条规定，公司需要减少注册资本时，必须编制资产负债表及财产清单。公司应当自作出减少注册资本决议之日起10日内通知债权人，并于30日内在报纸上公告。债权人自接到通知书之日起30日内，未接到通知书的自公告之日起45日内，有权要求公司清偿债务或者提供相应的担保。

根据上述规定，公司减少注册资本属于公司内部自治事项，公司是否减资以及如何进行减资，按照上述法律规定，需经股东会决议通过后，编制资产负债表及财产清单，并通知债权人及在报纸上公告，如债权人在法定期限内要求公司清偿债务或提供相应担保的，还应依法清偿相关债务或提供相应担保。

公司减资属于典型的公司内部自治，须履行较为严格和较为复杂的程序，目前法律并无规定强制公司减资的制度。对于办理公司减资，在无法律规定的情况下司法不宜直接干预，因此，股东请求判决公司办理返还其出资的相应减资手续，缺乏法律依据，难以获得法院支持。

若增资行为被认定为“股”，增资（认购）协议无效（被撤销）或解除的法律后果，以是否完成工商变更登记而不同。亦即，完成了工商变更登记，则具有了对外公示效力，对于公司债权人而言形成了信赖利益的基础，若仅仅采用《民法典》总则及其合同编的规则，则会构成非经法定程序减资的事实，而这是公司法所不允许的。若增资行为未完成工商变更登记,则增资协议的无效(被撤销)或者解除,则可以按照《民法典》总则及其合同编的规则,返还投资款。但是若投资人被认定为实际股东,则需要承担持股期间目标公司损失。

若是投资人投资目标公司并持有目标公司股权的行为若被认定为“债”,无论采取了股权让与担保,还是名股实债的形式。法院均采取了支持由目标公司返还投资人增资款的诉请,而对于投资人持有目标公司股权对债权人产生的信赖利益损失导致的纠纷,要么在裁判说理中没有涉及,要么直接明确按照诉讼另案解决的逻辑处理。在此种情形下,就关涉执行过程中,优先保护哪个债权的问题。

【法条链接】

《公司法》

第一百四十二条 公司不得收购本公司股份。但是,有下列情形之一的除外:

(一)减少公司注册资本;

(二)与持有本公司股份的其他公司合并;

(三)将股份用于员工持股计划或者股权激励;

(四)股东因对股东大会作出的公司合并、分立决议持异议,要求公司收购其股份;

(五)将股份用于转换上市公司发行的可转换为股票的公司债券;

(六)上市公司为维护公司价值及股东权益所必需。

公司因前款第(一)项、第(二)项规定的情形收购本公司股份的,应当经股东大会决议;公司因前款第(三)项、第(五)项、第(六)项规定的情形收购本公司股份的,可以依照公司章程的规定或者股东大会的授权,经三分之二以上董事出席的董事会会议决议。

公司依照本条第一款规定收购本公司股份后,属于第(一)项情形的,应当自收购之日起十日内注销;属于第(二)项、第(四)项情形的,应当在六个月内转让或者注销;属于第(三)项、第(五)项、第(六)项情形的,公司合计持有的本公司股份数不得超过本公司已发行股份总额的百分之十,并应当在三年内转让或者注销。

上市公司收购本公司股份的,应当依照《中华人民共和国证券法》的规定履行信息披露义务。上市公司因本条第一款第(三)项、第(五)项、第(六)项规定的情形收购本公司股份的,应当通过公开的集中交易方式进行。

公司不得接受本公司的股票作为质押权的标的。

2. 股东会决议对股东认缴公司新增资本的影响

曹某勇与许某安、杨某兰、天津瑞丰投资控股有限公司、天津龙灏投资有限公司、天津市滨海商贸大世界有限公司增资纠纷[①]

【关键词】

滥用股东权利　增加注册资本　全体股东一致

【案情简介】

天津市滨海商贸大世界有限公司（以下简称滨海公司）注册资本为人民币4000万元，股东为本案一审四原告及被告曹某勇五人[其中，天津瑞丰投资控股有限公司（以下简称瑞丰公司）持股50%，天津龙灏投资有限公司（以下简称龙灏公司）持股25%，杨某兰持股10%，曹某勇持股10%，许某安持股5%]。2013年1月25日，曹某勇向许某安出具一份《债务确认书》，确认曹某勇及其父亲对许某安负债，此次又蒙许某安同意并配合增持股权至40%。为此，曹某勇承诺2014年12月31日前，全额偿付许某安3800万元人民币的债务。同日，四原告及被告曹某勇召开滨海公司的全体股东会，并形成股东会决议，全体股东同意曹某勇以其所持滨海公司全部股权（含曹某勇增资后的股权）为清偿所欠许某安债务提供质押担保。1月29日，本案一审四原告与曹某勇召开股东会并形成一致决议：公司注册资本由4000万元增加至6000万元，新增部分注册资本全部由股东曹某勇以货币方式缴付，变更后曹某勇持股比例为40%。此后，曹某勇依约向滨海公司缴付人民币2000万元，亦变更了公司章程和工商登记。但当许某安要求曹某勇按照《债务确认书》中的承诺履行时，曹某勇拒不协助办理股权质押手续，并拒绝归还欠款。本案一审四原告遂提起诉讼。一审判决撤销原告与被告有关"新增部分2000万元注册资本由股东曹某勇以货币方式于2013年1月29日前缴付"的协议内容；新增注册资本由原告许某安、杨某兰、瑞丰公司、龙灏公司和被告曹某勇按照实缴出资的比例认缴，并办理变更登记手续。曹某勇向最高人民法院提起上诉。

一审天津市高级人民法院认为，一致同意公司增加注册资本并修改公司章程

---

① 最高人民法院（2015）民二终字第313号民事判决书。

的决议内容,属于股东会的职权范围和股东会决议的事项,而许某安等同意在曹某勇偿还许某安 3800 万元债务的前提下,各自放弃认缴增资优先权的决议内容,则属于公司股东就相互之间权利义务达成的意思表示一致的协议。

最高人民法院判决认为,2013 年 1 月 29 日滨海公司《股东会决议》载明的内容,并非全部属于股东会职权范围。股东会有权对公司增加注册资本作出决议,但对股东是否认缴公司新增资本、认缴多少则不能作出决议。

【判例分析】

最高人民法院经审理认为,第一,2013 年 1 月 29 日滨海公司《股东会决议》载明的内容,并非全部属于股东会职权范围。股东会有权对公司增加注册资本作出决议,但对股东是否认缴公司新增资本、认缴多少不能作出决议。根据《公司法》的规定,认缴新增资本是股东的法定权利。滨海公司全体股东同意的关于新增注册资本 2000 万元由曹某勇以现金方式缴付的协议内容,本质上属于全体股东之间的约定,而非股东会作为公司的权力机构行使职权作出的决议,该协议的撤销应当适用原《合同法》的相关规定。第二,曹某勇偿还许某安债务实则与许某安等同意曹某勇单独增资之间存在等价交换关系。曹某勇单独增资后,拒绝履行归还欠款等在《债务确认书》中作出的承诺,在诉讼中否认其与许某安之间存在债务,主张其承诺是因为受到许某安的胁迫,却未提供相应的证据。曹某勇的行为已构成欺诈,本案一审四原告以受到曹某勇欺诈作出错误意思表示为由,主张撤销放弃认缴增资优先权的协议内容,应予支持。

2013 年 1 月 25 日滨海公司《股东会决议》明确是全体股东就曹某勇就清偿所欠许某安债务事宜,将其所持滨海公司全部股权质押给许某安之事宜所达成,决议第 4 项内容为全体股东均知悉并同意监督曹某勇于 2013 年 1 月 25 日向许某安出具的《债务确认书》中的其他承诺事项的履行;2013 年 1 月 29 日滨海公司《股东会决议》第 2 项记载滨海公司新增注册资本 2000 万元由曹某勇以现金方式缴付。从上述文件的签署日期及所载内容来看,全体股东就股东间的债权债务关系和公司增资如何认缴等事宜作出了整体交易安排,故在确认各股东权利、义务、可能承担的法律责任时,需将上述文件作为一个整体加以分析认定。

同时,2013 年 1 月 29 日滨海公司《股东会决议》载明的内容,并非全部属于股东会职权范围。股东会有权对公司增加注册资本作出决议,但对股东是否认缴公司新增资本、认缴多少则不能作出决议。依据股东会作出该决议时适用的《公司法》第 34 条关于“公司新增资本时,股东有权优先按照实缴的出资比例认缴出资”

的规定,认缴新增资本是股东的法定权利。滨海公司全体股东在 2013 年 1 月 29 日《股东会决议》签章同意的关于新增注册资本 2000 万元由曹某勇以现金方式缴付的内容,本质上属于股东间对新增资本优先认缴权的约定,属于股东之间的协议,而非股东会作为公司的权力机构行使职权作出的决议。一审法院认定上述 3 份文件的内容具有相互关联性,认定滨海公司全体股东就曹某勇同意偿还许某安 3800 万元债务,许某安等同意曹某勇单独增资并放弃优先认缴出资的权利达成协议,许某安等申请撤销的协议内容属于股东间的协议,应当适用原《合同法》的相关规定,并无不妥。曹某勇关于本案属于请求撤销股东会决议、应当适用《公司法》及相关司法解释的主张不能成立。

【风险提示】

股东会有权对公司增加注册资本作出决议,但对股东是否认缴公司新增资本、认缴多少则不能作出决议。依据股东会作出该决议时适用的《公司法》第 34 条关于“公司新增资本时,股东有权优先按照实缴的出资比例认缴出资”的规定,认缴新增资本是股东的法定权利。本案公司全体股东在《股东会决议》签章同意的关于新增注册资本 2000 万元由某股东以现金方式缴付的内容,本质上属于股东间对新增资本优先认缴权的约定,属于股东之间的协议,而非股东会作为公司的权力机构行使职权作出的决议。

从本案判决来看,对股东会决议内容作出了限缩性解释。法院认为“股东会有权对公司增加注册资本作出决议,但对股东是否认缴公司新增资本、认缴多少则不能作出决议”,因为原股东有优先按照实缴的出资比例认缴出资的权利。股东对增资比例的约定属于合同。增减资从本质上讲是公司的权利,这一点法院也是承认的。注册资本采取何种方式、何种比例、何种程序增加、减少是股东会决议进行增减资的应有之义,该部分内容是增减资决议不可或缺的一部分,否则因为没有可执行性决议会变得毫无意义。实务中鲜有决定增资 × ×元人民币,而没有新增出资认缴比例的股东会增资决议。原股东在增资中只是享有优先按照实缴出资比例认缴新增出资,这一权利需要全体股东一致才能改变,此时合意是股东间的合同。但并不意味着,股东会决议中的增资比例并非公司意志的一部分,因为经过股东会议事、决议,股东间一致同意不按实缴比较认缴的意思表示已经转化为公司的意思表示。此时股东们受到两个有效的法律关系的制约,一个是公司决议,另一个是股东间约定不按实缴比例增资的合同,这两个法律关系并存并不矛盾,也不新奇。增资者违背承诺应承担相应责任,守约方可以选择认为有利于自己的法律关系主张权利。但不能把合同可撤销的理由作为撤销公司决议相关内容的理由。

我们要看到公司资本是公司得以维系的核心,股东抽逃出资是对公司资本的侵犯,将危及公司的资本维持和对外偿债能力,因此,抽逃出资的股东应承担相应的法律责任。近年来,民商事审判向"实质优于形式"转变,运用"穿透性思维方式",透过表面复杂的商业交易安排、资金往来,查明当事人真实的交易目的,准确揭示交易模式,根据真实的权利义务关系来认定商事行为的性质与效力,判定商事行为是否构成对公司资本的侵犯,是否实质上减少了公司的责任资产,以此认定股东是否存在抽逃出资的情形。

因此,股东与公司之间的交易及款项往来,更应当遵守《公司法》、公司章程、公司财务管理制度及其他内部规章制度规定的决策程序,制定完备的决议文件、合同文本等法律文件,规范财务记账等,客观真实地反映往来交易情况,避免因内部管理制度不完善导致股东被认定为构成"抽逃出资"的情形并承担相应的法律后果。

【法条链接】

《公司法》

第三条 公司是企业法人,有独立的法人财产,享有法人财产权。公司以其全部财产对公司的债务承担责任。

有限责任公司的股东以其认缴的出资额为限对公司承担责任;股份有限公司的股东以其认购的股份为限对公司承担责任。

第二十二条 公司股东会或者股东大会、董事会的决议内容违反法律、行政法规的无效。

股东会或者股东大会、董事会的会议召集程序、表决方式违反法律、行政法规或者公司章程,或者决议内容违反公司章程的,股东可以自决议作出之日起六十日内,请求人民法院撤销。

股东依照前款规定提起诉讼的,人民法院可以应公司的请求,要求股东提供相应担保。

公司根据股东会或者股东大会、董事会决议已办理变更登记的,人民法院宣告该决议无效或者撤销该决议后,公司应当向公司登记机关申请撤销变更登记。

第三十四条 股东按照实缴的出资比例分取红利;公司新增资本时,股东有权优先按照实缴的出资比例认缴出资。但是,全体股东约定不按照出资比例分取红利或者不按照出资比例优先认缴出资的除外。

《最高人民法院关于适用〈中华人民共和国公司法〉若干问题的规定(三)》

第十七条第一款　有限责任公司的股东未履行出资义务或者抽逃全部出资,经公司催告缴纳或者返还,其在合理期间内仍未缴纳或者返还出资,公司以股东会决议解除该股东的股东资格,该股东请求确认该解除行为无效的,人民法院不予支持。

第二章

基于公司整体利益产生的纠纷

公司整体利益指的是实现企业宗旨为目的的同时包括所有相关当事人的利益,是一种集体利益的体现。其中相关当事人包括发起人、股东、债权人等。司法实践中,发起人、股东的一些行为会直接损害到公司的整体利益,与之相关的基于公司整体利益产生的纠纷随之大量出现,不利于公司长远发展。笔者通过选取基于公司整体利益产生纠纷的相关民事案由,以案例分析的形式提炼司法实践中的相关裁判观点。

具体而言,本章内容包括发起人责任纠纷、股东损害公司债权人利益责任纠纷、损害公司利益责任纠纷、公司决议纠纷四个小节。通过四类案由,十七个司法判例的具体内容,为公司主体作基于公司整体利益产生的纠纷的相关风险的提示与建议。

一、发起人责任纠纷

发起人是指为设立公司而签署公司章程、向公司认购出资或者股份并履行公司设立职责的人,包括有限责任公司设立时的出资人和股份有限公司的发起人。发起人责任是指发起人在公司设立过程中,因公司不能成立对认股人所应承担的责任或者在公司成立时因发起人自身的过失行为致使公司利益受损时应当承担的责任。

发起人的责任可以区分为公司设立成功时的责任与公司设立失败时的责任两种,具体表现形式为公司设立失败时发起人的责任承担、公司设立成功时发起人的合同责任承担、侵权责任承担以及资本充实责任。为进一步明确发起人承担责任的情况,本节结合实践案例,围绕上述四个方面对发起人需承担责任及费用认定问题进行论述,以期为公司发起人提供基于公司发起人责任纠纷的防范和处理建议。

1. 公司设立失败时发起人的责任承担

互惠生(北京)国际文化交流中心与北京巨龙盛世投资咨询有限公司发起人责任纠纷①

【关键词】

公司设立失败　发起人责任纠纷　连带责任　内部追偿

【案情简介】

2013 年 7 月,北京巨龙盛世投资咨询有限公司(以下简称巨龙盛世公司)与互惠生(北京)国际文化交流中心(以下简称互惠生中心)签订《合作协议书》,约定共同出资成立并经营新公司"巨龙互惠公司"。新公司"巨龙互惠公司"注册初期的股权结构为:巨龙盛世公司出资比例为 51%,互惠生中心出资比例为 49%。

2013 年 5 月 30 日,巨龙盛世公司的工作人员林某以个人名义承租了北京市朝阳区东大桥路 8 号尚都国际 1513 室,租金每月为 35000 元,后作为"巨龙互惠公司"的办公地址。

2013 年 10 月底,互惠生中心委托北京建协装饰工程有限公司对尚都国际 1513 室进行装修改造,工程承包价为 129786.6 元。巨龙盛世公司在公司内部申请了装修费用,并支付给承包方。

2013 年 11 月 6 日,互惠生中心向巨龙盛世公司申请供暖费、物业费 23609.04 元,互惠生中心需分摊 5474.65 元。

2013 年 11 月 19 日,巨龙盛世公司委托他人印刷互惠生册子,费用为 13860 元。

2013 年 11 月 25 日,巨龙盛世公司向互惠生中心支付 3000 元百度推广费。

2014 年 1 月初,巨龙盛世公司召开集团工作会议,支出参会人员机票费 40840 元。互惠生中心需分摊年会餐费 2471.82 元。

2014 年 2 月 20 日,互惠生中心与成都飞大置业有限公司签订《国际互惠生项目合同》,但因合同未能实际履行,成都飞大置业有限公司要求解除合同并退还款

① 北京市中级人民法院(2018)京 01 民终 8486 号民事判决书。

项126000元。巨龙盛世公司指定人员垫付了相应退款。

2014年3月9日,双方签署《补充协议》,就共同组建"巨龙互惠公司"一事作出补充。

2014年3月19日,互惠生中心向巨龙盛世公司申请新公司人员2月的工资64040.55元、2月社保费15442.97元。

2014年4月15日,巨龙盛世公司向互惠生中心发送《合同终止协议书》,称:因互惠生中心未按合同约定达到合作的客观条件,致使双方合作无法继续进行,《补充协议》于2014年4月15日予以终止。

2014年4月21日,互惠生中心向巨龙盛世公司发送《有关我司对贵司通知函的意见》电子邮件,表示尊重巨龙盛世公司的意愿。因双方发生分歧,导致设立中的"巨龙互惠公司"未完成注册程序,双方均认可新公司最终未成立。

2015年11月19日,巨龙盛世公司向一审北京市海淀区人民法院起诉要求互惠生中心返还其为设立公司支付的费用共计687104.3元,并支付自2014年5月8日计至欠款付清之日止的利息。

一审法院判定互惠生中心按49%的约定出资比例向巨龙盛世公司支付损失274941元及相应的利息。

互惠生中心提起上诉。二审法院认定一审判决认定事实清楚,适用法律正确,予以维持。驳回了互惠生中心提出的上诉请求。

【判例分析】

关于本案,首先应当明确的是,本案系发起人共同设立新公司,因合同等原因导致新公司设立失败,一方发起人向另一方追偿相关费用而发生的纠纷,故法院将本案案由确定为发起人责任纠纷。

我国法律规定在公司设立失败时,债权人可请求全体或部分发起人就设立公司所产生的费用和债务承担连带清偿责任,部分发起人承担全部费用和债务后,可按法律规定的"约定的责任承担比例—出资比例—均等份额"的方式请求其他发起人分担;因部分发起人过错导致公司未成立的,法院根据其过错情况确定过错发起人的责任范围。

本案中,公司设立过程中向第三方支付的房租、装修费、推广宣传费、年会费用、员工工资、社保、物业管理费、备用金等费用属于"对设立公司行为所产生的费用",该笔费用已由巨龙盛世公司先行支付,巨龙盛世公司一审主张互惠生中心未按约定履行合同存在过错,要求由互惠生中心承担全部费用。而互惠生中心上诉称巨龙盛世公司单方解除《合作协议书》和《补充协议》存在过错，应由其自行承担费用。

故本案的争议焦点为公司设立失败后发起人之间的责任如何分配，首先要认定发起人一方是否存在过错。若发起人一方存在过错，根据其过错情况确定过错发起人的责任范围；若发起人均不存在过错，则按照“约定的责任承担比例—出资比例—均等份额”确定责任范围。

针对发起人一方是否有过错，一审法院认为，巨龙盛世公司认为互惠生中心在设立公司过程中没有尽到注册义务的主张，与双方共同设立公司的合同约定不符；至于互惠生中心是否完成了相应业务量，属于双方对于新公司设立后的经营活动的约定，与公司设立行为本身没有直接因果关系。二审法院认为，互惠生中心在与巨龙盛世公司的往来邮件中未明确表示诉争合同无法履行系由巨龙盛世公司的过错行为所致，本案双方当事人签订的《合作协议书》和《补充协议》系经双方协议一致解除，而非某一方发起人的过错行为所致，因而互惠生中心据此主张由巨龙盛世公司承担设立行为所产生的费用未被法院采信。

在认定双方均无过错的情况下，《最高人民法院关于适用〈中华人民共和国公司法〉若干问题的规定（三）》第 4 条第 2 款规定，“部分发起人依照前款规定承担责任后，请求其他发起人分担的，人民法院应当判令其他发起人按照约定的责任承担比例分担责任；没有约定责任承担比例的，按照约定的出资比例分担责任”。根据双方签订的《合作协议书》以及《补充协议》，发起人之间并没有事先约定承担责任的比例，故一审、二审法院均认定本案两个发起人应按出资比例共同承担公司设立过程中产生的费用。

鉴于此，一审法院判定互惠生中心按约定出资比例向巨龙盛世公司支付损失及相应的利息。二审法院最终驳回了上诉人诉请，认为一审判决认定事实清楚，判决并无不当，应予维持。

【风险提示】

公司在设立的过程中难免会遇到各种原因导致设立失败，当公司设立失败时发起人的责任主要包含外部连带责任和内部追偿责任。

外部连带责任主要指对设立行为所产生的债务和费用负连带责任以及对认股人已缴纳的股款，负返还股款并加算银行同期存款利息的连带责任。公司法从保护弱者的立场出发，为保护认股人的利益，当公司不能设立时，把认股人作为特殊的债权人加以保护，即规定当公司设立不能时，认股人有按照所缴股款并加算银行同期存款利息，要求发起人返还的权利。

内部追偿责任主要指如果部分发起人承担了公司设立过程中的上述相关费用，则已经承担费用的发起人可以根据发起人签订的协议向其他发起人主张赔偿，按照发起人约定的责任比例追偿；没有约定责任比例的，按照约定的出资比例追偿；没有约定出资比例的，按照均等份额追偿。另外，公司设立过程中若存在发起人有过错导致公司支出费用的，则无过错的发起人或出资人，可以要求对公司设立失败负有主要过错责任的发起人承担连带赔偿责任。

为了减少公司设立失败后发起人承担的风险，笔者针对发起人可能承担的上述责任作出以下风险提示：

首先，公司设立一开始本质是设立人之间就公司设立而签订的一种合同。对于发起人来讲，一份合法有效的协议可以预防投资中产生的法律风险、保护各方当事人的合法权益，因此，书面的公司设立协议及协议中合法准确的约定尤为重要，发起人必须重视协议的签署。发起人在设立公司时应结合设立公司的目的，谨慎制定和设计合作协议的核心条款。发起人签署的协议中，应当明确发起人之间依法成立公司的合意，避免被认定为其他协议而导致发起人之间设立公司的目的无法实现，同时还要在设立协议中详细规定各方的权利义务和违约责任。

其次，如债权人仅请求部分发起人对设立公司行为产生的费用和债务承担连带清偿责任，则部分发起人承担责任后，有权要求其他发起人承担相应的责任。按照《最高人民法院关于适用〈中华人民共和国公司法〉若干问题的规定（三）》第4条第2款规定的“约定的责任承担比例—出资比例—均等份额”确定各方责任。因此，发起人应该在订立合同时就约定好各方责任比例，有利于减少双方之间的纠纷，并且实现利益最大化。

最后，如果是因发起人的过失致使公司利益受到损害的，无过错的发起人承担赔偿责任后，可以向有过错的发起人追偿。因此，发起人应注意避免在设立公司的过程中出现过失，或者违反相关约定，以免承担因此带来的内部赔偿责任。与此同时，如果认为对方在设立公司的过程中存在过错，应及时保留证据，例如，在本案中互惠生中心虽然以巨龙盛世公司单方解除《合作协议书》和《补充协议》存在过错为由，上诉请求由巨龙盛世公司自行承担设立公司产生的费用，但其对解除合同表示了同意，且未提供对方存在过错的证据，故仍需按照出资比例承担责任。

【法条链接】

《公司法》

第九十四条 股份有限公司的发起人应当承担下列责任：

（一）公司不能成立时，对设立行为所产生的债务和费用负连带责任；

（二）公司不能成立时，对认股人已缴纳的股款，负返还股款并加算银行同期存款利息的连带责任；

（三）在公司设立过程中，由于发起人的过失致使公司利益受到损害的，应当对公司承担赔偿责任。

《最高人民法院关于适用〈中华人民共和国公司法〉若干问题的规定（三）》

第一条 为设立公司而签署公司章程、向公司认购出资或者股份并履行公司设立职责的人，应当认定为公司的发起人，包括有限责任公司设立时的股东。

第四条 公司因故未成立，债权人请求全体或者部分发起人对设立公司行为所产生的费用和债务承担连带清偿责任的，人民法院应予支持。

部分发起人依照前款规定承担责任后，请求其他发起人分担的，人民法院应当判令其他发起人按照约定的责任承担比例分担责任；没有约定责任承担比例的，按照约定的出资比例分担责任；没有约定出资比例的，按照均等份额分担责任。

因部分发起人的过错导致公司未成立，其他发起人主张其承担设立行为所产生的费用和债务的，人民法院应当根据过错情况，确定过错一方的责任范围。

2. 公司设立成功时发起人的合同责任承担

新乡市金博大龙祥装饰设计工程有限公司与张某建设工程施工合同纠纷[①]

【关键词】

发起人纠纷　发起人名义　合同责任

【案情简介】

2013 年 3 月 14 日，阿郎公司成立，主营业务是餐饮等。张某实际出资额 50 万元，持股比例 50%，是阿郎公司的法定代表人。

2012 年 9 月 10 日，张某以辉县市 LZ 商务会所法定代表人的身份与新乡市金博大龙祥装饰设计工程有限公司（以下简称“金博大龙祥公司”）签订了装修工程分包合同，辉县市 LZ 商务会所为发包方（甲方）、金博大龙祥公司为承包方（乙方），双方约定：工程名称为辉县市阿郎酒店装修项目，建筑面积 3600 平方米，承包范围为采用包清工。工期自 2012 年 9 月 15 日开工（开工日期以正式进场施工之日起计算），于 2012 年 11 月 25 日竣工，此工程工期为 70 天。合同价款为人民币 42 万元。

2012 年 9 月 20 日，张某以辉县市 LZ 商务会所法定代表人的身份与金博大龙祥公司委托代理人赵某玉签订了责任协议，辉县市 LZ 商务会所为发包方（甲方）、金博大龙祥公司为承包方（乙方），双方协商约定甲方委托乙方设计阿郎酒店的方案。

2012 年 9 月 17 日，张某支付金博大龙祥公司工人费 0.5 万元，于同年 9 月 20 日支付金博大龙祥公司装修工费 3 万元、设计费 2 万元，于同年 11 月 1 日支付金博大龙祥公司装修款 4 万元，于同年 11 月 7 日支付金博大龙祥公司装修款 2 万元，于同年 11 月 9 日支付金博大龙祥公司装修款 2 万元，于同年 11 月 20 日支付金博大龙祥公司装修款 3 万元，于同年 12 月 3 日支付金博大龙祥公司装修工费 6 万元，于同年 12 月 11 日支付金博大龙祥公司装修酒店人工费 4 万元，另支付金博

① 河南省新乡市中级人民法院（2019）豫 07 民再 154 号民事判决书。

大龙祥公司设计费 2 万元,以上共计 28.5 万元。金博大龙祥公司称尚欠其装修款 22.1 万元(包含装修期间为其增加风道项 6.6 万元在内)未付。

2017 年 4 月 11 日,金博大龙祥公司向河南省辉县市人民法院提起诉讼,要求张某、阿郎酒店偿还欠款 22.1 万元及利息。

一审法院以金博大龙祥公司要求张某、阿郎酒店偿还欠款 22.1 万元及利息并承担违约责任,证据不足,判决驳回金博大龙祥公司的诉讼请求。

金博大龙祥公司提起上诉。二审法院综合本案实际以及阿郎酒店早已投入使用的客观事实,最终判定张某向金博大龙祥公司支付 20.1 万元及利息。

二审判决后,张某提起再审申请。

再审法院认定二审判决认定事实清楚,适用法律正确,应当予以维持。

【判例分析】

关于本案,首先应当明确的是,本案系发起人共同设立新公司,发起人在设立公司的过程中以自己的名义对外签订合同,公司成功设立后关于合同的违约纠纷,故法院将本案案由确定为发起人合同纠纷。

发起人是设立中公司的代表机关和执行机关,对外代表设立中公司从事民事活动。在本案中,张某是设立中公司即阿郎公司的发起人,为设立阿郎公司以自己的名义与金博大龙祥公司签订了装修工程分包合同。金博大龙祥公司是合同相对人。现在金博大龙祥公司已经完成阿郎酒店的施工装修工程,但是仍有装修款没有支付。根据合同相对性原则,发起人是合同当事人,应受到合同的约束,合同相对人金博大龙祥公司有权请求张某承担支付款项的合同责任。

金博大龙祥公司仅提供其与张某签订的装修工程分包合同,未提供其履行该合同义务的证据,也未提供张某的结算手续,或其履行合同义务后张某拒绝进行竣工验收、结算的证据。张某否认其欠金博大龙祥公司工程款。在作出判决前,当事人未能提供证据或证据不足以证明其事实主张的,由负有举证证明责任的当事人承担不利的后果。金博大龙祥公司要求张某、阿郎酒店偿还欠款 22.1 万元及利息并承担违约责任的诉讼请求,一审法院认为证据不足,不予支持。

上诉人金博大龙祥公司提供了其与张某签订的装修分包合同,且原审法院业已查明,被上诉人张某为成立公司与上诉人金博大龙祥公司签订了装修合同,并履行了部分支付合同价款的义务,应当认定上诉人金博大龙祥公司初步提供了证据证明其主张。此时,举证责任应转移到被上诉人处。被上诉人张某作为公司的发起人,根据公司法等相关规定,发起人是设立中公司的代表机关和执行机关,对外代表设立中公司进行民事活动;在发起人为设立公司以自己名义对外签订合同时,合同相对人有权请求发起人承担合同责任;如成立后的公司以明示方式确认前述合同,或者通过已经实际享有合同权利或者履行合同义务的方式默示其愿意接受公司成为合同主体时,则合同相对人亦有权请求公司承担合同责任。工商档案材料显示,2012 年 10 月张某申请成立阿郎酒店;2013 年 3 月 13 日张某实际出资额 50 万元持股比例 50%,郭某占实际出资额 50 万元持股比例 50%;法定代表人:张某,2013 年 3 月 14 日领取了阿郎酒店营业执照。被上诉人张某为设立公司与上诉人金博大龙祥公司签订装修合同,也实际履行了合同义务支付了部分装修款项。故其依法应当成为装修合同的相对方承担相应的合同责任。金博大龙祥公司完成了其举证证明责任,张某应当承担支付工程款的责任。

鉴于此,二审法院最终判定张某向金博大龙祥公司支付 20.1 万元及利息。再审法院认为二审判决认定事实清楚,判决并无不当,应予维持。

【风险提示】

根据为设立公司发起人订立合同名义的不同,可以分为以下两种情况:(1)以发起人名义签订合同的责任承担;(2)以设立中公司名义签订合同的责任承担。

首先需要明确的是,设立中公司尚未成立,不具有法人资格,不具有独立人格,也就不具有独立承担责任的能力。只有当公司成立后,公司才具有承担合同责任的能力。

第一,以发起人名义签订合同的责任承担。为设立公司,发起人以自己的名义与合同相对人签订合同,根据合同相对性原则,发起人是合同当事人,必然受到合同的约束,相对人有权要求发起人承担合同责任。并且,当成立后的公司对该合同予以确认,或者已经实际享有合同权利或者履行合同义务时,合同相对人由此获得选择权,可以选择请求发起人承担合同责任,也可以请求公司承担合同责任。第二,以设立中公司名义签订合同的责任承担。法律规定,发起人可以以设立中公司的名义对外签订合同。发起人为设立公司以设立中公司名义对外与他人签订合同,在公司成立后,合同相对人有权请求公司承担合同责任。

针对发起人合同纠纷这一问题,笔者此处从不同的主体角度对这一问题作出风险提示并给出建议。

作为发起人,在为设立中公司签订合同时,一定要在发起人协议(合伙协议)或者公司章程中对公司发起设立阶段的责任承担问题进行明确约定,以防止债权人对发起人和公司的双重追债。发起人要明确合同责任是否由自己承担,若由成立后的公司承担，最好以设立中公司的名义签订合同，例如，在合伙协议或投资协议、公司章程中约定："公司设立成功之前由发起人签订的业务合同，在公司正式成立后自动转化为公司的对外债务，发起人不对业务合同产生的相关债务承担责任。"如此，债权人即使起诉了发起人与公司一并承担责任，发起人也可以根据发起人协议或公司章程的上述约定向设立后的公司进行追偿。并且，对于将来出资比例较少的发起人，尤其注意在发起人内部协议中约定清楚责任分担问题以预先保护自己的利益。

作为与发起人签订合同的相对方，其有权请求该发起人承担合同责任。成立后的公司以明示方式确认前述合同，或通过已实际享有合同权利或履行合同义务方式默认其愿意接受公司成为合同主体时，则合同相对人亦有权请求公司承担合同责任。在与设立中公司的发起人签订业务合同的时，一定要谨慎，建议债权人对该设立中公司的发起人协议（合伙协议）或者公司章程进行审阅，便于事先了解发起人设立公司成功后责任的承担问题，防止公司设立后无法追偿相应债务，同时也可以将上述发起人协议作为所签订合同的附件使用。如果个人是为筹建公司、为设立公司而签订合同，注意在合同中约定清楚公司成立后由公司承担责任。同时，建议债权人签订业务合同时注明公司设立成功或设立失败的债务承担及违约责任问题。并且，在履行合同过程中，注意保留公司予以确认或者已经实际享有合同权利或者履行合同义务的证据，如公司收到货物的相应凭证、支付款项的记录、发票等证据，以证明公司已实际享有合同权利或履行合同义务。

【法条链接】

《公司法》

第七十九条 股份有限公司发起人承担公司筹办事务。

发起人应当签订发起人协议，明确各自在公司设立过程中的权利和义务。

《最高人民法院关于适用〈中华人民共和国公司法〉若干问题的规定（三）》

第二条 发起人为设立公司以自己名义对外签订合同，合同相对人请求该发起人承担合同责任的，人民法院应予支持；公司成立后合同相对人请求公司承担合同责任的，人民法院应予支持。

第三条 发起人以设立中公司名义对外签订合同，公司成立后合同相对人请求公司承担合同责任的，人民法院应予支持。

公司成立后有证据证明发起人利用设立中公司的名义为自己的利益与相对人签订合同，公司以此为由主张不承担合同责任的，人民法院应予支持，但相对人为善意的除外。

3. 公司设立成功时发起人的侵权责任承担

武汉市江岸区盛喆春雨幼儿园有限公司与钱某提供劳务者受害责任纠纷①

【关键词】

发起人纠纷 职务行为 侵权责任

【案情简介】

2019 年 10 月 15 日，武汉市江岸区盛喆春雨幼儿园有限公司（以下简称春雨幼儿园）成立。在前期设立过程中，春雨幼儿园发起人将幼儿园的装修工程发包给没有相应资质及安全生产条件的钱某。

2019 年 8 月，钱某在进行施工时，为施工方便，经熟人介绍找到付某庆，要求付某庆把窗户外的树枝锯掉。

2019 年 8 月 13 日，付某庆找到黄某祥帮忙一起锯树，黄某祥将王某东介绍给付某庆，王某东携带工具到现场后，最终由王某东上树锯树枝，付某庆、王某东的妻子、黄某祥在现场帮忙。王某东受雇于钱某从事劳务活动，钱某未为其提供适于施工的劳动条件，并进行安全保护。锯树过程中，王某东不慎从树上跌落受伤，后被送往中国人民解放军中部战区总医院（汉口院区）住院治疗 9 天后，出院转至华中科技大学同济医学院附属协和医院住院治疗 9 天，共花费医疗费 100093.07 元。

2019 年 12 月 3 日，经湖北中真司法鉴定所鉴定，王某东的残疾程度评定为一个九级两个十级，伤残赔偿指数为 0.24；建议给予后续治疗费 45000 元或以实际发生为准；误工期为伤后 200 日，护理期为伤后 100 日，营养期为伤后 100 日。王某东支付鉴定费 3280 元。事发后，钱某垫付费用 5550 元。

王某东与其妻子张某艳育有一子王某武，2002 年 4 月 13 日出生。王某东的母亲李某翠（1951 年 2 月 18 日出生）育有四个子女，李某翠因年老体弱，无劳动能力，需要由王某东扶养。

---

① 湖北省武汉市中级人民法院（2020）鄂 01 民终 11585 号民事判决书。

钱某陈述其是将锯树的工作以2000元的价格承揽给付某庆，其与付某庆之间系承揽关系。付某庆则陈述其与钱某商谈的是一人一天200元的工钱，4个人共计800元。因锯树当天王某东受伤，没有完成锯树工作，双方之间未实际支付费用。

王某东起诉要求付某庆、钱某、春雨幼儿园赔偿各项损失287201.40元，并承担本案全部诉讼费用。

一审法院判令，钱某应向王某东支付赔偿款194779.19元，扣除其已经垫付的费用5550元，钱某还应向王某东支付赔偿款189229.19元，春雨幼儿园对该款项承担连带赔偿责任。王某东超出部分的诉请于法无据，一审法院不予支持。

春雨幼儿园、钱某提起上诉。二审法院认定一审判决认定事实清楚，适用法律正确，予以维持。驳回了春雨幼儿园、钱某提出的上诉请求。

【判例分析】

关于本案，本案系发起人因履行公司设立职责造成他人损害，公司成立后受害人请求公司承担侵权赔偿责任而发生的纠纷。

王某东受雇于钱某从事劳务活动，钱某应为其提供适于施工的劳动条件，并进行安全保护王某东在从事雇佣活动中遭受人身损害，作为接受劳务一方的钱某对此应承担相应民事赔偿责任。钱某辩称其与付某庆之间系承揽关系，但并未提交证据证明其在与付某庆商谈中是将整个锯树工作承揽给付某庆，应承担举证不能的法律后果。王某东在从事工作中未对自身安全尽到注意义务，其自身对受伤结果的发生存在过错，一审法院酌定钱某作为雇主承担70%的赔偿责任，王某东自行承担30%的责任。

春雨幼儿园将装修工程发包给没有相应资质及安全生产条件的钱某，虽然在王某东受伤时春雨幼儿园还未设立，但根据《最高人民法院关于适用〈中华人民共和国公司法〉若干问题的规定（三）》第5条第1款“发起人因履行公司设立职责造成他人损害，公司成立后受害人请求公司承担侵权赔偿责任的，人民法院应予支持……”及《最高人民法院关于审理人身损害赔偿案件适用法律若干问题的解释》第11条第2款“雇员在从事雇佣活动中因安全生产事故遭受人身损害，发包人、分包人知道或者应当知道接受发包或者分包业务的雇主没有相应资质或者安全生产条件的，应当与雇主承担连带赔偿责任”的规定，春雨幼儿园应对王某东的损失承担连带赔偿责任。

钱某、春雨幼儿园均主张钱某以2000元的报价将涉案锯树工程承揽给付某庆,但该主张系单方陈述,付某庆、王某东不认可,其不能进一步举证予以证实,应承担举证不能的法律后果,对钱某、春雨幼儿园关于钱某与王某东不存在雇佣关系、本案应为加工承揽合同纠纷的主张,无法成立。春雨幼儿园在一审庭审中自认于 2019 年 8 月委托钱某对前期装修产生的问题进行修补,锯树系修补工作的一部分,春雨幼儿园关于其不是适格被告、未委托钱某维修、锯树超出维修范围的上诉主张,与自认及查明事实不符。王某东虽没有高空作业资质,在锯树过程中未尽到安全注意义务,对损害的发生存在过错,但是其不存在主观故意或重大过失,酌定其承担 30% 的责任。春雨幼儿园不能举证证实黄某祥是本案必要的共同诉讼人,其关于一审遗漏被告的上诉请求依据不足。

鉴于此,一审法院判令钱某向王某东支付赔偿款 189229. 19 元,春雨幼儿园对该款项承担连带赔偿责任。王某东超出部分的诉请于法无据,一审法院不予支持。一审原告上诉后,二审法院采一审法院观点,认为一审判决认定事实清楚,适用法律正确,驳回了上诉人的上诉请求。

【风险提示】

发起人是设立中公司的法律机关,如公司设立成功,发起人因履行设立职责所造成的侵权行为一般应当由设立后的公司承担赔偿责任。如公司因故未成立,债权人可以请求全体或者部分发起人对设立公司行为所产生的费用和债务承担连带清偿责任。因部分发起人的过错导致公司未成立,其他发起人可以主张其承担设立行为所产生的费用和债务。

适用该条规则时,应当注意如下问题:首先,该条规则适用的前提条件是发起人是因履行公司设立职责造成他人损害,如果不是因履行公司设立职责造成他人损害,则不应适用本规则。其实,本条整个司法解释适用的前提条件或旨在解决的问题就是发起人因履行公司职责而造成他人损害的责任承担问题,故如果发起人造成他人损害的原因与设立公司无关,则就无从谈起公司或其他发起人承担责任的问题。其次,公司设立成功的情况下,受害人唯有向公司请求承担赔偿责任,而不可向造成其损害的发起人请求承担赔偿责任,更不可向其他发起人请求承担赔偿责任,因为发起人为履行公司设立职责所做的行为实质上是职务行为,则在公司设立成功后,其权利与义务应当由公司享有与承担,而不应由发起人承担。

为避免发起人或公司承受不利风险,笔者进行以下风险提示并给出相应的建议:

第一,建议发起人在设立公司前,明确各阶段的权利、义务,出现纠纷时便有据可依。比如,发起人之间事先约定,签订发起人协议,因重大故意或过失造成他人伤害的,其他发起人不用承担相关责任。在专业人士的指导下设计公司章程,注意发起人协议和公司章程的衔接,把对发起人的某些约束性条款,尤其是责任承担条款延伸规定到章程中,避免在公司成立后产生对发起人协议法律效力的争议。

第二,作为发起人来讲,要想不承担侵权赔偿责任,应证明侵权行为是职务行为,是为公司设立而做出的行为,且自己不存在过错。故在履行职务的过程中,建议发起人保留其所作行为为职务行为的证据,以便在出现纠纷的时候可以在庭审中提交。如果造成侵权的行为并非职务行为,或者发起人自己有过错,公司可以向其追偿。故建议发起人在履行职务的过程中应尽职尽责,避免因故意或过失导致纠纷,否则即使是职务行为也将被公司内部追偿。

第三,发起人在选择其他共同发起人时也需要擦亮双眼,建议对对方工作能力和人品等进行考察,以免因对方的故意或过失导致公司产生不必要的纠纷,导致不必要的损失。即使因对方的故意或过失可以内部追偿,对公司的名誉等也会产生不利的影响,不利于公司长久稳定的发展。

【法条链接】

《公司法》

第九十四条 股份有限公司的发起人应当承担下列责任:

(一)公司不能成立时,对设立行为所产生的债务和费用负连带责任;

(二)公司不能成立时,对认股人已缴纳的股款,负返还股款并加算银行同期存款利息的连带责任;

(三)在公司设立过程中,由于发起人的过失致使公司利益受到损害的,应当对公司承担赔偿责任。

《最高人民法院关于适用〈中华人民共和国公司法〉若干问题的规定(三)》

第一条 为设立公司而签署公司章程、向公司认购出资或者股份并履行公司设立职责的人,应当认定为公司的发起人,包括有限责任公司设立时的股东。

第五条 发起人因履行公司设立职责造成他人损害,公司成立后受害人请求公司承担侵权赔偿责任的,人民法院应予支持;公司未成立,受害人请求全体发起人承担连带赔偿责任的,人民法院应予支持。

公司或者无过错的发起人承担赔偿责任后,可以向有过错的发起人追偿。

4. 公司设立成功时发起人的资本充实责任承担

江苏康辉国际旅行社有限责任公司与潘某、张某福等股东损害公司债权人利益责任纠纷[①]

【关键词】

发起人纠纷　资本充实责任　连带责任

【案情简介】

2014 年 3 月 4 日，水立方公司成立，公司章程规定注册资本 5000 万元，股东为彭某、潘某、张某福、刘某杰，要求各股东于 2014 年 2 月 26 日分别实缴出资 300 万元、300 万元、200 万元、200 万元，于 2016 年 3 月 2 日分别实缴出资 1200 万元、1200 万元、800 万元、800 万元。水立方公司 2017 年度报告显示，张某福、刘某杰分别仅实缴出资 200 万元、260 万元，彭某、潘某实缴出资各 1500 万元。

2015 年 3 月 31 日，水立方公司召开股东会，根据该次股东会会议纪要，公司股权结构发生变更，其中，张某福出资 200 万元，持股比例为 4%，张某福认缴的 800 万元出资转让给彭某君。此后，张某福与彭某君于同年 5 月 26 日签订股权交割证明，将相应股权转让给了彭某君，只是目前尚未到工商行政部门作股权变更登记。据此，张某福已经足额缴纳出资，完全履行了作为股东的出资义务，无须向江苏康辉国际旅行社有限责任公司（以下简称“康辉公司”）承担补充赔偿责任。

2017 年 6 月 22 日，水立方公司在扬州市广陵区市场监督管理局进行股东变更登记及公司章程修正案的备案登记，相关工商登记资料显示，彭某将其持有的 19.2% 股权（对应出资额 960 万元）转让给吴某，张某福、刘某杰的认缴出资额及出资时间未变，仍为各认缴出资 1000 万元，首期出资 200 万元，第二期出资 800 万元，第二期出资时间为 2016 年 3 月 2 日。

2017 年 9 月 4 日，扬州市广陵区人民法院受理康辉公司起诉水立方公司代理合同纠纷一案，判决水立方公司支付康辉公司剩余预付票款 3285210 元及自 2016 年 9 月 16 日起至实际给付之日止以 3285210 元为基数按年利率 24% 计算的滞纳

---

① 江苏省无锡市中级人民法院（2019）苏 02 民终 5250 号民事判决书。

金;水立方公司支付康辉公司 50 万元保证金及自 2017 年 4 月 22 日起至判决确定的给付之日止以 50 万元为基数按中国人民银行同期同类贷款基准利率计算的利息。

2019 年 11 月 4 日,扬州市广陵区人民法院作出(2018)苏 1002 执 592 号执行裁定书,裁定终结康辉公司诉水立方公司代理合同纠纷案执行程序。

康辉公司向法院起诉,请求判令张某福、刘某杰在未缴出资范围内对水立方公司欠其的 500 万余元债务承担赔偿责任,并请求彭某、潘某作为公司发起人承担连带责任。

一审法院审理后判决:(1)刘某杰、张某福在未出资本息范围内对水立方公司结欠康辉公司的预付票款 3285210 元及滞纳金、保证金及利息损失;(2)彭某、潘某对上述第 1 项债务承担连带清偿责任。

潘某不服,提出上诉。

二审法院认定一审判决认定事实清楚,适用法律正确,予以维持。驳回了潘某提出的上诉请求。

【判例分析】

本案案由虽为股东损害公司债权人利益责任纠纷,但实则核心在于发起人的资本充实责任。

资本充实责任是为贯彻资本充实原则,由公司设立者共同承担的相互担保出资义务履行的民事责任,该责任属法定责任,意在股东有限责任与维护公司债权人利益之间平衡各方利益,确保社会交易秩序。

潘某、彭某与张某福、刘某杰同为甲公司设立时的股东(发起人),需相互承担出资担保责任即资本充实责任。一审法院认为,股东在公司设立时未履行或者未全面履行出资义务,公司债权人请求公司的发起人与未全面履行出资义务的股东承担连带责任的,人民法院应予支持;公司的发起人承担责任后,可以向未全面履行出资义务的股东追偿。本案中,水立方公司的股东张某福、刘某杰应各出资 1000 万元却只分别实际出资了 200 万元、260 万元,未全面履行出资义务,康辉公司作为水立方公司的债权人可以要求刘某杰、张某福在未出资本息范围内对水立方公司债务不能清偿的部分承担补充赔偿责任。潘某不服提起上诉。

本案二审的争议焦点为潘某是否需承担公司发起人的资本充实责任。

第一,张某福、刘某杰未全面履行其出资义务。张某福、刘某杰主张其已完全履行出资义务,剩余部分的股权已转让给案外人彭某君等,但其提交的相关股权交割证明及股东会会议纪要均为复印件，且同为股东的潘某亦不予认可。退一步讲，即使张某福、刘某杰的剩余股权已经转让给他人，但由于其并未进行相应的股权工商变更登记，康辉公司作为水立方公司的债权人，仍有权要求张某福、刘某杰承担补充赔偿责任。

第二，潘某与张某福、刘某杰同为水立方公司设立时的股东（发起人），需相互承担出资担保责任即资本充实责任。《最高人民法院关于适用〈中华人民共和国公司法〉若干问题的规定（三）》第 13 条第 3 款关于"在公司设立时"的限定应当理解为系对"主体范围"的限定，而非潘某上诉时所称的"在公司设立时"系对资本充实责任所担保的"出资范围"的限定，即仅限于首期出资。本案中，张某福、刘某杰未能按照公司章程的规定全面履行其出资义务，同为发起人的潘某需承担相应的资本充实责任，故康辉公司作为水立方公司的债权人，有权要求潘某与张某福、刘某杰承担连带责任。但潘某在承担责任后，可以向张某福、刘某杰追偿。

第三，潘某、张某福等人对康辉公司所承担的责任系补充责任。所谓补充责任，系指只有在水立方公司不能清偿债权时，潘某等股东才需就公司不能清偿部分承担赔偿责任。一审法院根据相关法律规定已在判项中明确刘某杰、张某福承担的责任系补充赔偿责任，而潘某和彭某系针对前述补充赔偿责任承担连带责任，并未判令各股东承担直接给付义务。

鉴于此，一审判决符合法律规定，二审法院予以维持。

【风险提示】

按照资本充实责任的原理，设立公司的股东未按照公司章程的规定全面履行出资义务，致使公司资本不能按照公司章程规定缴足时，其他设立公司的股东需承担连带的补足出资义务。虽然有限责任公司股东可以一次性缴纳出资，也可以分期缴纳出资，但两者均属于公司设立时所确定的股东出资义务，一次性出资与分期出资只是出资的履行期限不同，出资义务本身未变，故并不会影响资本充实责任的承担。为了规避承担连带出资责任的风险，作为发起人、相对方以及管理人员应当如何对此类风险进行防范呢？

对于公司发起人来讲。第一，提高对发起人履行督促义务的认识。作为公司的发起人，务必意识到发起人股东的出资责任，不仅要履行自身的出资义务，还需要对其他发起人的出资义务承担连带责任。此时，发起人股东就好比是其他发起人股东的保证人，在其他发起人不履行出资责任时，需要承担连带责任，即使发起人股东已经把股权转让，该种发起人责任也不能免除。因此，作为发起人，应对公司章程规定的出资期限有清楚的了解，除了自身应按时缴足出资外，还应督促其他发起人按期足额缴纳出资。在督促其他股东履行义务时使用可被证明的书面形式，方便后期取证。若其他发起人拒不按期缴纳出资，可依法采取相应的法律措施进行处理。另外，建议各位发起人设立公司时谨慎选择合作伙伴（经营公司本就有风险，合作伙伴应当诚信互助），如果遇到抽逃出资的伙伴，即使自身已经承担了足额出资义务，仍有可能面临对其他股东未出资范围内补充赔偿责任承担连带责任的风险。第二，可以在章程或者发起人协议中提前就出资缴纳进行约定。公司发起人可以在章程或发起人协议中约定，如果任一发起人出资有瑕疵，需要向公司或者其他发起人承担违约责任，当未缴纳出资期限和金额达到一定程度时，其他发起人有权解除其股东资格，并及时依法通过公司内部程序予以确认。第三，以诉讼的方式督促未全面履行出资义务的发起人履行法定出资义务。如果发起人不履行或者怠于履行出资义务，则已经履行出资义务的发起人可以以诉讼的方式督促其履行法定义务。

对于管理人来讲，在公司进入破产程序后，务必要审查股东是否已经全面履行出资义务，当遇到发起人股东未履行出资义务时，可以同时要求其他发起人股东对未出资部分承担连带责任，以免其他人员承担不必要的责任。

对公司交易相对方（可能成为债权人一方），与对方公司交易前，做好背调，了解公司的认缴资本及缴纳情况，谨慎选择认缴资本过高且与自身经营业务内容明显不符的企业，在向对方公司主张债权时，如果公司资不抵债，穷尽执行措施都无法执行到钱款时，分析对方公司股东及发起人是否符合对公司债务承担连带责任的情形，对符合条件的可以追加为被执行人。通俗点说，就是多考虑一条维权路径，能更好保障债权实现。同样对公司向未出资股东追缴出资时也可考虑是否向发起人主张要求其承担相应的资本充实责任。

【法条链接】

《最高人民法院关于适用〈中华人民共和国公司法〉若干问题的规定（三）》

第一条 为设立公司而签署公司章程、向公司认购出资或者股份并履行公司设立职责的人，应当认定为公司的发起人，包括有限责任公司设立时的股东。

第十三条 股东未履行或者未全面履行出资义务，公司或者其他股东请求其向公司依法全面履行出资义务的，人民法院应予支持。

公司债权人请求未履行或者未全面履行出资义务的股东在未出资本息范围内对公司债务不能清偿的部分承担补充赔偿责任的，人民法院应予支持；未履行或者未全面履行出资义务的股东已经承担上述责任，其他债权人提出相同请求的，人民法院不予支持。

股东在公司设立时未履行或者未全面履行出资义务,依照本条第一款或者第二款提起诉讼的原告,请求公司的发起人与被告股东承担连带责任的,人民法院应予支持;公司的发起人承担责任后,可以向被告股东追偿。

股东在公司增资时未履行或者未全面履行出资义务,依照本条第一款或者第二款提起诉讼的原告,请求未尽公司法第一百四十七条第一款规定的义务而使出资未缴足的董事、高级管理人员承担相应责任的,人民法院应予支持;董事、高级管理人员承担责任后,可以向被告股东追偿。

二、股东损害公司债权人利益责任纠纷

股东损害公司债权人利益责任纠纷，是指有限责任公司的股东，股份有限公司的控股股东、高级管理人员及实际控制人滥用公司法人独立地位或股东权利，逃避债务，严重损害公司债权人利益，债权人因此而提起诉讼，要求股东承担连带清偿责任或补充清偿责任的纠纷。

实践中，股东损害公司债权人利益情形多种多样，主要包括股东滥用公司法人独立地位和股东有限责任逃避债务，股东未出资或者抽逃出资，以及股东在公司解散后恶意处置公司财产，或者怠于履行清算义务或虚假清算导致公司财产减损，损害公司债权人利益等。本节结合典型案例，对股东损害公司债权人利益责任纠纷案件的常见情形进行梳理、提炼和总结，并从实务角度分析公司利益受损害存在的风险，以期为公司主体和股东提供防范意见。

1. 人格混同损害债权人利益的认定及责任承担

徐工集团工程机械股份有限公司与成都川交工贸有限责任公司等买卖合同纠纷[①]

【关键词】

关联公司　人格混同　损害债权人利益　连带责任

【案情简介】

1999 年,川交机械公司成立,股东为四川省公路桥梁工程总公司二公司、王某礼、倪某、杨某刚等。2008 年,股东再次变更为王某礼、倪某。

2004 年,瑞路公司成立,股东为王某礼、李智、倪某。2007 年,股东变更为王某礼、倪某。

2005 年,成都川交工贸有限责任公司(以下简称川交工贸公司)成立,股东为吴某、张某蓉、凌某、过某利、汤某明、武某、郭某,何某庆 2007 年入股。2008 年,股东变更为张某蓉(占 90% 股份)、吴某(占 10% 股份),其中张某蓉系王某礼之妻。

在公司人员方面,三个公司经理均为王某礼,财务负责人均为凌某,出纳会计均为卢某,工商手续经办人均为张某;三个公司的管理人员存在交叉任职的情形,如过某利兼任川交工贸公司副总经理和川交机械公司销售部经理的职务,且免去过某利川交工贸公司副总经理职务的决定系由川交机械公司作出;吴某既是川交工贸公司的法定代表人,又是川交机械公司的综合部行政经理。

在公司业务方面,三个公司在工商行政管理部门登记的经营范围均涉及工程机械且部分重合,其中川交工贸公司的经营范围被川交机械公司的经营范围完全覆盖;川交机械公司系徐工集团工程机械股份有限公司(以下简称"徐工机械公司")在四川地区(攀枝花除外)的唯一经销商,但三个公司均从事相关业务,且相互之间存在共用统一格式的《销售部业务手册》《二级经销协议》、结算账户的情形;川交工贸公司、瑞路公司的招聘信息,包括大量关于川交机械公司的发展历程、主营业务、企业精神的宣传内容。

---

① 江苏省高级人民法院(2011)苏商终字第 0107 号民事判决书。

在公司财务方面,三个公司共用结算账户,凌某、卢某、汤某明、过某利的银行卡中曾发生高达亿元的往来,资金的来源包括三个公司的款项,对外支付的依据仅为王某礼的签字;在川交工贸公司向其客户开具的收据中,有的加盖其财务专用章,有的则加盖瑞路公司财务专用章。

2009 年 5 月 26 日,卢某在徐州市公安局经侦支队对其进行询问时陈述:川交工贸公司目前已经垮了,但未注销。又查明徐工机械公司未得到清偿的货款实为 10511710.71 元。

徐工机械公司向一审法院起诉要求川交工贸公司支付所欠货款 10916405.71 元及利息;川交机械公司、瑞路公司及王某礼等个人对上述债务承担连带清偿责任。

一审法院判定,川交工贸公司于判决生效后 10 日内向徐工机械公司支付货款 10511710.71 元及逾期付款利息;川交机械公司、瑞路公司对川交工贸公司的上述债务承担连带清偿责任。

川交机械公司、瑞路公司提起上诉。二审法院认定一审判决认定事实清楚,适用法律正确,予以维持。驳回了川交机械公司、瑞路公司提出的上诉请求。

【判例分析】

关于本案,本案是最高人民法院指导性案例,法院虽将本案案由确定为买卖合同纠纷,但本案的争议焦点为川交机械公司、瑞路公司与川交工贸公司是否人格混同,是否严重损害了债权人的利益,以及应对川交工贸公司的债务承担何种责任。本案虽不是股东人格混同直接损害债权人利益,但关联公司人格混同实际上则由于股东滥用了公司法人独立地位和股东有限责任所致,故其责任承担应适用股东损害债权人利益的相关规定,这也是此案成为最高人民法院指导性案例的指导性意义所在。

首先,川交工贸公司与川交机械公司、瑞路公司构成人格混同。一是三个公司人员混同。三个公司的经理、财务负责人、出纳会计、工商手续经办人均相同,其他管理人员亦存在交叉任职的情形,川交工贸公司的人事任免存在由川交机械公司决定的情形。二是三个公司业务混同。三个公司实际经营中均涉及工程机械相关业务,经销过程中存在共用销售手册、经销协议的情形;对外进行宣传时信息混同。三是三个公司财务混同。三个公司使用共同账户,以王某礼的签字作为具体用款依据,对其中的资金及支配无法证明已作区分;三个公司与徐工机械公司之间的债权债务、业绩、账务及返利均计算在川交工贸公司名下。因此,三个公司之间表征人格的因素(人员、业务、财务等)高度混同,导致各自财产无法区分,已丧失独立人格,构成人格混同。

其次,川交机械公司、瑞路公司应当对川交工贸公司的债务承担连带清偿责任。公司人格独立是其作为法人独立承担责任的前提。公司的独立财产是公司独立承担责任的物质保证,公司的独立人格也突出地表现在财产的独立上。当关联公司的财产无法区分,丧失独立人格时,就丧失了独立承担责任的基础。《公司法》第20条第3款规定:“公司股东滥用公司法人独立地位和股东有限责任,逃避债务,严重损害公司债权人利益的,应当对公司债务承担连带责任。”从文义上看,其规制的对象是股东。将本条适用到关联公司,则看起来超出了扩张解释的范畴。但是,关联公司人格混同的原因多是由于股东滥用了公司法人独立地位和股东有限责任所致,否认关联公司各自独立的人格,实质就是将滥用关联公司人格的股东责任延伸至完全由其控制的关联公司上,以此来救济利益受损的债权人。因此,本案中,三个公司虽在工商登记部门登记为彼此独立的企业法人,但实际上相互之间界限模糊、人格混同,其中川交工贸公司承担所有关联公司的债务却无力清偿,又使其他关联公司逃避巨额债务,严重损害了债权人的利益。上述行为违背了法人制度设立的宗旨,违背了诚实信用原则,其行为本质和危害结果与《公司法》第20条第3款规定的情形相当,故川交机械公司、瑞路公司对川交工贸公司的债务应当承担连带清偿责任。

鉴于此,一审法院和二审法院认定川交机械公司、瑞路公司、川交工贸公司关联公司人格混同,严重损害债权人利益的,关联公司相互之间对外部债务承担连带责任。

【风险提示】

人格混同,是指公司与股东或其他公司的人格完全混为一体,以致形成股东即公司或公司即股东或两家公司无法实质区分的情形。人格混同会对股东和公司产生较大风险,《公司法》规定,股东滥用公司法人独立地位和股东有限责任逃避债务的,应承担连带清偿责任。该条规定的主体虽仅仅是股东,但对于关联公司人格混同同样可以适用。例如,本案虽不是股东和公司人格混同直接损害债权人利益,但关联公司人格混同实际上则由于股东滥用了公司法人独立地位和股东有限责任所致,故其责任承担应适用股东损害债权人利益的相关规定,承担连带责任。

司法实践中判断股东和公司以及公司之间是否存在人格混同有三个标准,即人员混同、业务混同和财务混同。人员混同一般是指公司的经理、高管、财务等管理人员存在交叉任职的情形。业务混同一般是指对外宣传,以及在合同履行中合同的签署、开票、出货、仓储等有混同的情形。财务混同一般是指关联公司在经营过程中资金、账务等无法证明已作区分。员工在关联企业的业务业绩奖金由同一账户发放等情形。

为规避因人格混同导致股东或关联公司对公司债务承担连带责任的风险,笔者从人员、业务、财务等方面提出如下建议:

在人员方面,对于法定代表人、总经理、财务负责人、会计、出纳、项目负责人等各关联公司自行聘任,在股东方面也不要完全重合。不同公司尽量聘用不同人员,若没有相应条件,需聘用相同的人员,则尽量在对外签订协议时保持人员区分。

在业务方面,公司应该通过公司章程或其他组织文件完善公司治理机构设置;明确股东会、董事会、总经理经营管理上的职权分工,并明确董事、总经理等高管的选任和免职程序。各关联公司需要相互配合,特别是工商营业执照上的经营范围不要重合,经营的业务领域,目标客户等也要互相独立,对外做到独立宣传,特色明显,不同公司尽量根据经营范围、经营区域划分业务,做到泾渭分明。公章、其他业务章使用分开保管,业务文件的制定采用不同版本,避免混淆。

在财务方面,公司应该独立进行财务管理,防止资金混同,区分开股东的收益与公司的收益;区分开股东的个人债务和公司的债务;区分各自的营业场地、主要设备和办公设施。应避免出现股东随意挪用公司资金,转移公司资产,或无偿使用公司资产等情形。各公司应建立独立的账户与账簿,资金来往需有合同依据,资金审批避免同一人经手,财务印章不可混合使用,各类债权债务、营业收入、业绩、账务均独立核算。在对外经营过程中,公司的事务明确记录出资情况,相关经办人员,经办人员与出资事务一一对应,若出现不能对应的情形,则提前做好“情况说明”等文件,避免混淆。公司股东或关联公司切勿随意支取公司款项,或无偿占用公司财产不做记载。当公司债务出现后,切勿 1 元转让股权,避免产生恶意逃避债务之嫌。

除财产、业务和人员的混同外,法院在确定是否存在人格混同时,通常会考虑一些其他因素,比如办公场所混同、电话号码、传真号码相同、缴纳水费和电费混同等。虽然这些不一定会产生人格混同,但也是日常经营过程中需要注意的事项。

【法条链接】

《公司法》

第三条　公司是企业法人,有独立的法人财产,享有法人财产权。公司以其全部财产对公司的债务承担责任。

有限责任公司的股东以其认缴的出资额为限对公司承担责任;股份有限公司的股东以其认购的股份为限对公司承担责任。

第二十条　公司股东应当遵守法律、行政法规和公司章程,依法行使股东权利,不得滥用股东权利损害公司或者其他股东的利益;不得滥用公司法人独立地位和股东有限责任损害公司债权人的利益。

公司股东滥用股东权利给公司或者其他股东造成损失的,应当依法承担赔偿责任。

公司股东滥用公司法人独立地位和股东有限责任,逃避债务,严重损害公司债权人利益的,应当对公司债务承担连带责任。

《全国法院民商事审判工作会议纪要》

10.认定公司人格与股东人格是否存在混同,最根本的判断标准是公司是否具有独立意思和独立财产,最主要的表现是公司的财产与股东的财产是否混同且无法区分。在认定是否构成人格混同时,应当综合考虑以下因素:

(1)股东无偿使用公司资金或者财产,不作财务记载的;

(2)股东用公司的资金偿还股东的债务,或者将公司的资金供关联公司无偿使用,不作财务记载的;

(3)公司账簿与股东账簿不分,致使公司财产与股东财产无法区分的;

(4)股东自身收益与公司盈利不加区分,致使双方利益不清的;

(5)公司的财产记载于股东名下,由股东占有、使用的;

(6)人格混同的其他情形。

在出现人格混同的情况下,往往同时出现以下混同:公司业务和股东业务混同;公司员工与股东员工混同,特别是财务人员混同;公司住所与股东住所混同。人民法院在审理案件时,关键要审查是否构成人格混同,而不要求同时具备其他方面的混同,其他方面的混同往往只是人格混同的补强。

2. 抽逃出资损害债权人利益的认定问题

河南省中原小额贷款有限公司与雏鹰农牧集团股份有限公司等股东损害债权人利益责任纠纷①

【关键词】

抽逃出资行为　损害债权人利益　补充赔偿责任

【案情简介】

河南省中原小额贷款有限公司(以下简称“中原小额贷款公司”)对河南泰元投资担保有限公司(以下简称“泰元公司”)享有经过生效判决确定的担保债权。

2018 年 5 月 23 日,泰元公司召开股东会,一致同意公司增资扩股,原股东雏鹰农牧集团股份有限公司(以下简称“雏鹰公司”)认缴新增注册资本 17.55 亿元,新股东西藏吉腾实业有限公司(以下简称吉腾公司)认缴 3.85 亿元等。

为履行增资决议,2018 年 5 月 28 日,雏鹰公司将第一笔投资款 3.81 亿元汇入泰元公司账户,泰元公司以债权投资形式把该 3.81 亿元转入有关合作社及其他单位,后者把该款项转入深圳泽赋基金账户,深圳泽赋基金又通过减资的形式把该款项退回雏鹰公司账户,雏鹰公司再次将 3.81 亿元以增资款形式汇入泰元公司,如此循环六次,金额达到 17.55 亿元以上,吉腾公司也以同样方式进行增资,金额达到 3.85 亿元以上,泰元公司的注册资金达到 30 亿元。

2018 年 5 月 28 日,河南新郑农村商业银行股份有限公司(以下简称新郑农商银行)向郑州正通联合会计师事务所(以下简称“正通事务所”)出具 4 份《银行询证函回函》,分别载明:收到雏鹰公司投资款金额 3.28 亿元、3.25 亿元、3.28 亿元、1.494 亿元。同日,正通事务所向泰元公司出具《验资报告》,载明:截至 2018 年 5 月 28 日,泰元公司已收到股东雏鹰公司新增注册资本 17.55 亿元,收到吉腾公司出资 3.85 亿元。

中原小额贷款公司向法院起诉,诉请泰元公司的股东雏鹰公司、吉腾公司分别在抽逃出资的范围内对泰元公司的债务承担连带赔偿责任。新郑农商银行、正

---

① 河南省郑州市中级人民法院(2021)豫 01 民初 134 号民事判决书。

通事务所在虚假验资的范围内对上述债务未足额清偿部分承担赔偿责任。

一审判决:(1)雏鹰公司在其未履行出资、抽逃出资数额17.55亿元的范围内对泰元公司所承担的连带清偿责任向中原小额贷款公司承担补充赔偿责任。(2)吉腾公司在其未履行出资、抽逃出资数额3.85亿元的范围内对泰元公司所承担的连带清偿责任向中原小额贷款公司承担补充赔偿责任。(3)驳回中原小额贷款公司的其他诉讼请求。

中原小额贷款公司、雏鹰公司不服一审判决,上诉至河南省高级人民法院。二审认为一审判决认定事实清楚,适用法律正确,予以维持。驳回了中原小额贷款公司、雏鹰公司提出的上诉请求。

【判例分析】

关于本案,法院将本案案由确定为损害公司债权人利益责任纠纷,本案系最高人民法院公布的2021年全国法院十大商事案件之一。案例的最典型意义在于,对于股东抽逃出资的审理中极为灵活地运用了穿透式审判思维,性质认定上实质优于形式。

通常来讲,认定股东抽逃出资可以从形式与实质两个方面的要件进行考虑:一是形式要件,即《最高人民法院关于适用〈中华人民共和国公司法〉若干问题的规定(三)》第12条明确规定的4种具体表现形式,即财务报表造假虚增利润进行分配、虚构债权债务关系将出资转出、通过关联交易将出资转出、未经法定程序将出资抽回。二是实质要件,即上述行为实质上损害了公司的权益。在对于股东抽逃行为审理的同时,关于金融机构、中介机构的侵权责任的认定,则只有在金融机构、中介机构等为公司出具不实或者虚假验资报告的行为与公司债权人的损害之间存在法律上的因果关系时,侵权责任才能成立。

本案的争议焦点为雏鹰公司是否抽逃出资,是否应当在抽逃出资的范围内对中原小额贷款公司的债权承担补充赔偿责任,以及新郑农商银行、正通事务所是否存在虚假验资行为,是否应当在虚假验资的范围内对泰元公司的责任承担补充赔偿责任。

本案中,股东将一笔出资作为增资款的一部分汇入公司账户,公司又将该笔出资汇入第三方的账户,再由第三方通过减资的方式将出资返回给该股东,同一笔出资循环多次增资,股东看似完成了全部增资,实际款项最后却是回到了股东手中。并且,该笔资金并非来源于第三方,第三方亦未进行减资变更登记。综合整个过程来看,股东的行为实质上构成抽逃出资,应当依法对公司的债权人承担补充赔偿责任。法院采用穿透性思维方式,在实质层面上判断股东行为是否属于抽逃出资行为,体现了其对实质公正性的追求,值得肯定。

本案中,中原小额贷款公司并未提交直接有效的证据证明其接受泰元公司的担保,系基于泰元公司的增资行为,或使用了正通事务所出具的《验资报告》、新郑农商银行出具的《银行询证函回函》。中原小额贷款公司不能证明其贷款未收回的损失与新郑农商银行、正通事务所的验资行为存在法律上的因果关系,故不能请求新郑农商银行及正通事务所承担补充赔偿责任。本案法院的判决明确了只有在金融机构等为公司出具不实或者虚假验资报告的行为与公司债权人的损害之间存在法律上的因果关系时,侵权责任才能成立。

鉴于此,一审法院和二审法院均支持了中原小贷公司要求雏鹰公司、吉腾公司分别在抽逃出资的范围内对泰元公司的债务承担连带赔偿责任的要求,驳回了正通事务所以及新郑农商银行等验资机构承担责任的请求。

【风险提示】

抽逃出资是指在公司验资注册后,股东将所缴出资暗中撤回,却仍保留股东身份和原有出资数额的一种欺诈性违法行为。抽逃出资包括抽逃注册资本和抽逃股东出资。抽逃注册资本属于违法犯罪行为,这不仅侵犯了公司的利益,还可能侵犯公司以外第三人的利益,如公司的债权人。

股东抽逃出资,而公司已无财产可供执行,致使债权人利益无法受偿,严重损害公司债权人利益。此时,对于为股东抽逃出资提供协助的其他股东、董事、高级管理人员或者实际控制人,债权人可以一并起诉上述人员,要求其与抽逃出资的股东承担连带责任。抽逃出资的代价远不止案例所提到的内容,还可能承担下述责任:对抽逃出资的股东,有可能限制其利润分配请求权、新股优先认购权、剩余财产分配请求权,也有可能解除股东资格。在股东抽逃全部出资时,公司可以通过股东会决议,解除股东资格。但如果股东仅抽逃部分出资,不可以解除股东资格,仅可以对其利润分配请求权、新股优先认购权、剩余财产分配请求权进行合理限制。

为了减少抽逃出资带来的风险,股东和公司主体应当采取怎样的防范措施?

对于股东来说,股东应注意减少或者避免无偿使用公司的借款,且从公司借的款项要尽快偿还,不然款项有被认定为抽逃出资的风险。股东应注意程序的合法性。股东与公司发生资金往来时,包括关联交易、减资、分红、借款等情形,应满足合规性要求,依公司法、公司章程或公司基本制度、规章等规定的决策审批程序,按照有关要求履行公司内部的审批决策程序,避免落入"其他未经法定程序将出资抽回的行为"的范围。在股东和公司之间频繁调度资金危险大,特别是要减少或者避免使用"往来款"的名义在公司和股东之间频繁地调度资金。尽可能地遵守公司合规性要求,减少或者避免在未经决策程序、未完善减资手续或未完善相关借款合同的前提下随意动用公司的资金。无论是出于提高资金的利用率,还是其他商业目的,从公司任意支取资金的行为都极有可能被认定为抽逃出资。

对于公司主体来说,股东抽逃出资因为是公司内部走账,对外一般也会有验资报告,具有很高的隐蔽性,所以,公司债权人一般很难从形式上发现他们的抽逃行为,而需要从验资账户、财务会计账簿、明细等入手,进行详细的调查后才能发现端倪,故公司主体应当在日常生活中加强对验资账户、财务会计账簿、明细的关注和调查。为避免股东对"在股东抽逃部分出资经催缴而未补缴解除其相应部分股权"的决议效力产生争议,同时督促股东及时足额出资,将条款注明补缴期限、抽逃责任等内容写入公司章程,以避免诉讼风险。在签订出资协议时,应为股东及时实缴出资设置违约条款,通过由违约股东向守约股东支付违约金的方式督促全体履行出资义务、增强对信守出资义务股东利益的保护。在发现股东存在抽逃出资的情形时,应及时保留证据,提起诉讼以更好地维护相关主体的权利。

【法条链接】

《最高人民法院关于适用〈中华人民共和国公司法〉若干问题的规定(三)》

第十二条　公司成立后,公司、股东或者公司债权人以相关股东的行为符合下列情形之一且损害公司权益为由,请求认定该股东抽逃出资的,人民法院应予支持:

(一)制作虚假财务会计报表虚增利润进行分配;

(二)通过虚构债权债务关系将其出资转出;

(三)利用关联交易将出资转出;

(四)其他未经法定程序将出资抽回的行为。

第十四条　股东抽逃出资,公司或者其他股东请求其向公司返还出资本息、协助抽逃出资的其他股东、董事、高级管理人员或者实际控制人对此承担连带责任的,人民法院应予支持。

公司债权人请求抽逃出资的股东在抽逃出资本息范围内对公司债务不能清偿的部分承担补充赔偿责任、协助抽逃出资的其他股东、董事、高级管理人员或者实际控制人对此承担连带责任的,人民法院应予支持;抽逃出资的股东已经承担上述责任,其他债权人提出相同请求的,人民法院不予支持。

3. 怠于履行清算义务损害债权人利益的责任承担

于某厚等与润木财富投资管理集团有限公司股东损害公司债权人利益责任纠纷①

【关键词】

清算义务　损害债权人利益　连带责任

【案情简介】

1999 年 7 月 5 日，蓝海恒业公司成立，系有限责任公司，法定代表人为于某莹，注册资本为 2000 万元，投资人为于某莹、于某厚。

2002 年 4 月 11 日，农商行海淀支行与蓝海恒业公司签订《借款合同》，约定农商行海淀支行向蓝海恒业公司提供借款 900 万元，期限自 2002 年 4 月 11 日至 2003 年 4 月 10 日，借款利率为月息 5.76‰，按季计收利息，借款逾期后从逾期之日起按日利率 3‱计收罚息。金海洋中心为上述合同项下债权提供连带责任保证。

2003 年 4 月 9 日，农商行海淀支行与蓝海恒业公司、金海洋中心签订《展期还款协议书》，约定借款合同余额为 850 万元，展期到 2004 年 4 月 8 日偿还。

2006 年 6 月 10 日，因《借款合同》及《展期还款协议书》到期后，蓝海恒业公司未如约偿付借款本息，北京市第一中级人民法院作出（2006）一中民初字第 275 号民事判决书（以下简称 275 号判决书），判令：（1）蓝海恒业公司于判决生效后 10 日内偿还海淀支行借款本金 8500000 元及利息、罚息（自 2003 年 9 月 21 日起至 2004 年 2 月 7 日止，按合同约定利率计算；自 2004 年 2 月 8 日起至款项付清之日止，按日 3‱计算）；（2）金海洋中心对上述款项承担连带清偿责任。275 号判决书生效后，因义务人蓝海恒业公司、金海洋中心未按期履行还款义务，海淀支行申请强制执行。

2007 年 3 月 16 日，北京市第一中级人民法院立案执行后，因未发现蓝海恒业公司、金海洋中心有可供执行的财产，作出（2007）一中执字第 214 号民事裁定书

① 北京市高级人民法院（2019）京民再 279 号民事判决书。

(以下简称214号裁定书),裁定275号判决书的本次执行程序终结。

2007年12月26日,蓝海恒业公司被工商行政管理机关吊销营业执照。

2017年6月15日,北京市第一中级人民法院作出(2017)京01执异91号执行裁定书(以下简称执异91号裁定书),裁定执行依据为275号判决书的申请执行人变更为润木财富投资管理集团有限公司(以下简称润木公司)。

于某莹自认蓝海恒业公司主要财产、账册、重要文件等均已灭失,无法找到;于某厚并不实际参与公司经营管理亦不知道上述文件下落。于某莹、于某厚称蓝海恒业公司被吊销后因存在对银行的债务故没有进行清算。

2018年1月25日,润木公司提起诉讼,请求判令于某莹、于某厚对蓝海恒业公司依据275号判决书主文应当向润木公司清偿的借款本金及相应利息以及案件受理费承担连带清偿责任。

经法院裁判,一审法院支持了润木公司的全部诉讼请求。

于某莹、于某厚提起上诉。二审法院判决驳回上诉,维持原判。

于某莹、于某厚不服二审判决,提起再审。再审法院判决撤销一审、二审判决,并驳回润木公司的全部诉讼请求。

【判例分析】

关于本案,首先应当明确的是,本案系股东怠于履行清算义务,导致债务无法归还,严重损害了债权人利益而发生的纠纷。法院将本案案由确定为股东损害债权人利益责任纠纷。

本案的争议焦点为于某莹、于某厚是否应就275号判决书项下蓝海恒业公司债务向润木公司承担连带清偿责任?具体可从以下四个方面进行审查:第一,润木公司是否对蓝海恒业公司享有275号判决书确认的债权。第二,于某莹、于某厚是否对蓝海恒业公司负有清算义务,并且怠于履行清算义务。第三,于某莹、于某厚怠于履行清算义务行为是否与蓝海恒业公司无法清算存在因果关系。第四,润木公司主张于某莹、于某厚对蓝海恒业公司债务承担连带清偿责任是否超过诉讼时效。

第一,关于润木公司是否取得相关债权。一审、二审以及再审法院认为,涉案债权已有执异91号裁定书认定转让过程并确定润木公司申请执行人的身份,现有证据无法推翻生效裁定书认定的事实。

第二,关于是否怠于履行清算义务。庭审中于某莹自认蓝海恒业公司主要财产、账册、重要文件等均已灭失,无法找到。于某莹、于某厚称蓝海恒业公司被吊销后因存在对银行的债务故没有进行清算。故可认定其怠于履行清算义务。

第三,关于是否存在因果关系。一审、二审法院以及再审法院认定,于某莹、于某厚怠于履行清算义务,导致蓝海恒业公司主要财产、账册、重要文件等灭失,与蓝海恒业公司最终无法清算之间存在因果关系;法院据此也可推定,润木公司债权受到损失同蓝海恒业公司无法清算之间存在因果关系。

第四,关于是否超过了诉讼时效问题。一审、二审法院认为,于某莹、于某厚没有证据证明润木公司及前手转让人何时知道或者应当知道蓝海恒业公司无法清算的事实而怠于行使权利,故未超过诉讼时效。对此,再审法院认为,涉案债权初始债权人农商行海淀支行申请强制执行后,法院于 2007 年 3 月 16 日作出"本次执行程序终结"的 214 号裁定书时,农商行海淀支行即已知晓蓝海恒业公司无可供执行财产的事实状态,理应持续关注其是否正常营业和是否存在营业执照被吊销的情形。农商行海淀支行在蓝海恒业公司营业执照被吊销后十多年期间,既未要求蓝海恒业公司的股东履行清算义务,也未向人民法院申请强制清算或者请求于某莹、于某厚承担赔偿责任。润木公司受让债权后,作为债权人于 2018 年 1 月 25 日提起本案诉讼,要求蓝海恒业公司股东于某莹、于某厚承担怠于清算的赔偿责任,已超过诉讼时效期间。

鉴于此,一审、二审法院支持了原告的诉讼请求,再审法院认为已超过诉讼时效,一审、二审法院对此认定有误,驳回原告的诉讼请求。

【风险提示】

根据《公司法》的相关规定,在出现公司章程规定的营业期限届满或者公司章程规定的其他解散事由时,公司应当在解散事由出现之日起 15 日内成立清算组,开始清算。但是实践中,不少公司解散后,股东却不进行清算或不知道应该进行清算,这既损害了债权人的利益,也对股东本身产生巨大法律风险。根据《公司法》及其司法解释的规定,当股东怠于履行义务造成财产减少时,在公司财产减少范围内承担补充赔偿责任,但如果清算责任人怠于履行清算义务导致公司主要财产、账册、重要文件等灭失,无法进行清算的,严重损害债权人利益,债权人可以请求股东对公司债务承担连带清偿责任,这对公司及股东来说都是很大的风险。

根据《全国法院民商事审判工作会议纪要》的相关规定,股东怠于履行清算义务包括以下四个构成要件:(1)存在怠于履行清算义务的不作为;(2)存在公司主要财产、账册、重要文件等灭失;(3)股东具有过错,存在故意或过失导致财产、账册、重要文件灭失而无法清算;(4)无法进行清算的结果以及怠于履行清算义务与无法清算之间具有因果关系。故笔者结合以上四个要件对股东应如何避免前述风险提供建议。

合理确定公司注册资本的认缴金额。自我国公司注册资本实行认缴制以来，公司注册变得越来越容易，注册资本金不用立即实缴，这种情况下很多人任性地提高认缴金额。如果公司经营不善，符合解散条件，则本该几十年后才到资的注册资本金必须提前到资，用于公司清算。因此，认缴注册资本金不是越多越好，而是量力而为。

公司出现解散情形，股东应及时成立清算组、进行清算。不参与公司经营管理的股东，在公司设立时或经营过程中，应在股东协议中，或在股东会决议中，确定负责公司账册、重要文件管理的股东或其他人员，明确股东是否参与经营。以便在被债权人追索时，作为抗辩的证据。对于小股东，应举证证明其请求过其他股东对公司进行清算，小股东可以致函董事会提请召开股东会，并将依法解散公司、组成清算组、财产保管、公司账册和重要文件的保管等作为审议议题，以证明已经尽到清算的义务，同时应做好证据固定及保留工作。

妥善保管公司账册、重要文件。妥善保管公司账册、重要文件不仅在公司自行清算、法院强制清算阶段是股东的义务，在破产阶段，股东也仍负有该义务。企图通过隐匿、销毁公司账册进而逃避债务的做法是行不通的。如是小股东作为清算组成员的，应通过致函等方式请求清算组的其他股东清理公司主要财产及妥善保管公司账册、重要文件。

主动向人民法院申请对公司进行清算。向法院申请强制清算非为股东的法定义务，且是股东的权利。故股东为避免因怠于履行清算义务可能承担的连带清偿责任时，可以主动向法院申请对公司进行强制清算。当大股东因故意损害公司权益对公司负有巨额债务且拒不清偿时，如果由该股东主导对公司进行自行清算，将与清算事务发生直接的利益冲突，使清算程序存在故意拖延或者违法清算的现实可能性。小股东可基于上述理由申请对公司强制清算。

总而言之，建议公司应当合法、合规经营，一旦经营结束或者经营失败，企业法人应该按“规矩”办事，应及时依循规范化的退出机制，进行清算，了结债权债务关系。

【法条链接】

《公司法》

第二十条　公司股东应当遵守法律、行政法规和公司章程，依法行使股东权利，不得滥用股东权利损害公司或者其他股东的利益；不得滥用公司法人独立地位和股东有限责任损害公司债权人的利益。

公司股东滥用股东权利给公司或者其他股东造成损失的，应当依法承担赔偿责任。

公司股东滥用公司法人独立地位和股东有限责任，逃避债务，严重损害公司债权人利益的，应当对公司债务承担连带责任。

《最高人民法院关于适用〈中华人民共和国公司法〉若干问题的规定（二）》

第十八条 有限责任公司的股东、股份有限公司的董事和控股股东未在法定期限内成立清算组开始清算，导致公司财产贬值、流失、毁损或者灭失，债权人主张其在造成损失范围内对公司债务承担赔偿责任的，人民法院应依法予以支持。

有限责任公司的股东、股份有限公司的董事和控股股东因怠于履行义务，导致公司主要财产、账册、重要文件等灭失，无法进行清算，债权人主张其对公司债务承担连带清偿责任的，人民法院应依法予以支持。

上述情形系实际控制人原因造成，债权人主张实际控制人对公司债务承担相应民事责任的，人民法院应依法予以支持。

4. 虚假清算损害债权人利益的责任承担

莫某红、邓某等股东损害公司债权人利益责任纠纷[①]

【关键词】

虚假清算报告　损害债权人利益　补充赔偿责任

【案情简介】

2017 年 8 月 3 日，安徒生（贺州）文化产业股份有限公司（以下简称安徒生公司）成立，属股份有限公司（中外合资、未上市），注册资本为 15000 万元，法定代表人为陈某，发起人为广东桂港穗丰基金管理有限公司（以下简称桂港穗丰公司）、丹麦王国克里斯蒂安 · 安徒生文化基金会及香港（广东）金融担保投资集团有限公司。

2017 年 6 月 2 日的公司章程显示，桂港穗丰公司出资数额为 7500 万元，占比 50%；丹麦王国克里斯蒂安 · 安徒生文化基金会出资数额为 3750 万元，占比 25%；香港（广东）金融担保投资集团有限公司出资数额 3750 万元，占比 25%。出资方式均为货币，出资时间均为 2018 年 12 月 30 日。

2018 年，宋某祥、黄某红起诉广东国茂建设工程有限公司（以下简称国茂公司）、安徒生公司建设工程施工合同纠纷一案，法院作出（2018）桂 1122 民初 1302 号民事判决书、（2019）桂 11 民终 648 号民事判决书，判决：国茂公司向宋某祥、黄某红支付工程款 1812658.7 元及利息，安徒生公司承担连带责任。2019 年 12 月 18 日，宋某祥、黄某红以桂港穗丰公司存在未履行出资义务及抽逃出资为由，向钟山县人民法院申请追加桂港穗丰公司为被执行人，要求其承担连带清偿责任。2020 年 7 月 20 日，钟山县人民法院作出（2020）桂 1122 执异 9 号执行裁定书，以桂港穗丰公司已办理注销登记理由，裁定驳回两原告对桂港穗丰公司的执行追加申请。

另查，桂港穗丰公司成立于 2010 年 4 月 6 日，属于有限责任公司（自然人投资或控股），法定代表人为覃某，股东为莫某红、邓某。2020 年 2 月 13 日，桂港穗丰公司作出股东会决议解散公司，成立清算组，清算组负责人为覃某，清算组成员

---

① 广东省广州市中级人民法院（2022）粤 01 民终 4897 号民事判决书。

为覃某、庆某、邓某并向广州市市场监督管理局备案登记。2020 年 5 月 6 日,公司办理工商注销登记。

莫某红、邓某、覃某在庭审中确认桂港穗丰公司未对安徒生公司实际出资。

宋某祥、黄某红提起诉讼,请求判令莫某红、邓某、覃某向宋某祥、黄某红支付 1812658.7 元,并支付迟延履行期间债务利息,利息以 1812658.7 元为基数,按照日 1.75‰的标准,从 2019 年 9 月 18 日起计至实际支付之日止,暂计起诉之日为 129106 元;判令莫某红、邓某、覃某向宋某祥、黄某红支付上述费用 10403 元;判令莫某红、邓某、覃某对前述债务承担连带责任。

经法院裁判,一审法院判令覃某、莫某红、邓某就桂港穗丰公司在其未出资 7500 万元范围内,对(2019)桂 11 民终 648 号民事判决书项下,确定的安徒生公司对宋某祥、黄某红的债务不能清偿部分所承担的补充赔偿责任承担连带清偿责任;驳回宋某祥、黄某红的其他诉讼请求。

宋某祥、黄某红提起上诉。二审法院判决驳回上诉,维持原判。

【判例分析】

关于本案,首先应当明确的是,本案系股东故意隐瞒债务、以虚假的清算报告骗取公司登记机关办理法人注销登记,严重损害了债权人利益而发生的纠纷。法院将本案案由确定为股东损害债权人利益责任纠纷。

本案争议的焦点在于:覃某、莫某红、邓某作为桂港穗丰公司清算组成员是否存在损害公司债权人利益的行为及是否应当承担清偿责任。

本案中,桂港穗丰公司已于 2020 年 5 月 6 日办理工商注销登记,覃某、莫某红、邓某作为桂港穗丰公司的清算组成员,明知桂港穗丰公司存在尚未履行对安徒生公司出资义务的行为,在安徒生公司存在债务的情况下,在公司清算时,没有书面通知原债权人,导致债权人未及时申报债权而未获清偿。且清算组在未通知债权人的情况提交虚假的清算报告骗取公司登记机关办理注销登记,债权人因此产生的损失是桂港穗丰公司应承担的债务,清算组成员对于该债务承担全额的赔偿责任,故覃某、莫某红、邓某应当就桂港穗丰公司在其未出资 7500 万元范围内对(2019)桂 11 民终 648 号民事判决书项下所确定的安徒生公司对宋某祥、黄某红的债务不能清偿部分所承担的补充赔偿责任承担连带清偿责任。至于三被告抗辩其与案外人达成的债权债务免责承诺,不具有对外效力,一审法院不予支持。

宋某祥、黄某红已于 2020 年向钟山县人民法院提出追加桂港穗丰公司作为被执行人的申请,虽该院以(2020)桂 1122 执异 9 号执行裁定书予以驳回,但从裁定书查明及认定事实反映，其申请被驳回的主要事由在于莫某红、邓某、覃某于该案审理期间注销了桂港穗丰公司，也正是基于被申请追加主体已被注销的客观情况，法院才未进一步查证2018年5月30日安徒生公司账户内15000万元资金实际于收款当日全部转出的事实，从而未能作出桂港穗丰公司出资不实或抽逃出资的认定。本案中，莫某红、邓某、覃某均已确认桂港穗丰公司并未对安徒生公司实际出资，结合上述执行案件的诉讼情况，恰能证实莫某红、邓某、覃某作为桂港穗丰公司的股东及实际控制人，系在明知桂港穗丰公司尚未履行对安徒生公司的出资义务应当对公司债权人承担相应法律责任、且已被债权人提出执行追加申请的情况下，采取注销公司的方式恶意逃避债务，其主观故意明显。因此，莫某红、邓某、覃某依法应就宋某祥、黄某红的工程款债权未获清偿的损失承担赔偿责任。

鉴于此，二审法院认为一审法院已根据桂港穗丰公司未履行出资义务的责任范围对莫某红、邓某、覃某的清算赔偿责任作出限定，并未超出莫某红、邓某、覃某所应承担的法律责任范畴，对一审判决予以维持。

【风险提示】

公司解散清算主要指公司在出现法定解散事由或公司章程规定的公司解散情形，或者企业经营者因经营方面的原因而决定公司解散，负有清算义务的主体依法按照法律规定，清理公司债权债务、处理公司财产，终止公司法律人格的行为。清算方式一般为自行清算，但清算事由发生后，逾期不成立清算组的，债权人可以申请人民法院指定有关人员成立清算组，进行强制清算。笔者结合实践，对于公司自行清算中的相关风险进行提示，以帮助企业合法合规地完成清算程序。

根据《最高人民法院关于适用〈中华人民共和国公司法〉若干问题的规定（二）》第20条第1款的规定，公司未经清算即办理注销登记，导致公司无法进行清算，债权人可主张有限责任公司的股东、股份有限公司的董事和控股股东，以及公司的实际控制人对公司债务承担清偿责任。股东兼清算组成员在清算报告中未如实反映债权人与公司相关债权债务的诉讼情况或者其他争议情况，致使债权人因公司注销而无法实现债权时，法院有可能认定股东兼清算组成员存在重大过失，应当对债权人的损失承担赔偿责任。执行程序中，注销不清算，法院可追加股东作为被执行人。若公司作为民事案件的被执行人，此时股东违法注销公司，则执行申请人可依据《最高人民法院关于民事执行中变更、追加当事人若干问题的规定》第21条的规定，直接向执行法院申请变更、追加股东作为被执行人，从而全体股东需要对公司正在执行的债务承担连带清偿责任。

虽然依法清算是公司注销的前置程序，但是，仍然有很多公司在注销过程中根本不清算，或者以虚假的清算报告来注销公司，更有甚者，明知公司存在未清偿的债务且被人民法院列为失信黑名单的情况下，清算义务人仍然以虚假的清算报告注销公司，其违法清算行为的直接后果就是导致公司债权人因债务清偿主体消灭而无法主张债权，其实质是滥用有限责任公司股东的有限责任，损害了债权人合法利益。因此，作为清算组成员应尽职尽力履行清算义务，千万不要为了注销公司，而使用虚假清算报告，在公司注销清算中，一旦发现资不抵债的情况，应尽可能地与债权人进行沟通，协商偿债事宜，如果无法达成协议，立即终止清算，并依法向法院申请破产清算，否则，作为清算组可能要面临赔偿债权人的损失。

除此之外，公司清算组的股东应及时履行通知和公告义务。根据《最高人民法院关于适用〈中华人民共和国公司法〉若干问题的规定（二）》第 11 条的规定，清算组未按照规定履行通知和公告义务，导致债权人未及时申报债权而未获清偿，债权人可主张清算组成员对因此造成的损失承担赔偿责任。因此，股东在进行公司清算时应尽到法定的通知债权人的义务。根据《公司法》第 185 条的规定，清算组应当在成立 10 日内通知债权人，并在 60 日内在报纸上公告。也就是说，股东在组织公司清算时除了在报纸上公告外，还应当书面通知债权人，这是两个并行的义务，缺一不可，仅在报纸上公告不能认定股东尽到了通知义务。

综上，在有限责任公司注销过程中股东作为清算义务人，务必依法清算，在发现公司资不抵债的情况下，应当依法向法院申请破产清算，否则，若以虚假清算报告注销公司将会构成滥用公司的独立性及股东的有限责任，从而需要对公司债务承担连带清偿责任。

【法条链接】

《最高人民法院关于适用〈中华人民共和国公司法〉若干问题的规定（二）》

第十一条 公司清算时，清算组应当按照公司法第一百八十五条规定，将公司解散清算事宜书面通知全体已知债权人，并根据公司规模和营业地域范围在全国或者公司注册登记地省级有影响的报纸上进行公告。

清算组未按照前款规定履行通知和公告义务，导致债权人未及时申报债权而未获清偿，债权人主张清算组成员对因此造成的损失承担赔偿责任的，人民法院应依法予以支持。

第十五条 公司自行清算的，清算方案应当报股东会或者股东大会决议确认；未经确认的清算方案，清算组不得执行。

执行未经确认的清算方案给公司或者债权人造成损失，公司、股东、董事、公司其他利害关系人或者债权人主张清算组成员承担赔偿责任的,人民法院应依法予以支持。

第十九条 有限责任公司的股东、股份有限公司的董事和控股股东,以及公司的实际控制人在公司解散后,恶意处置公司财产给债权人造成损失,或者未经依法清算,以虚假的清算报告骗取公司登记机关办理法人注销登记,债权人主张其对公司债务承担相应赔偿责任的,人民法院应依法予以支持。

三、损害公司利益责任纠纷

损害公司利益责任纠纷，是指公司股东滥用股东权利或者董事、监事、高级管理人员违反法定义务，损害公司利益而引发的纠纷。根据《公司法》的相关规定，股东滥用股东权利给公司造成损失，以及董事、监事及高级管理人员执行公司职务时违反法律法规或公司章程给公司造成损失的，均应承担赔偿责任。

实践中，损害公司利益的情形多种多样，主要包括挪用或侵占公司资金、违规关联交易、谋取公司商业机会、违反竞业禁止义务等。不同情形之下的法律适用也不尽相同。该类案件与商业行为密切关联，导致个案审查中对公司利益衡量缺乏统一标准。本节结合典型案例，对损害公司利益责任纠纷案件的常见情形进行梳理、提炼和总结，并从实务角度分析公司利益受损害存在的风险，以期为公司主体提供防范意见。

1. 挪用公司资金损害公司利益行为的认定

华枫信通(北京)科技有限公司与孙某军等损害公司利益责任纠纷①

【关键词】

挪用公司资金　忠实义务　损害公司利益

【案情简介】

2006年5月15日,华枫信通(北京)科技有限公司(以下简称华枫公司)成立,现任法定代表人及董事长为邹某真,其作为股东之一持股比例为25.66%。孙某军系华枫公司股东及经理、董事,持股比例为25.01%。案涉款项支取时,孙某军兼任公司财务负责人。

2013年6月,孙某军从华枫公司离职,但由于无法办理工商变更登记,现仍登记为公司经理和董事。高某为华枫公司的名义股东,其代高某国持股比例为5%。

2009年1月20日,高某国从华枫公司支取50000元,领款人处记载为"邹某新以中行的网上银行支付52000元",主管审批人为孙某军;记账凭证中载明此笔款项摘要为"付某康",会计科目为"5501SX3D－SX－3D08QTBK1营业费用－市场销售－3D－(部门)SX－3D08QTBK1＊＊博康设备采购";营业费用明细账亦记载此笔款项为"付某康"。记账人均为刘某娟。

2009年2月19日,高某国从华枫公司支取"技术服务费(博康)"192000元,主管审批人为孙某军;记账凭证中载明此笔款项为"付技术服务费",会计科目为"5501SX3D－IN－3D08QTBK1营业费用－市场销售－3D－(部门)IN－3D08QTBK1＊＊博康设备采购";营业费用明细账亦记载此笔款项为"付技术服务费"。记账人均为刘某娟。

2010年12月3日,高某国从华枫公司支取咨询费100000元,主管审批人为孙某军、田某科;记账凭证中载明此笔款项为"付技术服务费",会计科目为"5501SF3D－SX－3D08QTBK1营业费用－实施服务－3D－(部门)SX－

① 北京市第四中级人民法院(2020)京04民初48号民事判决书。

3D08QTBK1 * * 博康设备采购”;营业费用明细账亦记载此笔款项为“付技术服务费”。记账人均为刘某娟。

2012 年 4 月 28 日,华枫公司召开的第十一次董事会上,邹某真作为新的财务负责人作出“关于 2010 - 2011 年度销售业绩奖金核算事宜的报告”,对公司 2006 年至 2011 年项目核算情况进行了通报,对于公司 2008 年、2009 年项目的核算主要是把原来忽略计算的成本梳理清楚便于公司决定如何摊销,其中对于华枫公司与第三方合作的三个项目,即“博康设备采购,项目号 SX - 3D08QTBK1;博康公司,项目号 SX - 3D08QTBK1;首都机场东扩通信系统(首都机场 T3 东扩项目安防系统分包,项目号 SX - 3D08QTBK1)”进行了确认,并且提出“财务部定期进行项目核算,包括各项目的 SX、CP、CG 和 SF 费用实际发生的情况,并把核算结果提供给相应的项目负责人,以便负责人对相应开支进行核对,如有问题可以及时发现”。

2019 年 9 月 4 日,华枫公司向高某国发送通知,要求其将上述三笔款项的去向进行书面说明。诉讼中高某国陈述,以上三笔费用均为由于高某国促成了华枫公司与博康公司的项目合作,华枫公司应当支付给高某国的业务提成、咨询费和技术服务费。

华枫公司起诉要求,孙某军、高某国立即向华枫公司返还 342000 元。

经法院裁判,法院驳回了华枫公司的全部诉讼请求。

【判例分析】

关于本案,首先应当明确的是,本案系公司董事、高级管理人员是否挪用公司资金,违反了对公司所负忠实义务,损害了公司利益的纠纷。故法院将本案案由确定损害公司利益责任纠纷。

华枫公司主张,三笔款项的支取,没有任何凭证和依据,二被告利用其股东身份,擅自占用华枫公司资金,严重损害了华枫公司利益,故起诉至法院,以维护华枫公司的合法权益。孙某军和高某国辩称,案涉费用为公司正常的项目费用。

本案的争议焦点为:(1)孙某军、高某国是否存在挪用或侵占公司资金的行为,损害了公司利益。(2)本案是否超过诉讼时效。

关于孙某军、高某国是否存在挪用或侵占公司资金的行为,损害了公司利益。首先,三笔款项的支付是否存在不正当使用公司资金的情形,是否具有相应的合同、业务依据,并且符合商业常理的用途。根据本院查明的事实,华枫公司与博康公司在 2008 年度确有业务往来,共涉及三个合作项目。虽然该三个合作项目为博康公司向华枫公司采购设备，应由博康公司向华枫公司支付设备款项，但不能因此排除华枫公司亦有为业务合作而支出款项的可能，尤其是在公司召开的第十一次董事会上，时任公司财务负责人、现任公司法定代表人的邹某真确认了三个合作项目的存在，提到了项目有成本支出以及SX项目有费用实际发生和开支的情况，因此，本案中华枫公司提交的证据不足以证明三笔款项的支付用途不当。其次，三笔款项的支出均有支出凭单、记账凭证和营业费用明细账，履行了一定的报账和记账程序，“主管审批”处的签字为孙某军或孙某军和田某科二人。现有证据无法证明三笔款项的支付违反了公司内部规定和财务审批的要求。华枫公司不能举证证明孙某军、高某国存在挪用或侵占公司资金的行为，损害了公司利益，根据上述法律规定，应当承担举证不能的法律后果，对华枫公司向二被告提出的返还三笔款项的诉讼请求，不能成立。

关于诉讼时效。华枫公司主张的三笔款项的支取时间是在2009年和2010年。在该三笔款项支取时，记账人均为刘某娟，第三笔款项的主管审批人之一为田某科，因此，客观上存在公司内部其他工作人员知晓高某国支取三笔款项的事实，在公司年度审计及既往账目核算中公司从未提出过异议，且华枫公司提交的现有证据不能证明在2019年之前公司曾向二被告主张返还款项，本案也不存在其他诉讼时效中止、中断的情形，故本案已过诉讼时效。

从该案例可以看出，实践中对于证明挪用或侵占公司资金存在一定的难度，需要公司在日常经营中从实体上、程序上入手，留存相关证据。

鉴于此，北京市第四中级人民法院驳回了华枫公司的全部诉讼请求。

【风险提示】

《公司法》第147条第1款和第148条第1款明确规定了董事、高级管理人员应履行忠实义务，不得挪用公司资金。股东或者董事、监事、高级管理人员，基于商业模式、营商环境等因素，挪用公司资金，往往伴随着民事违约、行政处罚甚至刑事制裁等诸多风险，会对公司的总体运营造成很大的风险，不利于公司的长期发展。那么公司应当如何防范股东等挪用公司资金带来的风险，笔者提出以下建议：

第一，健全资金管理使用的制度规范。建议公司要以有效防控资金管理和使用的合规风险为目的，以提升依法合规管理和使用资金为导向，以企业经营管理行为和员工履职行为为对象，开展的包括建立资金管理机构、账户、收支、现金与票据、内部调控、对外融资、对外担保、银行理财等相关的完整规范体系。要着重开展资金管理决策、投资规划、财务、监督追责等监督机制建设，促进形成上下联动的信息化监管格局，实现公司业务流、信息流、资金流的全程、实时、网络化监管，建立横向到边、纵向到底的监管体系并持续发挥作用。将公司每一笔业务和资金使用均登记在册，形成备忘录和年度财务报告，以便对公司的财务进行审查，降低公司财产被转移、隐匿的风险。健全货物发放和货款回收制度，建立客户应收款明细账，业务员个人明细账。企业、客户、业务员之间建立对账制度，详细记载每份合同的收款情况。对财务、销售等重点岗位，定期进行审计和对账，堵塞各种可能造成企业财物流失的风险漏洞。

第二，做好风险止损和警示教育工作。通过合规建设，明确公司资金管理和使用的权责分配，建立违规的线索发现和处置机制。公司在强调资金管理和使用合规的同时，要积极鼓励和支持员工对违规违法管理和使用资金行为的检举。当公司内部出现相关资金管理和使用违规问题时，要依据合规流程及时开展内部调查，并依法配合相关机关的调查和处置工作。同时，要结合已有的风险及其表现，在公司内部定期开展合规培训，做好警示教育工作，并将其常态化、制度化。

第三，完善资金的管理和使用制度。在使用公司资金时应当通过合规的借款程序从源头上排除"挪用"的认定。实务中，对外进行业务办理时需要借用公司资金，进行拆借、转移资金的情况十分普遍。从最大化资金利用价值的角度，该行为在财务方面有一定合理性。但是，为了避免被认定为"挪用资金"的不法行为，借用公司资金时应注意借款必须有合法依据；遵守公司现行的财务管理制度，避免擅自改变资金的用途；所借资金必须是公司未来期间内可自由支配的，不得是客户预付款、保证金、专项款、准备用于清偿债务、支付货款、缴纳税收或者有其他必要用途的资金。当违规违法管理和使用资金现象出现后，除依法及时开展相关调查和处置工作外，还要用好公司的合规管理团队，及时为企业合规建设和运行情况作出客观的评估诊断，查找制度建设或运行漏洞，及时进行制度完善。在公司资金管理和使用情况良好时，也要结合公司资金管理和使用的重点领域、关键环节和重要人员，适时做好风险筛查和评估。在此过程中，尤其要充分利用大数据等信息化手段，加强对公司资金管理和使用过程及其结果的监督。

【法条链接】

《公司法》

第一百四十七条 董事、监事、高级管理人员应当遵守法律、行政法规和公司章程，对公司负有忠实义务和勤勉义务。

董事、监事、高级管理人员不得利用职权收受贿赂或者其他非法收入，不得侵占公司的财产。

第一百四十八条 董事、高级管理人员不得有下列行为：

（一）挪用公司资金；

（二）将公司资金以其个人名义或者以其他个人名义开立账户存储；

（三）违反公司章程的规定，未经股东会、股东大会或者董事会同意，将公司资金借贷给他人或者以公司财产为他人提供担保；

（四）违反公司章程的规定或者未经股东会、股东大会同意，与本公司订立合同或者进行交易；

（五）未经股东会或者股东大会同意，利用职务便利为自己或者他人谋取属于公司的商业机会，自营或者为他人经营与所任职公司同类的业务；

（六）接受他人与公司交易的佣金归为己有；

（七）擅自披露公司秘密；

（八）违反对公司忠实义务的其他行为。

董事、高级管理人员违反前款规定所得的收入应当归公司所有。

第一百四十九条 董事、监事、高级管理人员执行公司职务时违反法律、行政法规或者公司章程的规定，给公司造成损失的，应当承担赔偿责任。

2. 关联交易损害公司利益行为的认定

西安陕鼓汽轮机有限公司与高某华等公司关联交易损害责任纠纷①

【关键词】

关联交易　忠实义务　损害公司利益

【案情简介】

2009 年 5 月 12 日，钱塘机电有限公司成立，高某华及程某为钱塘机电有限公司合计控股 60% 的股东。

2009 年 5 月 26 日，西安陕鼓汽轮机有限公司（以下简称陕鼓汽轮机公司）注册成立，公司股东为西安陕鼓动力股份有限公司、西安和诚动力科技有限公司、西安新福义机械设备有限公司、姜某栋、颉某康。陈某民任公司法定代表人、董事长，高某华、姜某栋、颉某康、程某任公司董事，姜某栋被聘用为公司总经理。

2011 年 7 月 8 日，陕鼓汽轮机公司召开第二届第一次股东会议，决议变更陈某斌为公司法定代表人、董事长，高某华为副董事长、总经理，公司监事会成员为姜某栋、李某、任某涛，董事会成员为陈某斌、高某华、牛某儒、程某、颉某康。

2011 年 10 月 9 日，陕鼓汽轮机公司聘任程某兼任总装试车车间代主任。2012 年 2 月 1 日，解聘程某兼任总装车间代主任职务。2012 年 6 月 7 日，陕鼓汽轮机公司成立销售部，聘任程某为部长（兼）。

陕鼓汽轮机公司《公司章程》第 36 条规定，董事及公司经营层人员不得自营或者为他人经营与本公司同类的业务或者从事损害本公司利益的活动。从事上述业务或者活动的，所有收入应当归公司所有。董事及公司经营层人员除《公司章程》规定或者股东会同意外，不得同本公司订立合同或者进行交易。

2010 年至 2015 年 5 月，陕鼓汽轮机公司与钱塘公司共签订采购合同近 2100 份，总额约为 250000000 元。

2017 年 4 月 5 日，陕鼓汽轮机公司监事会作出了《西安陕鼓汽轮机有限公司

---

① 最高人民法院（2021）最高法民再 181 号民事判决书。

部分高管进行关联交易损害公司利益的调查报告》，记载“2015 年 6 月至 2015 年 8 月，监事会对陕鼓汽轮机公司财务进行专项检查，对董事、高级管理人员履行职务的行为进行监督调查。鉴于高某华、程某利用职务便利，采用关联交易，获取巨额利益。严重违反《公司法》规定和《公司章程》约定，不能再担任领导职务。已于 2015 年期间撤销高某华陕鼓汽轮机公司董事、副董事长、总工程师职务；解聘程某陕鼓汽轮机公司销售顾问”。

陕鼓汽轮机公司起诉要求，高某华、程某向陕鼓汽轮机公司连带赔偿损失33310000元。

经法院裁判，一审法院未支持陕鼓汽轮机公司的诉讼请求。

陕鼓汽轮机公司提起上诉。二审法院认为，陕鼓汽轮机公司的上诉请求不成立，应予驳回。

后陕鼓汽轮机公司继续提起再审申请。最高人民法院再审撤销原判决，改判高某华、程某向陕鼓公司赔偿损失 7064480.35 元。

【判例分析】

关于本案，首先应当明确的是，本案系公司董事、高级管理人员利用关联交易，违反了对公司所负忠实义务，损害了公司利益的纠纷。故法院将本案案由确定公司关联交易损害责任纠纷。

各方当事人对陕鼓汽轮机公司与钱塘公司之间的交易系关联交易均无异议，故本案的争议焦点是案涉关联交易是否损害了陕鼓汽轮机公司的利益。

一审法院认为，陕鼓汽轮机公司提供的两份《报告》是其单方制作，在内容上虽然认定采购配件价格过高，但是其依据的是初步询价从而得出价格过高的结论。陕鼓汽轮机公司与钱塘公司之间的采购合同涉及的相关配件并无统一市场定价。各个生产厂基于生产成本、产品自身质量等多方面因素，会导致产品价格有高低差异，而这种价格差异是否必然导致陕鼓汽轮机公司利益受损尚缺乏依据。陕鼓汽轮机公司的财务报表显示，在整个关联交易的 2011 年至 2015 年，陕鼓汽轮机公司始终处于盈利状态，该事实也可以在一定程度反映关联交易未对公司利益造成损害。现有证据无法证明高某华、程某作为陕鼓汽轮机公司的董事、高级管理人员，在陕鼓汽轮机公司与钱塘公司之间的关联交易中损害了陕鼓汽轮机公司的利益。故对于陕鼓汽轮机公司的诉讼请求，不予支持。

案涉关联交易是否损害陕鼓汽轮机公司利益的问题，应从高某华、程某是否履行披露义务，案涉关联交易价格是否符合市场公允价格，以及高某华、程某的行为与陕鼓汽轮机公司损害结果的发生是否存在因果关系等几个方面进行判断：

第一，高某华、程某是否履行了披露义务。披露关联交易有赖于董事、高级管理人员积极履行忠诚及勤勉义务，将其所进行的关联交易情况向公司进行披露及报告。高某华、程某作为陕鼓公司董事及高级管理人员，未履行披露义务，违反了董事、高级管理人员的忠诚义务。

第二，案涉关联交易价格是否符合市场公允价格。《公司法》保护合法有效的关联交易，并未禁止关联交易，合法有效关联交易的实质要件是交易对价公允。应当从交易的实质内容，即合同约定、合同履行是否符合正常的商业交易规则以及交易价格是否合理等进行审查。陕鼓汽轮机公司本可以在市场上采购相关产品，而通过钱塘公司采购产品则增设不必要的环节和增加了采购成本，由钱塘公司享有增设环节的利益，损害了陕鼓汽轮机公司权益。

第三，高某华、程某的行为与陕鼓汽轮机公司损害结果的发生有因果关系。在高某华任总经理主持生产经营工作期间，关联交易额所占陕鼓汽轮机公司采购总额的比例大幅上升，并在高某华、程某被解除相应职务后，关联交易急速减少并消失。关联交易的发生及变化与高某华、程某任职期间及职务变化存在同步性。

鉴于此，最高人民法院认为案涉关联交易损害了陕鼓汽轮机公司的利益，应向陕鼓汽轮机公司赔偿损失。

【风险提示】

关联交易在市场经济条件下广泛存在。关联交易因交易双方的特殊关系可以减少沟通成本、提高交易效率，但是这种便捷带来的并非全然是益处，关联方之间的信任将其他竞争排除于交易之外，使部分关联交易与市场交易原则相悖，出现价格、交易方式不公平的现象，最终损害公司股东的合法权益。

笔者将通过目前政策规定，探讨公司应当如何应对关联交易的风险。

首先，作为公司的控股股东、实际控制人、董事、监事、高级管理人员需严格按照公司规章制度及与公司签署的相关协议的约定行事，不得违反职业操守利用关联关系损害公司利益。

其次，对于公司主体而言，防范关联交易风险，大致可以从以下三个方面出发：

第一，及时披露应当披露的交易信息。内容符合法律规定以及公司章程规定并不意味着该关联交易就一定合法，进行关联交易的双方还要尽到合理的信息披露义务。亦即，法律允许关联交易的存在，但是公司进行关联交易必须及时向有关部门报告,并详细报备关联交易的起因、状态、后果等,总之,履行信息披露义务是关联交易十分重要的一环。当然,需要披露的信息不能只由交易方提供,还需要聘请具有从事证券、期货相关业务资格的中介机构,对交易标的进行评估或者审计,避免弄虚作假。与普通公司不同,上市公司不仅要向公司股东披露关联交易,还需要向证券交易场所进行披露。

第二,做到程序合法合规,交易事项提交股东会、董事会讨论表决。严格规范的程序是内容公正的有力保障,股东会、董事会把关公司的重大决策,对关联交易进行审查是保障交易公平的重要手段。如果上市公司为关联人提供担保的,应当具备合理的商业逻辑,在董事会审议通过后及时披露,并提交股东大会审议。

第三,合规交易,不违反商业交易的基本规则。关联交易不仅要程序上公开透明,还需要关联交易本身合法合规。通过案例检索发现,绝大部分关联交易相关的诉讼不是因为程序违法,而是交易内容不平等不公正。对于这一点,公司可通过在公司章程中规范关联交易的程序、通过排除关联方在董事会或股东会对关联交易进行表决时的表决权、强化监事会对于公司董事的监督权、定期召开股东会、定期邀请会计师事务所对于公司财务进行审核、重视法务部门对合同的法律审查等,避免公司关联方侵占公司权益。因此,公司应当对关联交易的内容进行实质性审查。公司关联交易行为的实质审查,主要是对关联交易行为的效力进行审查,其关键是确定行为是否损害公司或者公司股东及公司债权人合法利益,即判断行为是否符合营业常规,同时还要审查当时合同双方是否遵循了商业原则,即交易价格原则上不偏离市场独立第三方的价格或收费标准、关联人不得以垄断采购和销售业务渠道等方式干预公司经营,损害公司利益。

关联交易于公司而言利弊参半,利用得当可以为企业节约大量交易成本、提升交易效率,促进公司的发展。利用不当会导致关联人通过关联交易滥用股东权利,损害公司及其他股东的利益。对于关联交易的风险防范可以从信息披露、程序合法、内容合规三个角度出发,实现关联交易的定价公允、决策程序合规、信息披露规范。

【法条链接】

《公司法》

第二十一条 公司的控股股东、实际控制人、董事、监事、高级管理人员不得利用其关联关系损害公司利益。

违反前款规定,给公司造成损失的,应当承担赔偿责任。

第一百四十八条 董事、高级管理人员不得有下列行为：

（一）挪用公司资金；

（二）将公司资金以其个人名义或者以其他个人名义开立账户存储；

（三）违反公司章程的规定，未经股东会、股东大会或者董事会同意，将公司资金借贷给他人或者以公司财产为他人提供担保；

（四）违反公司章程的规定或者未经股东会、股东大会同意，与本公司订立合同或者进行交易；

（五）未经股东会或者股东大会同意，利用职务便利为自己或者他人谋取属于公司的商业机会，自营或者为他人经营与所任职公司同类的业务；

（六）接受他人与公司交易的佣金归为己有；

（七）擅自披露公司秘密；

（八）违反对公司忠实义务的其他行为。

董事、高级管理人员违反前款规定所得的收入应当归公司所有。

3. 谋取公司商业机会损害公司利益行为的认定

李某与深圳市华佗在线网络有限公司损害公司利益责任纠纷①

【关键词】

商业机会　忠实义务　损害公司利益

【案情简介】

2008 年 11 月 21 日，美谷佳公司设立，股东为深圳盛凯投资有限公司和深圳市谷仓网络科技有限公司（以下简称谷仓公司）。2010 年 3 月 17 日，美谷佳公司股东变更为李某和谷仓公司。2011 年 12 月 15 日，美谷佳公司股东变更为李某及其他 18 名自然人。此后美谷佳公司股东历经多次变更，李某一直为该公司股东。2015 年 4 月 28 日前，李某担任美谷佳公司法定代表人、董事长、总经理职务。

2013 年 6 月 3 日，深圳市华佗在线网络有限公司（以下简称华佗在线公司）设立。股东为张某和张某斌。美谷佳公司分别与张某、张某斌签订了《股权代持协议书》，约定美谷佳公司委托张某、张某斌作为自己对华佗在线公司持有的 90% 和 10% 的股份的名义持有人，美谷佳公司作为上述投资的实际出资者，对华佗在线公司享有实际的股东权利并有权获得相应的投资收益。2015 年 6 月 17 日，华佗在线公司股东变更为美谷佳公司。

友德医公司设立于 2014 年 8 月 7 日，股东为黄某亮和吴某清。2015 年 2 月 28 日，友德医公司股东变更为李某婧、董某心、杜某国、宜华地产、友德医健康管理公司。

2014 年 1 月，华佗在线公司与广东省第二人民医院签订《合作框架协议》，约定共建广东省医学影像阅片中心等医疗项目，并于同年 2 月 10 日签订《补充协议》约定了合作项目收益分配。

2014 年 9 月 23 日，李某和广东省第二人民医院提交了广东省第二人民医院盖章的《通知函》和美谷佳公司盖章的落款日期为 2014 年 9 月 25 日的《通知函回

① 最高人民法院（2021）最高法民申 1686 号民事判决书。

复》。《通知函》载明“我院(即广东省第二人民医院)曾向华佗在线公司项目主管协商提出中止框架协议意见,华佗在线公司表示理解……我院决定中止与华佗在线公司所有合作项目,特此函告”。《通知函回复》载明“同意广东省第二人民医院通知函中提出的终止合作意见”。

2014 年 11 月 20 日,友德医公司与广东省第二人民医院签订《友德医网络医院合作协议》,约定双方视对方为广东省内唯一的合作方,双方共同合作组建“友德医”网络医院,并对用户提供网上诊疗、双向转诊等医疗服务。

2016 年 1 月 10 日,李某出具《情况说明》,其上载明“本人李某,系友德医公司、赢医通公司的实际控制人。”

2017 年,华佗在线公司和美谷佳公司提起诉讼,请求判令李某向美谷佳公司和华佗在线公司承担损害赔偿责任,案外人广东省第二人民医院承担连带赔偿责任。

一审法院判决李某向华佗在线公司支付赔偿金 2916 万元,驳回华佗在线公司、美谷佳公司的其他诉讼请求。

华佗在线公司和美谷佳公司提起上诉。二审法院认定一审判决认定事实清楚,适用法律正确,予以维持。

二审判决后,李某提起再审申请。

再审法院认定再审申请不符合法定情形,驳回李某的再审申请。

【判例分析】

关于本案,首先应当明确的是,本案系高级管理人员将任职公司的业务交由其实际控制的其他公司经营,谋取了属于担任高级管理人员所在公司的商业机会,违反了对公司所负忠实义务,损害了公司的利益。故法院将本案案由确定为损害公司利益责任纠纷。

本案的争议焦点在于李某作为美谷佳公司的董事,是否需要对美谷佳公司的全资子公司、控股公司承担忠实义务。

首先,李某对美谷佳公司负有忠实义务。2015 年 4 月 28 日之前,李某担任美谷佳公司的法定代表人、董事长和总经理。根据《公司法》第 147 ~ 149 条的规定,李某在作为美谷佳公司的董事、总经理期间对美谷佳公司负有法定的忠实义务和竞业禁止义务,不得篡夺美谷佳公司的商业机会。

其次,李某对华佗在线公司亦负有忠实义务。公司法关于董事对公司所负的忠实义务应不限于董事所任职的公司自身,还应包括公司的全资子公司、控股公司等,如此方能保障公司及其他股东的合法权益,真正实现公司法设置忠实义务、的立法本意。本案中,美谷佳公司是华佗在线公司的全资股东,双方利益具有显见的一致性,李某对美谷佳公司所负的忠实义务和竞业禁止义务应自然延伸至美谷佳公司的子公司华佗在线公司。

最后,李某实施了损害华佗在线公司利益的行为。本案中,华佗在线公司于2014年1月已经获得和广东省第二人民医院合作网络医院项目的商业机会,广东省第二人民医院系在与友德医公司于2014年11月20日签订《友德医网络医院合作协议》后,转而与友德医公司合作网络医院项目并终止与华佗在线公司就网络医院项目的合作。根据李某出具的《情况说明》中关于其代表的美谷佳公司技术方、创始人团队和牧某民等资本方在经营美谷佳公司、华佗在线公司过程中出现矛盾等陈述,可以证明李某在担任美谷佳公司董事长、总经理及技术团队主要负责人期间,未经美谷佳公司股东会同意,另行操控友德医公司将华佗在线公司与广东省第二人民医院合作的网络医院项目交由友德医公司经营,非法获取了本属华佗在线公司的商业机会,损害了华佗在线公司及其母公司美谷佳公司的利益。据此,李某违反了对美谷佳公司和华佗在线公司所负忠实义务。

关于李某对华佗在线公司损失承担的赔偿责任问题。华佗在线公司损失标的系商业机会难以准确认定数额且李某的个人获益和美谷佳公司及其股东的实际损失亦无法认定,故应综合考虑友德医等公司的运营成本、网络医院项目的发展前景和技术团队、资本团队对网络医院项目的投入、贡献情况,酌定李某向华佗在线公司赔偿的实际损失及合理期待利益。

鉴于此,一审法院、二审法院、再审法院均认定李某向华佗在线公司支付赔偿金2916万元。

【风险提示】

关于商业机会,是指公司能够开展业务并由此获取收益的可能性。认定公司商业机会应当考虑以下几个方面的因素:一是商业机会与公司经营活动有关联;二是第三人有给予公司该商业机会的意愿;三是公司对该商业机会有期待利益,没有拒绝或放弃。

董事、高级管理人员作为公司的重要管理人员,基于其地位,可以接触到大量的商业信息。司法实践中常常存在未经股东会或者股东大会同意,利用职务便利为自己或者他人谋取属于公司的商业机会,自营或者为他人经营与所任职公司同类的业务,给公司造成损失的行为。笔者主要从董事、监事、高级管理人员和公司主体两个方面提出建议：

首先，与勤勉义务不同董事、监事、高级管理人员忠实义务的核心在于不得利用其身份获得个人利益。建议董事、监事、高级管理人员在法律法规与公序良俗的范围内，忠诚于公司利益，以最大的限度实现和保护公司利益作为衡量自己执行职务的标准，否则即应承担赔偿责任。相较于参股公司，公司与全资子公司、控股子公司在日常管理、业务经营、战略发展等方面更具协同性和利益一致性。所以，全资及控股子公司作为公司的对外投资，自然属于应受保护的公司利益。董事、监事、高级管理人员损害了全资及控股子公司的利益，实质上就是损害了公司的利益。故董事、监事、高级管理人员也不得谋取全资及控股子公司的商业机会。

其次，对于此类行为，公司在其日常的经营管理过程中应当如何去预防，从而避免该类风险的发生呢？笔者提出以下建议：

第一，因为该类忠实义务的行为主体主要是公司的董事以及高级管理人员，故重视发挥公司章程在公司治理中的作用。作为公司应当在公司章程中对高级管理人员的职责范围进行明确，高管职权约定越清晰，即越容易证明其利用“职务便利”损害公司利益，并通过工商备案的方式对高管身份进行确认。因为在司法实践中，侵占公司商业机会的表现多种多样，也容易产生分歧，故建议公司结合公司经营的实际情况全面定义商业机会的内涵，并将其列为公司商业秘密的范围加以保护。同时，建立健全公司保护商业秘密的制度、流程及措施。在内部文件中对侵占公司商业机会的行为进行明确的界定，并制定相应的损失计算标准。

第二，因为该类忠实义务是有一定的期间限制，即应当发生在董事以及高级管理人员的任职期间，故作为公司，应当尽可能地完善董事、高有管理人员的任职以及相关的离任手续。另外，因为董事、高级管理人员地位身份的特殊性，建议公司通过书面协议的方式约定离任的董事、高级管理人员在其离任后的一定期间内也不得从事同类的经营业务。

第三，公司可以与高级管理人员及涉密人员签订保密协议等，约定其不能利用公司的商业机会成立自己的公司，不能利用商业秘密为公司的竞争对手服务等，且该协议在相关人员离职后的一定期限内仍然有效。与此同时，公司应当加强管理人员和员工涉密等法律知识的培训，并加大日常监督及对违反涉密相关制度的处理力度。

第四，作为公司，也应该在日常运营及管理过程中做到尽可能规范，发挥监事会的作用，董事、高级管理人员的日常行为进行调查监督，如有发现存在谋取公司商业机会的行为，应该尽早地固定相应的证据，以备诉讼产生后更好地应诉，从而更好地维护公司的合法权益。

【法条链接】

《公司法》

第一百四十七条　董事、监事、高级管理人员应当遵守法律、行政法规和公司章程，对公司负有忠实义务和勤勉义务。

董事、监事、高级管理人员不得利用职权收受贿赂或者其他非法收入，不得侵占公司的财产。

第一百四十八条　董事、高级管理人员不得有下列行为：

（一）挪用公司资金；

（二）将公司资金以其个人名义或者以其他个人名义开立账户存储；

（三）违反公司章程的规定，未经股东会、股东大会或者董事会同意，将公司资金借贷给他人或者以公司财产为他人提供担保；

（四）违反公司章程的规定或者未经股东会、股东大会同意，与本公司订立合同或者进行交易；

（五）未经股东会或者股东大会同意，利用职务便利为自己或者他人谋取属于公司的商业机会，自营或者为他人经营与所任职公司同类的业务；

（六）接受他人与公司交易的佣金归为己有；

（七）擅自披露公司秘密；

（八）违反对公司忠实义务的其他行为。

董事、高级管理人员违反前款规定所得的收入应当归公司所有。

第二百一十六条第（一）项、第（二）项　本法下列用语的含义：

（一）高级管理人员，是指公司的经理、副经理、财务负责人，上市公司董事会秘书和公司章程规定的其他人员。

（二）控股股东，是指其出资额占有限责任公司资本总额百分之五十以上或者其持有的股份占股份有限公司股本总额百分之五十以上的股东；出资额或者持有股份的比例虽然不足百分之五十，但依其出资额或者持有的股份所享有的表决权已足以对股东会、股东大会的决议产生重大影响的股东。

4. 离职后违反竞业禁止义务损害公司利益行为的认定

上海水生环境工程有限公司与谢某损害公司利益赔偿纠纷[①]

【关键词】

同类业务　竞业禁止　损害公司利益

【案情简介】

2005年5月16日，上海水生环境工程有限公司（以下简称水生公司）注册成立，注册资本为125万元，其中，王某卿出资50万元，谢某出资50万元，上海水大资产经营有限公司出资25万元。公司的经营范围为：水处理工程施工，景观水体设计，水污染防治，水体生态和净化及水资源利用设计，环保产品销售，生物工程的技术开发、技术转让、技术服务，水污染防治工程、水体生态修复的设计及实施（涉及行政许可的，凭许可证经营）。王某卿任法定代表人兼执行董事，谢某任总经理。该公司章程约定：公司董事、高级管理人员未经股东会同意，不得利用职务便利为自己或者他人谋取属于公司的商业机会，自营或为他人经营与所任职公司同类的业务。

2005年9月27日，谢某与刘某注册成立了上海水大环境工程有限公司（以下简称水大公司），注册资本为50万元，其中，谢某出资40万元，刘某出资10万元。公司的经营范围为：河道水处理工程，景观工程设计，水处理设备安装、维护、销售，生物制品（除食品、药品）领域内的技术开发、技术转让、技术咨询、技术服务（涉及行政许可的，凭许可证经营）。谢某任执行董事，刘某任监事。

2010年5月3日，水生公司出具《决定》：根据水生公司章程，从即日起免去谢某水生公司总经理职务。2010年5月24日，谢某、王某卿以及上海水大资产经营有限公司签订《股权转让协议》，约定：谢某将其持有的水生公司40%的股份转让给王某卿，王某卿和上海水大资产经营有限公司同意将水生公司已经对外签订的部分水处理工程项目，如南京奥体新城丹枫园景观湖水处理等19个项目作为本

① 上海市第二中级人民法院（2011）沪二中民四（商）终字第1341号民事判决书。

次股权转让的对价，由谢某享有附件一项目的独立经营权及收益权。同日，水生公司向水大公司出具了《委托书》，委托水大公司在附件一所列19个项目工程相关的设计、施工、后期运行维护等合同规定的所有事项；以及工程施工过程中发生的工程量增减的签证、工程款项的结算、收取等合同规定的权利和相应义务；与项目工程相关的一切法律责任皆由水大公司承担，直至合同履行完毕。同日，水生公司通过股东会决议，谢某同意将其所持有的水生公司40%股权全部转让给王某卿。

水生公司提起诉讼，请求判令被告赔偿原告损失1583262.12元。

一审法院判决谢某应于本判决书生效之日起10日内赔偿水生公司37375.90元；水生公司的其他诉讼请求不予支持。

谢某提起上诉。二审法院认定一审判决认定事实清楚，适用法律正确，予以维持。

【判例分析】

关于本案，首先应当明确的是，本案系公司高级管理人员任职期间和离职后违反其对公司的竞业禁止义务，损害了公司的利益。故法院将本案案由确定为损害公司利益责任纠纷。

本案的争议焦点为：(1)谢某在水生公司担任总经理期间，其设立水大公司的行为是否违反竞业禁止义务；(2)谢某在水生公司离任之后，其经营第三人公司的行为是否损害了水生公司的利益，也即公司高级管理人员离职后，经营的同类业务系其在原公司任职期间接洽、联系的，则其是否应对原公司承担相应的赔偿责任？

关于第一点，无疑根据《公司法》的规定，谢某作为水生公司的高级管理人员在任职期间不得自营或者为他人经营与所任职公司同类的业务。然而，需要讨论的是谢某虽然设立了水大公司，但该公司并未经营，且经审计也未产生利润，此时谢某是否违反了其所负有的竞业禁止义务？一审和二审法院认为法律规定公司高级管理人员的竞业禁止义务，本身就是为了防止高级管理人员在其自身利益与公司利益发生冲突时会损害公司利益，故禁止高级管理人员从事同业竞争，以确保高级管理人员对公司的忠诚。高级管理人员作为公司的经营者和管理者，在任期间应当全心全意为公司服务，积极为公司寻找交易机会，想方设法为公司促成交易，而非利用职务便利谋取属于公司的商业机会。故无论高级管理人员设立的同类公司在其任职期间是否从事经营活动，事实上公司之间确实形成了一定的竞争关系，产生了高级管理人员自身利益与公司利益相冲突的情况，那么就高级管理人员所负有的忠实义务和竞业禁止义务而言，其在任职期间设立同类公司的行为本身就是不适当的。

关于第二点，我国《公司法》仅规定了公司高级管理人员在任职期间负有忠实义务和竞业禁止义务，但对于高级管理人员在离任后是否仍然对公司负有竞业禁止义务却没有规定。对此，实践中亦有两种观点：一种观点认为，《公司法》有关竞业禁止的规定是对高级管理人员在任职期间的行为约束，对离职后的高级管理人员不具有约束力，高级管理人员离职后有权在同类业务公司中任职，但应受《反不正当竞争法》或《劳动法》的约束；另一种观点认为，高级管理人员虽已离职，但其行为具有一定的连续性，为了防止离任高级管理人员滥用权利，损害公司利益，其离职后也应当负有竞业禁止义务。二审法院倾向于第二种观点。一方面，高级管理人员离任以后，由于其在公司任职期间而产生的权利及其影响并不会因其与公司之间法律关系的解除而自动终止，一旦离任高级管理人员不当使用，则可能损害公司的利益，故高级管理人员在离任后不能完全免除其对公司的竞业禁止义务；另一方面，高级管理人员离任后的竞业禁止义务虽系其在任职期间竞业禁止义务的延续，但并不完全相同，对此应当存在一定的限制，即这种竞业禁止义务仅存在高级管理人员离任后一段时间内，且公司对此还负有一定的举证责任，对于高级管理人员离职后经营的同类业务确系其在公司任职期间接洽、联系，或者确实利用了其在公司任职期间的职务或者影响的，方可认定高管在离职后违反了竞业禁止义务，并应当承担相应的赔偿责任。

鉴于此，一审法院和二审法院均认定谢某在任职和离职期间设立同类公司的行为都违反了竞业禁止义务，支持原告的诉讼请求。

【风险提示】

高级管理人员的竞业禁止一般认为来源于《公司法》第 149 条，“董事、高级管理人员不得有下列行为……（五）未经股东会或者股东大会同意，利用职务便利为自己或者他人谋取属于公司的商业机会、自营或者为他人经营与所任职公司同类的业务；董事、高级管理人员违反前款规定所得的收入应当归公司所有……”根据《公司法》第 148 条第 1 款第 5 项的规定，违反法定竞业禁止义务的要点有三：其一，未经股东会或股东大会同意；其二，适用于公司的董事、高级管理人员；其三，自营或者为他人经营与所任职公司同类的业务。

由于违反竞业禁止原则的高级管理人员给公司带来的损害往往是间接性的、

难以实际计量的，导致权利人往往很难充分举证证明其自身的损失，进而得不到裁判机关的支持。法院多以侵权人额外所得工资收入作为衡量权利人应得利益的一种计算依据，这样的赔偿标准对权利人往往也杯水车薪。所以，事后补救不如事前防范。那么，企业应如何防范公司高管违反竞业禁止原则损害公司利益？笔者认为，可从以下几点入手：

第一，完善公司章程。确保公司章程含有《公司法》第147条、第148条之规定。当然不建议照搬法条的规定，建议约定明确所谓的“同类的业务”是指哪些业务，何谓“自营”“为他人经营”等，适当地作扩充或限缩解释。同时可以约定，高级管理人员违反竞业禁止应当承担的责任，例如，要求立即停止侵权、辞去公司高级管理人员职务、赔偿公司不少于多少的损失等。由于《公司法》第148条第5项规定，“未经股东会或者股东大会同意，利用……”这也就是说，在股东会或者股东大会的同意下，高级管理人员可以突破竞业禁止原则，这显然不利于公司的中小股东或者隐名股东。故可以通过章程约定，是否允许高级管理人员从事《公司法》第148条第5项所述情形，应经全体股东会全票表决通过或者其他小股东认为对自己有利的条件。

第二，在劳动合同中增加竞业禁止条款。高级管理人员既是公司的管理人员，同时也是公司的雇员，高级管理人员与公司之间也是劳动合同关系，因此在签署劳动合同时，可以对竞业限制条款予以明确约定，并设定较高的违约金。当然，根据《劳动合同法》第23、24条之规定，竞业禁止的最长期限为2年，且公司应该在员工离职后予以补偿。基于劳动合同下违反竞业禁止原则的违约责任，初次争议解决机构为劳动人事争议仲裁委员会。

第三，与公司董事、高级管理人员签订竞业禁止协议、保密协议。应当与董事、监事、高级管理人员签订竞业禁止协议，明确约定竞业限制的内容和范围，明确约定违约计算方式和金额，同时可以适当要求高管人员提供其紧密关系人员的信息，确保发生高级管理人员与关联人员进行关联交易的防范，形成公司章程、劳动合同、竞业禁止协议等多方面的保障维权途径。

第四，出现高级管理人员损害公司利益的情形时，在维权之初应注意证据材料的收集。应当注意收集对方的工商登记材料，如委托律师调取对方的工商内档，注意收集高级管理人员任职情况；应当收集对方的宣传材料，如对对方的企业网站进行电子证据固化、获取对方的产品宣传手册、同时注重对方新媒体上的推广宣传资料，如微信公众号、视频号、抖音等；从对方的交易对手中获取交易信息资料，如购销合同、往来账目、交易产品技术信息等；应当注意，收集高级管理人员的账目往来情况，核查与对方公司的交易情况。

【法条链接】

《公司法》

第一百四十八条 董事、高级管理人员不得有下列行为：

（一）挪用公司资金；

（二）将公司资金以其个人名义或者以其他个人名义开立账户存储；

（三）违反公司章程的规定，未经股东会、股东大会或者董事会同意，将公司资金借贷给他人或者以公司财产为他人提供担保；

（四）违反公司章程的规定或者未经股东会、股东大会同意，与本公司订立合同或者进行交易；

（五）未经股东会或者股东大会同意，利用职务便利为自己或者他人谋取属于公司的商业机会，自营或者为他人经营与所任职公司同类的业务；

（六）接受他人与公司交易的佣金归为己有；

（七）擅自披露公司秘密；

（八）违反对公司忠实义务的其他行为。

董事、高级管理人员违反前款规定所得的收入应当归公司所有。

第一百四十九条 董事、监事、高级管理人员执行公司职务时违反法律、行政法规或者公司章程的规定，给公司造成损失的，应当承担赔偿责任。

四、公司决议纠纷

公司决议一般是指股东会决议，公司的重大事项必须通过股东大会表决，表决通过，最终形成公司决议；公司决议纠纷，是指因公司股东（大）会、董事会的内容或程序违反法律、行政法规，股东及利害关系人向人民法院提起的确认公司决议效力或撤销公司决议的诉讼。

公司作为法律拟制的人，其意思表示须由公司内部权力机关形成，通过股东（大）会、董事会作出的决议作为公司对外的意志体现。公司决议体现了公司经营决策、内部治理的意志，其效力与公司发展及股东权益紧密相连。司法实践中，公司决议纠纷往往伴随着公司控制权的争夺、更迭而产生，围绕相关股东（大）会及董事会的决议之效力，可能产生决议不成立、无效、撤销三类诉讼。本节从实际的民商事判决出发，分析其中的具体表现形式以及相关责任的认定，以期为公司主体提供基于公司决议纠纷的防范和处理建议。

1. 公司决议不成立的认定

重庆仕佳达教育信息咨询服务有限公司与重庆中科智汇科技有限公司等公司决议纠纷①

【关键词】

公司决议纠纷　股东会议　章程修改　决议不成立

【案情简介】

重庆中科智汇科技有限公司(以下简称中科公司)于 2016 年 2 月 3 日成立,该公司的公司章程载明:"1. 公司注册资本为 1000 万元,其中重庆赛途科技合伙企业(有限合伙)认缴出资 240 万元,占出资比例 24%,重庆塞拉雷利科技有限公司(以下简称塞拉雷利公司)认缴出资 200 万元,占出资比例 20%,原告重庆仕佳达教育信息咨询服务有限公司(以下简称仕佳达公司)认缴出资 120 万元,占出资比例 12%,徐某宇认缴出资 440 万元,占出资比例 44%,以上出资时间均为 2026 年 12 月 31 日前;2. 股东会由全体股东组成,是公司的权力机关;3. 经代表十分之一以上表决权的股东、执行董事、监事提议,应当召开临时会议;4. 召开股东会会议,应当于会议召开十五日前通知全体股东;5. 股东会会议由股东按照认缴出资比例行使表决权;6. 股东会议对所议事项作出决议,须经代表过半数以上表决权的股东通过,但是对公司修改章程、增加或减少注册资本以及公司合并、分立、解散或者变更公司形式作出决议,须经代表三分之二以上表决权的股东通过。"

2016 年 5 月 18 日,中科公司召开股东会并形成股东会决议:"同意重庆赛途科技合伙企业(有限合伙)将其持有的该公司 24% 的股权转让给徐某宇;同意修改公司章程第三章第十条,即塞拉雷利公司认缴出资 200 万元,占出资比例 20%,仕佳达公司认缴出资 120 万元,占出资比例 12%,徐某宇认缴出资 680 万元,占出资比例 68%,以上出资时间均为 2026 年 12 月 31 日前。"

2018 年 9 月 22 日,中科公司形成了《重庆中科智汇科技有限公司股东会决议》,主要内容为将公司章程中股东缴纳出资时间变更为 2018 年 11 月 20 日,并

---

① 重庆市大渡口区人民法院(2020)渝 0104 民初 4179 号民事判决书。

将修改后的公司章程在公司登记机构备案，该会议决议上只有中科公司盖章和徐某宇签字。仕佳达公司起诉要求确认中科公司于2018年9月22日作出的股东会议决议不成立并要求中科公司向公司登记机关申请撤销出资时间的变更登记。

【判例分析】

关于本案，首先应当明确的是，本案系原告围绕被告召开股东会会议未通知全体股东参加，形成的修改公司章程决议的效力问题而发生的纠纷。法院将本案案由确定为公司决议纠纷。

原告公司认为，涉案股东会决议系未经依法召开股东会并作出的会议决议，实际是由第三人徐某宇单方虚构的。在涉案股东会决议未依法定程序召开，且决议内容又严重损害原告等股东的合法权益的情形下，由第三人徐某宇单方形成的会议决议不成立，不能具有相应效力。因而原告作为目标公司提起诉讼，要求判令被告中科公司于2018年9月22日作出的股东会议决议不成立，并撤销被告中科公司向公司登记机关申请撤销原告出资时间提前的变更登记。

从形式上看，《中科公司章程》明确规定召开股东会会议，应当于会议召开15日前通知全体股东，股东会会议由股东按照认缴出资比例行使表决权；股东会议对所议事项作出决议，须经代表过半数以上表决权的股东通过，但是对公司修改章程、增加或减少注册资本以及公司合并、分立、解散或者变更公司形式作出决议，须经代表2/3以上表决权的股东通过。

从实质上看，原告所提交的证据材料，表明《中科公司股东会决议》仅有股东徐某宇签字及被告中科公司盖章，原告仕佳达公司和第三人塞拉雷利公司均无签名或盖章。且在庭审中原告仕佳达公司和第三人塞拉雷利公司均对《中科公司股东会决议》表示不知情、未参加会议，且认为该会议根本未召开过。

被告中科公司没有提供关于召开股东会的通知的相关证据，且从股东会决议本身看也难以认定2018年9月22日中科公司召开过股东会。

法院认为，股东会决议是否成立，应当从公司股东的身份，股东会的召集程序、决议内容、表决结果等方面来判断。根据《公司法》及中科公司章程规定，有限责任公司股东会由全体股东组成，股东会为公司的权力机构，召开股东会会议，应当于会议召开15日前通知全体股东，有限公司股东会实质是股东参加股东会行使股东的权利，股东实际参与并作出真实意思表示是股东会决议成立的必要条件，大股东单方的决定不等于股东会的决议，也不产生股东会的效力。

鉴于此，法院认为最终支持了原告的诉讼请求，判决中科公司于2018年9

月22日作出的股东会决议不成立，中科公司于判决生效后10日内向公司登记机关申请撤销仕佳达公司出资时间的变更登记。宣判后，双方当事人均未上诉。

【风险提示】

股东会是公司的最高权力机构，依法作出的股东会决议具有法律效力，但股东会作出的决议应当做到决议程序合法、内容合法并符合公司章程规定，否则就可能会影响股东会决议的效力，股东会决议是否成立，直接关系到中小股东的权益保障。

在实践中，公司决议效力瑕疵案件层出不穷，诸如未召集会议、未实际召开会议、未经表决等情形，虽然外观可能形成了有效决议，但本质上却因为存在严重的程序瑕疵使决议低于其形成的最低要件而不成立。

例如，在部分中小企业中，因股东人数较少、股东之间关系密切或者法律意识淡薄等原因不重视股东会，常常出现股东会决议存在问题但不属于法律规定的可撤销或无效的情形，比如未召开股东会或不需要召开股东会但缺少全体股东签名、盖章等。

本案中，中科公司单方召开股东会议，仕佳达公司和塞拉雷利公司作为公司股东没有收到召开股东会议的通知且未参加股东会议，股东会议程序存在瑕疵，股东会决议内容对股东权益也造成实质性影响，故原告诉请得到了人民法院支持。

公司决议行为与一般民事行为的"合意"形成机制存在差别，因而为使决议产生的约束力更具正当性，需要在决议形成的程序上进行更为特殊的设计，以"程序正当"这一看得见的"公平"作为实现决议内容"实体正当"的前提。

《最高人民法院关于适用〈中华人民共和国公司法〉若干问题的规定（四）》明确规定了决议不成立之诉，并在第5条中对决议不成立的情形进行了列举。从该条列举的情形不难分析，决议成立需满足三个基本要件：

首先，需要具备意思表示的主体，《公司法》对股份公司董事会的出席数作出了明确规定。实践中，出席人数不足的原因往往是未履行有效的会议召集程序，或者未召开会议而虚构决议，导致作出公司决议的意思表示主体不真实存在。

其次，意思表示行为需要真实存在。这意味着需同时满足以下两个要求，即公司应该按照公司章程规定的议事方式召开会议或直接作出决定；表决结果达到公司法及公司章程规定的通过比例，意思表示行为有效成立。股东会职权范围内的事项通常与公司利益、股东切身利益息息相关，因此，除按照法律规定或公司章程的约定，该等事项经全体股东书面一致同意，可以不召开会议外，股东实际参与并作出真实意思表示是决议成立的必要前提。否则,因没有召开会议而伪造会议记录的,视为程序严重违法,决议不存在。

最后,需要具备意思表示的客体。《最高人民法院关于适用〈中华人民共和国公司法〉若干问题的规定(四)》将"会议未对决议事项进行表决"列为决议不成立的情形之一,这表明会议需要有决议的事项,且需针对决议事项进行表决。实践中,有公司会将一定金额或规模以上的对外投资事项规定为股东会决议事项,在将该投资事项作为议案提交审议后,又另行提交拟签署的合同作为议案。由于按照公司章程的规定,合同审批无须经股东会审议,因此合同的内容并非股东会决议的事项。相应地,若存在明确的股东会议案,但在会上未对该议案进行决议,则针对该项议案的决议并未成立。

【法条链接】

《公司法》

第二十二条　公司股东会或者股东大会、董事会的决议内容违反法律、行政法规的无效。

股东会或者股东大会、董事会的会议召集程序、表决方式违反法律、行政法规或者公司章程,或者决议内容违反公司章程的,股东可以自决议作出之日起六十日内,请求人民法院撤销。

股东依照前款规定提起诉讼的,人民法院可以应公司的请求,要求股东提供相应担保。

公司根据股东会或者股东大会、董事会决议已办理变更登记的,人民法院宣告该决议无效或者撤销该决议后,公司应当向公司登记机关申请撤销变更登记。

第四十三条　股东会的议事方式和表决程序,除本法有规定的外,由公司章程规定。

股东会会议作出修改公司章程、增加或者减少注册资本的决议,以及公司合并、分立、解散或者变更公司形式的决议,必须经代表三分之二以上表决权的股东通过。

《最高人民法院关于适用〈中华人民共和国公司法〉若干问题的规定(四)》

第五条　股东会或者股东大会、董事会决议存在下列情形之一,当事人主张决议不成立的,人民法院应当予以支持:

(一)公司未召开会议的,但依据公司法第三十七条第二款或者公司章程规定可以不召开股东会或者股东大会而直接作出决定,并由全体股东在决定文件上签名、盖章的除外;

(二)会议未对决议事项进行表决的;

(三)出席会议的人数或者股东所持表决权不符合公司法或者公司章程规定的;

(四)会议的表决结果未达到公司法或者公司章程规定的通过比例的;

(五)导致决议不成立的其他情形。

2. 公司决议无效中的提前出资期限问题

姚某城与鸿大（上海）投资管理有限公司、章某等公司决议纠纷①

【关键词】

公司决议纠纷　股东会议　提前出资期限　决议无效

【案情简介】

2017年7月17日，姚某城和第三人何某松、蓝某球在第三人章某以开展特斯拉代理项目的邀请下，通过受让章某和案外人马某某的股权成为被告鸿大（上海）投资管理有限公司（以下简称鸿大公司）股东。同日，鸿大公司修改公司章程为：鸿大公司注册资本增加至1000万元，章某认缴出资700万元、持鸿大公司70%股权，姚某城认缴出资150万元、持鸿大公司15%股权，何某松、蓝某球各认缴出资75万元、各持鸿大公司7.5%股权。2018年7月10日，特斯拉公司工厂落户上海的新闻刊出，鸿大公司拟发展的唯一项目中止。因此，姚某城认为所谓特斯拉项目根本不存在。2018年10月30日，鸿大公司和三个第三人在明知姚某城实际居住地、手机号码、微信号码等有效联系方式的情况下，却仅通过向姚某城早已出售多年的房屋地址快递寄送鸿大公司股东会通知，该邮件由他人签收，未送达姚某城。

2018年11月18日，三个第三人在刻意隐瞒姚某城的前提下召开鸿大公司2018年第一次临时股东会（以下简称临时股东会），形成股东会决议载明：应到会股东4人，实际到会股东为三个第三人，占总股数85%，姚某城收到股东会通知后未出席股东会，也未委托其他人出席股东会，会议由执行董事主持，到会股东一致同意形成决议如下：

1. 选举何某松为公司监事，免除姚某城的公司监事职务；

2. 通过章程修正案；

3. 姚某城未按照约定缴付出资款700万元，且在鸿大公司多次催缴的情况下

① 上海市第二中级人民法院（2019）沪02民终8024号民事判决书。

仍拒不履行出资义务，股东会决定限制姚某城的一切股东权利（包括但不限于收益分配权、表决权、知情权等），直至姚某城履行全部出资义务之日止；

4. 采取一切必要措施要求姚某城履行出资义务（包括但不限于向姚某城发送催款函、委托律师代表鸿大公司向姚某城提起诉讼或仲裁等）；三个第三人合计持有鸿大公司 85% 股权，代表的表决权超过 2/3，以上决议内容符合《公司法》及公司章程的规定，合法有效。

上述临时股东会决议第 2 项决议所涉章程修正案，载明如下内容：

将鸿大公司章程第 5 条姚某城及三个第三人作为鸿大公司股东的出资时间 2037 年 7 月 1 日修改为出资时间 2018 年 12 月 1 日；并增加以下内容：若公司股东之间或股东与公司之间就出资时间另有约定，无论这等出资约定的具体时间在本章程或章程修正案签署之前还是签署之后，则股东的出资时间以该出资约定为准，但出资约定的最晚期限不得超过 2018 年 12 月 1 日；股东逾期未缴纳出资额的，应当按照同期人民银行公布的 1 年期贷款利息向公司支付逾期利息；股东溢价投资入股的金额超过其认缴的注册资本部分，应当计入公司的资本公积金。

上述章程修正案落款处由第三人章某作为鸿大公司法定代表人签名，落款时间为 2018 年 11 月 18 日。

【判例分析】

关于本案，首先应当明确的是，本案系原告围绕被告运用资本多数决形成修改公司章程的临时股东会决议的效力问题而发生的纠纷。法院将本案案由确定为公司决议纠纷。

原告认为，章某等股东私自强行通过修改公司章程，将原公司章程约定的认缴时间从 2037 年 7 月 1 日提前至 2018 年 12 月 1 日，并免除姚某城监事职务、限制姚某城股东权利。鸿大公司修改章程后股东出资期限仅有 12 天，在其他股东未出资到位且鸿大公司无实际运营情况下，该提前出资要求不合理。因此，原告作为目标公司提起诉讼，要求判令确认鸿大公司于 2018 年 11 月 18 日作出的临时股东会决议无效。

我国实行公司资本认缴制，除法律另有规定外，《公司法》第 28 条规定，“股东应当按期足额缴纳公司章程中规定的各自所认缴的出资额”，即法律赋予公司股东出资期限利益，允许公司各股东按照章程规定的出资期限缴纳出资。股东的出资期限利益，是公司资本认缴制的核心要义，系公司各股东的法定权利，如允许公司股东会以多数决定方式决议修改出资期限，则占资本多数的股东可随时随意修改出资期限,从而剥夺其他中小股东的合法权益。

修改股东出资期限直接影响各股东的根本权利,其性质不同于公司增资、减资、解散等事项。后者决议事项一般与公司直接相关,但并不直接影响公司股东之固有权利。如增资过程中,不同意增资的股东,其已认缴或已实缴部分的权益并未改变,仅可能因增资而被稀释股份比例。而修改股东出资期限直接关系到公司各股东的切身利益。如允许适用资本多数决,不同意提前出资的股东将可能因未提前出资而被剥夺或限制股东权益,直接影响股东根本利益。因此,修改股东出资期限不能简单等同于公司增资、减资、解散等事项,亦不能简单地适用资本多数决规则。

二审法院认为,根据《公司法》的相关规定,修改公司章程须经代表全体股东2/3以上表决权的股东通过。本案临时股东会决议第 2 项系通过修改公司章程将股东出资时间从 2037 年 7 月 1 日修改为 2018 年 12 月 1 日,其实质系将公司股东的出资期限提前。而修改股东出资期限,涉及公司各股东的出资期限利益,并非一般的修改公司章程事项,不能适用资本多数决规则。章某、何某松、蓝某球等股东形成的临时股东会决议,剥夺了姚某城作为公司股东的出资期限利益,限制了姚某城的合法权益。

鉴于此,二审法院最终驳回了上诉人鸿大公司的诉讼请求,认为一审判决认定事实清楚,判决并无不当,应予维持。

【风险提示】

《公司法》第 20 条第 1 款明确规定:"公司股东应当遵守法律、行政法规和公司章程,依法行使股东权利,不得滥用股东权利损害公司或者其他股东的利益;不得滥用公司法人独立地位和股东有限责任损害公司债权人的利益。"如果公司的股东会决议的内容实际损害了公司股东的固有权力的,对于该决议即便已经经过公司的多数股东投票表决同意,该决议也存在被认定为无效的可能。

股东的出资期限属于股东的根本权利、固有权利,是公司成立之初各股东之间形成的合意,涉及股东的切身利益。

虽然按期出资是股东对公司的义务,但如果需要股东提前出资,除法律规定的提前出资的情况外,必须与股东协商同意,不能通过股东会表决决定,否则会损害小股东的利益。所以,即使公司修改股东出资期限在程序上经过了 2/3 以上的多数通过,决议也是无效的。

对于公司应如何合法地要求股东提前出资,有以下三点建议:

首先，在公司章程中约定股东提前出资的情形。对于股东提前出资，法律中规定了三种情形，即公司解散、公司破产、公司作为被执行人但无财产可供执行时，股东尚未完全履行出资义务的，应缴纳所认缴的出资。除上述情形外，公司若想股东提前履行出资义务，必须提前进行约定。所以，公司可以在成立之初在公司章程中约定需要股东提前出资的情形，如公司投资项目失败经营困难、资金短缺等，以及约定具体的表决程序、通过比例。当公司面临上述情形时，可要求股东提前出资。

其次，表决程序、结果符合公司章程约定。当发生了公司章程中约定的股东提前出资的情形，如公司章程中约定了需由股东会判定是否需要股东提前出资的，公司还应按照公司章程的约定，召开股东会进行表决。除此之外，表决的结果也要符合公司章程的规定，如公司章程中约定代表2/3以上表决权的股东决议通过，或约定代表过半数表决权的股东决议通过，均须严格按照章程规定进行决议。表决通过后，公司可要求股东提前向公司缴纳尚未实缴的出资。

最后，公司以书面形式通知股东提前出资，若拒绝可限制股东权利。当发生公司章程约定的需股东提前出资的情形，如投资失败面临资金短缺，公司须以书面的形式通知股东在规定的时间内缴纳出资。股东收到通知后未进行缴纳，且公司经过多次催缴的情况下仍拒不履行出资义务的，公司可召开股东会限制股东的股东权利，如收益分配权、表决权、知情权等；收益分配权等属于股东的自益权，是建立在股东对公司履行了缴纳出资义务的基础之上而享有的权利，在未履行出资义务之前，公司可限制股东权利，直至股东履行全部出资义务。

【法条链接】

《公司法》

第二十条 公司股东应当遵守法律、行政法规和公司章程，依法行使股东权利，不得滥用股东权利损害公司或者其他股东的利益；不得滥用公司法人独立地位和股东有限责任损害公司债权人的利益。

公司股东滥用股东权利给公司或者其他股东造成损失的，应当依法承担赔偿责任。

公司股东滥用公司法人独立地位和股东有限责任，逃避债务，严重损害公司债权人利益的，应当对公司债务承担连带责任。

第二十二条 公司股东会或者股东大会、董事会的决议内容违反法律、行政法规的无效。

股东会或者股东大会、董事会的会议召集程序、表决方式违反法律、行政法规或者公司章程，或者决议内容违反公司章程的，股东可以自决议作出之日起六十日内，请求人民法院撤销。

股东依照前款规定提起诉讼的,人民法院可以应公司的请求,要求股东提供相应担保。

公司根据股东会或者股东大会、董事会决议已办理变更登记的,人民法院宣告该决议无效或者撤销该决议后,公司应当向公司登记机关申请撤销变更登记。

第二十八条 股东应当按期足额缴纳公司章程中规定的各自所认缴的出资额。股东以货币出资的,应当将货币出资足额存入有限责任公司在银行开设的账户;以非货币财产出资的,应当依法办理其财产权的转移手续。

股东不按照前款规定缴纳出资的,除应当向公司足额缴纳外,还应当向已按期足额缴纳出资的股东承担违约责任。

3. 公司决议无效中的伪造签名问题

北京鼎诚会计师事务所有限责任公司与马某股东会决议纠纷①

【关键词】

公司决议纠纷　伪造　股东会决议　决议无效

【案情简介】

北京鼎诚会计师事务所有限责任公司(以下简称鼎诚会计公司)于2007年1月8日成立,注册资金为30万元。公司章程载明,公司股东为马某、张某、王某英、韩某和时某;总出资为30万元,其中马某出资10万元,出资比例为33%。股东会会议由执行董事召集,执行董事主持,执行董事不能履行或不履行召集股东会会议职责的,由监事召集和主持,监事不召集和主持的,代表1/10以上表决权的股东可以自行召集和主持临时股东会,提议应以书面形式并载明议事内容。无特殊原因,该股东会应当召开。股东会议依法行使的职权包括选举和更换执行董事、审议批准股东的加入、退出及股权转让方案等,以上事项股东以书面形式一致表示同意的,可不召开股东会议直接作出决定,并由全体股东在决定文件上签名、盖章。股东会议的召集人应当于会议召开15日前书面通知全体股东,股东会议有1/2以上股东出席方为有效,股东可书面委托其他股东代位行使职权,股东无正当理由既不参加又不办理委托的,视为同意本次股东会的各项决议。对于一般决议必须由代表1/2以上表决权的股东同意;对于修改公司章程等对公司产生重大影响的事项的决议,必须由代表2/3以上表决权的股东同意;对于批准股东的加入、退出及股权转让方案等事项的决议必须由全体股东过半数同意方为有效。

2007年12月1日,鼎诚会计公司召开第一届第一次股东会议,会议决议载明:(1)变更住所,同意变更地址为北京市海淀区大钟寺13号华杰大厦6层6C2室2号;(2)变更股东,同意马某辞去企业法定代表人职务,并退出企业股东会;(3)增加股东,同意增加新股东范某刚;(4)转让出资,马某愿意将鼎诚会计公司股权10万元转让给范某刚;(5)变更章程,同意修改后的章程(章程修正案);

① 北京市海淀区人民法院(2009)海民初字第693号民事判决书。

(6)变更执行董事,免去马某执行董事职位,选举范某刚为新任执行董事;(7)变更总经理,免去田某总经理职位,选举刘某为新任总经理。同日,鼎诚会计公司及其股东与范某刚达成出资转让协议,载明马某愿意将鼎诚会计公司股权 10 万元转让给范某刚。

2008 年 8 月 14 日,马某查询工商档案时发现,鼎诚会计公司通过日期为 2007 年 12 月 1 日的鼎诚会计公司第一届第一次股东会决议和日期为 2007 年 12 月 1 日受让方为范某刚的出资转让协议书将马某持有的上述股权变更到范某刚名下,该决议同时还对马某的法定代表人职务、执行董事职位等进行了变更。马某认为,出资转让协议书和股东会决议书上的签名非马某本人签署,均系伪造,其上内容不是本人真实意思表示。

【判例分析】

关于本案,首先应当明确的是,本案系原告围绕被告伪造股东签名的股东会决议的效力问题而发生的纠纷。法院将本案案由确定为公司决议纠纷。

原告认为,鼎诚会计公司通过日期为 2007 年 12 月 1 日的鼎诚会计公司第一届第一次股东会决议和日期为 2007 年 12 月 1 日受让方为范某刚的出资转让协议书将马某持有的上述股权变更到范某刚名下,出资转让协议书和股东会决议书上的签名非马某本人签署,均系伪造,其上内容不是本人真实意思表示;2007 年 12 月 1 日的股东会议也并未召开,因而原告提起诉讼,请求确认鼎诚会计公司 2007 年 12 月 1 日的股东会决议无效。

在 2007 年 12 月 1 日,鼎诚会计公司第一届第一次股东会议已实际召开,并且实际作出决议,全体股东在决议上签字同意。根据鼎诚会计公司章程载明的内容:"修改公司章程等对公司产生重大影响的事项的决议,必须由代表 2/3 以上表决权的股东同意;对于批准股东的加入、退出及股权转让方案等事项的决议必须由全体股东过半数同意方为有效。"公司章程显示,马某在公司所占股权比例为 33%,虽然在股东会决议上其签名系伪造,其并没有作出该决议显示的意思表示。但其意思表示实际上对股东会决议的结果并不产生影响,即使其作出反对的意思表示,该股东会决议亦能通过。因此,鼎诚会计公司第一届第一次股东会议满足股东会决议成立的各项构成要件,该决议行为成立。

在确定鼎诚会计公司的决议成立之后,接下来再来判断决议究竟是无效还是可撤销。马某和范某刚之间的出资转让协议虽然客观存在,但马某却自始至终不具有达成该协议的意思表示。因此,该出资转让行为作为一个合意行为由于缺少一方的意思表示而不成立。而该出资转让协议正是鼎诚会计公司第一届第一次股东会议的基础协议，该股东会决议由于其基础协议之不成立而不发生法律效力。鼎诚会计公司相关人员伪造马某签名以达到转让马某股份目的的行为，其行为过程侵犯了马某的共益权，即出席股东会的表决权，其结果导致了马某的股份被剥夺，从而丧失分配股利的请求权等自益权。

各参会股东对伪造马某签名一事的主观状态为明知且放任甚至是希望，即参会股东存在侵权的共同意思，且伪造者的伪造签名行为和其他股东的表决行为相互联系，为损害发生的共同原因，即所谓的行为关联。因此，无论对加害行为的共同性持主观说还是客观说，鼎诚会计公司第一届第一次股东会议的参会股东的行为均构成共同侵权。既然整个股东会决议行为是侵权行为，那该股东会决议理应无效。

鉴于此，北京市海淀区人民法院经审理认为，该股东会决议剥夺了马某在鼎诚会计公司的股东身份和相关职务，干涉了马某依照自己的真实意思对其他表决事项发表意见的权利，侵害了马某的股东权益，属于违反法律规定的侵权行为，故该股东会决议应认定为无效。

【风险提示】

在近年司法实务中，出现很多在股东会决议中伪造部分股东签名的案件，在被伪造签名的股东不知情的前提下，公司股东会作出了股权转让、增减资、修改章程、清算注销等侵害股东利益的决议。此类案件的发生，动摇了股东会这一公司内部治理及股东权利保障的重要基石，严重扰乱了我国市场经济的正常运行。

公司股东会决议要想产生法律效力，在其内容符合法律、行政法规规定的基础上，股东会会议的召集程序、表决方式还应符合法律、公司章程规定的关于议决事项的程序性规定。简言之，股东会决议的有效，要同时符合内容合法和程序合法合章两个前提条件。享有绝对多数表决权的股东，要想将其意志转化为公司意志，也应当依照公司法和公司章程规定的程序实际召开股东会会议，并就议决事项进行表决并作出有效的股东会决议。

股东会议需要对相关事项作出决议时，控股股东享有公司的绝对多数的表决权，但并不意味着其利用控制公司的便利作出的个人决策过程就等同于召开了公司股东会议，也不意味着其意志即可代替股东会决议的效力，其虚构的股东会决议，实际上并不存在，因而当然不能产生法律效力。

在司法实务中，针对伪造股东签名，作出股东会决议损害股东合法权利的案件，结合法律、法规以及公司实务要点，建议从事前防控与事后处置两个方面进行

必要的防范与处置,有效保障股东的合法权益:

(一)事前防控

1. 签订合资合作协议。诸多企业的股东在初始设立公司时,仅依据股东之口头协议,未签署任何协议,一旦公司出现特定治理问题,极易导致公司走向生命周期终点。因此,股东应当在公司设立之初签署相关合资合作协议,并针对重大事项作出必要制度安排,适当提高决议通过最低比例,提升公司治理水平,降低后期经营风险。

2. 完善公司章程。股东在制定公司章程时,可以针对公司重大事项决议会议的通知召集程序、人数要求、召开方式进行合理性的严格要求,如未按照公司章程程序规定进行,其他股东应承担必要的赔偿责任。

3. 实时了解公司发展状况。公司应建立股东合理联络机制,并定期召开不同形式的股东会议,通报公司近期业务情况、财务情况以及后期规划,避免因部分投资股东长期不参与公司经营,导致合法权益受损。

(二)事后处置

1. 及时保全证据。当股东发现自身权益受损后,应当及时保全相关投资协议、公司章程、与部分股东的沟通记录、与公司往来相关函件以及其他证据,为后期保障自身权益提供有力支持。

2. 向工商登记部门申请撤销变更登记。如工商登记部门不予撤销,可以通过诉讼方式维护自身合法权益,请求法院判决股东会决议不成立或撤销股东会决议,判令工商登记部门完成变更登记。

3. 可向公安机关报案。如伪造签名股东侵占公司资产、严重损害公司利益、严重损害关联股东的合法权益,可以向公安机关报案的方式维护自身的合法权益,在其承担刑事责任的同时,也可以主张相关民事赔偿。

【法条链接】

《公司法》

第二十二条 公司股东会或者股东大会、董事会的决议内容违反法律、行政法规的无效。

股东会或者股东大会、董事会的会议召集程序、表决方式违反法律、行政法规或者公司章程,或者决议内容违反公司章程的,股东可以自决议作出之日起六十日内,请求人民法院撤销。

股东依照前款规定提起诉讼的,人民法院可以应公司的请求,要求股东提供相应担保。

公司根据股东会或者股东大会、董事会决议已办理变更登记的,人民法院宣告该决议无效或者撤销该决议后,公司应当向公司登记机关申请撤销变更登记。

4. 公司担保决议效力认定问题

江西省全南县青松小额贷款股份有限公司与温某公司决议效力纠纷①

【关键词】

公司决议纠纷　股东会议　违反法律　违反公司章程规定　决议无效

【案情简介】

被告江西省全南县青松小额贷款股份有限公司(以下简称青松小贷公司)于2012年1月13日注册成立,注册资本1亿元人民币。原告温某占股10%,并从2011年12月至2014年年底担任被告公司总经理。

2013年1月14日,案外人黄某向青松小贷公司借款200万元,温某为该笔借款提供担保,后黄某逾期未还款。2015年7月24日,青松小贷公司就该笔借款向法院起诉债务人黄某和担保人温某。2015年10月21日,龙南县人民法院作出民事判决,认为青松小贷公司未举证证明其在保证期间已要求温某承担保证责任,故免除温某的保证责任,债务人黄某归还借款本金200万元及其利息给青松小贷公司。

2016年7月8日,被告召开股东会形成股东会决议,该决议第3条记载:"公司股东一致认为温某在担任公司总经理一职期间,需对黄某200万元贷款承担连带保证清偿责任",原告温某对此不同意,缺席该股东会。

2017年1月13日,青松小贷公司召开股东会,形成股东会决议,该决议第2条记载:"温某承担黄某贷款200万元本金50%的责任,暂从股本金中扣除,直至黄某清偿完毕则自动解除。"温某出席该次股东会,但对此不同意,且未在该股东会决议上签名。青松小贷公司的公司章程未对公司股东及担保贷款欠息超过其股本金的,直接扣减其股本额抵偿贷款及利息作出规定。

原告温某以被告青松小贷公司通过股东会议决议将公司金融服务风险转嫁公司股东,损害原告作为公司股东合法权益,请求法院依法确认2016年7月8日、

① 江西省赣州市中级人民法院(2018)赣07民终935号民事判决书。

2017年1月13日两份股东会决议无效。

【判例分析】

关于本案,首先应当明确的是,本案系原告围绕被告在没有法定、公司章程规定和有效约定的情况下,为公司股东设定对公司债务的担保义务决议的效力问题而发生的纠纷。法院将本案案由确定为公司决议纠纷。

本案中,温某曾经是青松小贷公司的法定代表人,因在其担任公司法定代表人期间所担保的一笔欠款无法收回,且青松小贷公司要求温某承担保证责任的诉讼请求因为超出保证期间而被法院判决驳回,青松小贷公司遂以股东会决议的方式决定仍由温某继续承担未收回款项的清偿责任,并以温某持有的公司股本金作为实际上的担保,青松小贷公司与温某就股东会决议的效力发生争议。

原告温某针对青松小贷公司2016年7月8日和2017年1月13日作出的两次股东会决议提出确认无效的诉讼请求,法院审查的关键在于该两次股东会决议内容是否违反了法律、行政法规的规定。依据已查明的事实,该两次股东会决议内容合法性的争议焦点在于,已经有生效判决免除了温某的保证责任,青松小贷公司仍作出要求温某承担责任的股东会决议,是否违反法律、行政法规的规定。

实践中,不少人尤其是公司股东和高级管理人员对于公司和股东之间的关系在认识上仍然存在误区。一种观点认为,公司其实是股东财产的物的集合,全体股东对于公司享有的是所有权;另一种观点认为,公司是行会的历史延续,公司对于股东具有指令管理的权力。前一种观点可以说错误地否定了法人人格,后一种观点则错误地将公司治理行为与股东管理行为混为一谈。事实上,我国《公司法》已经明确规定了公司人格与股东个人人格之间的相互独立性,"股东服从公司"或"股东无条件服从公司"的说法在现代公司法理论下是不存在的。

温某原本是基于合法有效的保证合同向青松小贷公司承担黄某欠款的保证责任,但已经生效的民事判决确认青松小贷公司向温某主张权利超过保证期间,温某免除保证责任,即温某就黄某的债务对青松小贷公司已没有法定或约定的义务。在此情形下,青松小贷公司要求温某承担责任必须基于新的法定或约定事由,比如温某就该笔未偿还款项作出新的保证承诺等。在没有新的法定或约定事由的情况下,青松小贷公司股东会作出未经温某同意的决议,要求温某继续承担原款项清偿责任,实为民法上未经他人同意而为他人设定义务的行为。

鉴于此,一审法院依照《公司法》第22条第1款和《合同法》第52条之规定作出判决,确认2016年7月8日青松小贷公司股东会关于温某对黄某200万元贷款承担连带保证清偿责任的决议无效。

二审法院最终驳回了上诉人青松小贷公司诉请，认为一审判决认定事实清楚，判决并无不当，应予维持。

【风险提示】

公司所设立的股东会是公司股东所设立的最高的权力机构，同时也是股东行使股东权最主要的途径之一。《公司法》第 37 条的规定更是详细地规定了股东会所能决议的逐项实体权利，并在第 37 条第 1 款第 11 项设立了兜底条款："公司章程规定的其他职权。"这说明公司股东会可以通过决议在其职权范围内为公司经营管理作出决策，是公司法和公司章程规定的一般性的公司事务的管理事项，对公司和股东均具有约束力，遵循意思自治原则，法律法规原则上不予以干涉。

但是，并非任何事项股东会都有权予以决议。公司章程没有约定或当事股东间未同意时，股东会决议为当事股东设定借款、担保等义务，此行为应当认定为"恶意串通，损害第三人利益"进而适用《民法典》关于民事法律行为无效之规定，同时因该决议违反了"效力性强制性的法律、行政法规"，根据《公司法》第 22 条之规定，当事股东有权请求确认股东会决议无效。

现实中股东会依法进行表决实行资本多数决原则，小股东的意志表达不可避免地受到限制。而法律规定，股东对公司承担法定义务以外的义务应遵循自愿或协商原则。如目前公司股东会通常会对董事、监事、高级管理人员设立竞业禁止、公司机密或者核心技术保密义务，就是因为这些人员身份和职位特殊，设立该项义务是为了防止这些人员侵害公司利益。但是作为一般股东，并不承担此义务。但若其自愿对公司承担竞业禁止义务，且不损害他人、国家和集体利益的，应予以准许。

除非公司股东自愿或者是在公司章程中已经有事前约定，公司股东会可以设立对于股东本身不利的义务。但是，该义务也必须符合《公司法》和《民法典》等相关法律规定。但是公司股东会擅自决议为公司股东设立如现时或者预期性的赔偿责任，对外或对内担保责任，预期补偿义务，为小股东设立竞业禁止、公司机密或者核心技术保密义务等可能会损害股东自身利益义务，且未有约定或者公司章程规定的，那么该项股东会设定义务的决议将会因为违反《民法典》第 154 条的规定，被认定为无效。

故公司股东会作出决议时，应注意以下三点：

首先，有限责任公司股东会的议事范围和法定职权，并不包括为股东或他人设定法定义务以外的义务这一内容。股东在出资义务以外，是相对于公司的独立第三人，股东以其出资为限对公司经营管理的后果即公司的盈利或亏损承担责任，股东会无权对作为第三人的股东设定义务。

其次，股东承担法定义务以外的义务，应当遵循自愿或协商原则。《公司法》规定股东以其认缴的出资额为限对公司承担责任，公司股东将财产交付公司后，其在取得股权的同时丧失对财产的所有权，其对公司的主要义务就已经履行完毕，任何组织机构均无权在法定义务外为股东再设定义务。

最后，对侵犯股东合法权益的股东会决议，受侵害的股东有权主张无效，不受该违法决议的约束。股东会的表决实行资本多数决定原则，小股东的意志表达不可避免地受到限制。为了保护小股东的权益，《公司法》第 22 条规定了股东会决议的纠偏机制，即股东会决议内容违反法律和行政法规的，股东可以申请宣告股东会决议无效；股东会的召集程序、表决方式或内容违反法律、行政法规或章程规定，或者决议内容违反公司章程的，股东可以申请撤销。

现实中，公司股东会经常认为只要多数股东同意就可以通过任何内容的决议，并且可以该决议作为全体股东的行为准则。显然，该种认识超越了股东会权力的边界，错误地认为股东会权力可以限制每一个股东的行为。需要强调的是，股东会只能就公司的经营管理、生存发展设定规则，由于股东是独立于公司的法律主体，股东会无权对股东设定任何义务和责任。

【法条链接】

《公司法》

第二十二条 公司股东会或者股东大会、董事会的决议内容违反法律、行政法规的无效。

股东会或者股东大会、董事会的会议召集程序、表决方式违反法律、行政法规或者公司章程，或者决议内容违反公司章程的，股东可以自决议作出之日起六十日内，请求人民法院撤销。

股东依照前款规定提起诉讼的，人民法院可以应公司的请求，要求股东提供相应担保。

公司根据股东会或者股东大会、董事会决议已办理变更登记的，人民法院宣告该决议无效或者撤销该决议后，公司应当向公司登记机关申请撤销变更登记。

《民法典》

第一百五十四条 行为人与相对人恶意串通，损害他人合法权益的民事法律行为无效。

5. 可撤销公司决议的认定

邝某冠与厦门某邦信息科技有限公司、第三人厦门某合伙企业等公司决议纠纷[①]

【关键词】

公司决议纠纷　股东会决议　程序瑕疵　决议可撤销

【案情简介】

厦门某合伙企业、翁某涛、郑某、吴某晖、吴某虹、李某虎、邝某冠系厦门某邦信息科技有限公司(以下简称某邦公司)的股东,出资比例分别为16.5%、35%、23.5%、12%、3.5%、6%、3.5%。2019年8月28日,翁某涛通过微信向原告发送《股东会表决结果及签到表(1)》,通知邝某冠于2019年9月4日到厦门参加临时股东会,通知中的会议议程为:

1. 商议公司对外借款(佛山仓运营费用、佛山二号仓货款、裕某借款)归还事宜;

2. 公司未来运营出现仍亏损的情况,如何取得填补资金;公司如何承担公司亏损。

2019年9月4日,某邦公司股东会通过股东会决议(以下简称股东会决议一),内容为:

1. 为了保障某邦公司、厦门某邦电子商务有限公司、厦门某铝电子商务有限公司印章、账户安全,自本决议签订之日起上述公司的所有印章(除法人私章外)、账户皆由股东翁某涛、股东邝某冠、股东吴某晖进行监管。

2. 监管期间,需要翁某涛、邝某冠、吴某晖审批一致同意才可以使用印章、进行账户往来。该股东会决议有某邦公司7位股东的签字盖章以及某邦公司的盖章。

2019年9月5日,某邦公司召开股东会,参会股东通过解散某邦公司的决议(以下简称股东会决议二),决议有厦门某合伙企业、翁某涛、郑某、吴某晖、吴某虹

① 福建省厦门市集美区人民法院(2019)闽0211民初5364号民事判决书。

的盖章、签字,但无李某虎与邝某冠的签字。

邝某冠向一审法院提出诉讼请求:判令撤销某邦公司于2019年9月5日作出的关于解散某邦公司的临时股东会决议。

【判例分析】

关于本案,首先应当明确的是,本案系原告围绕被告在股东会会议存在程序瑕疵时作出的股东会决议的效力问题而发生的纠纷。法院将本案案由确定为公司决议纠纷。

原告认为,某邦公司召开股东会,通知其于2019年9月4日到厦门参加临时股东会,构成对股东的突袭,使其无法于表决前对公司经营、财务状况进行充分了解,对表决进行充分准备,且参会股东通过解散某邦公司的决议,决议有某合伙企业、翁某涛、郑某、吴某晖、吴某虹的盖章、签字,但无李某虎与邝某冠的签字。因此,原告作为目标公司提起诉讼,要求判令撤销某邦公司于2019年9月5日作出的关于解散某邦公司的临时股东会决议。

本案的争议焦点主要在于如何区分"轻微程序瑕疵"与"实质性影响"。综合来看,认定"轻微程序瑕疵"与"实质影响"除了表决权数多寡以外,尚需考虑其他涉及中小股东利益平衡的实质因素,即以该程序瑕疵是否会导致各股东无法公平地参与多数意思的形成以及获取对此所需的信息为判定标准。本案中,案涉决议事涉公司解散,未事先通知表决内容,构成对股东的突袭,股东无法于表决前对公司经营、财务状况进行充分了解,对表决进行充分准备,亦无法通过积极发表意见影响其他股东行使表决权,直接影响小股东权利的行使,故虽然未参与"股东会决议二"表决的股东表决权比例仅为9.5%,法院仍然认为达成"股东会决议二"的召集程序存在瑕疵,并已对决议产生实质性影响。

由于公司"资本多数决"的表决方式,中小股东参与股东会决议时存在先天劣势。在举证责任上,由于按法定程序召开股东会并作出决议是公司的义务,因此当股东提出决议程序违法时,应由公司承担举证责任,本案中,法院审查"股东会决议二",该决议并无邝某冠签名,且翁某涛通过微信发送《股东会表决结果及签到表(1)》中也未包括解散某邦公司的议程,故法院对某邦公司决议有效的主张不予认可。

"资本多数决"为我国公司法规定的公司表决形式,股东通过正当决议程序作出表决后,不论决议与股东个人的意思表示是否一致,决议成立。在此情形下,若掌握"资本多数"的大股东不按照正当决议程序作出公司决议,将进一步挤压中小股东对公司的经营管理权，出现中小股东在面对大股东操控公司决议时陷入救济无门的窘境。

鉴于此，一审法院判决撤销某邦公司于2019年9月5日作出的关于解散某邦公司的临时股东会决议。

【风险提示】

有限责任公司召开股东会是平常不过的事情，但是股东会的召集程序、股东会的召集主体、股东会召集人的召集顺序、董事会召集股东会是否需要董事会决议前置等细节问题常常被忽视。股东会召集作为股东会召开的前置程序，召集程序的严谨规范可以有力保障股东会的正常召开，召集程序有瑕疵，可能导致股东会决议被撤销。

尽管《公司法》及司法解释对股东会的召集程序、表决方式作了明确规定，但许多公司（尤其是民营中小企业）却因为贪图方便或根本不知规定，没有按照程序召集召开股东会并形成有效的股东会决议。

对于违反召集程序、表决方式作出的股东会决议，法院一般从“程序轻微瑕疵”与“未对决议产生实质影响”两个方面进行实质审查，该两项条件属必备条件，只有同时满足时，股东会决议撤销的请求才不被法院支持，即程序上的瑕疵即便完全不影响决议结果，但只要这项程序瑕疵属于对股东程序权利的重大损害，法院也会依法撤销股东会决议的效力。对于程序瑕疵的认定，司法实践中主要有以下五种判定类型：

1. 股东会召集程序未按公司章程规定由董事会决议，但未实质侵害股东的知情权和表决权，未对决议产生实质影响的，应当认定为轻微瑕疵。

2. 召开股东会议的通知时间少于15日、通知方式采用张贴公告和打电话的方式，但未实质性剥夺股东的参与表决权的，应认定为轻微瑕疵。

3. 公司股东会议未通知股东参会的，剥夺了股东的参会权、议事权和表决权，属于程序重大瑕疵，不应认定为轻微瑕疵。

4. 股东会的召集程序存在没有提前15日通知全体股东等瑕疵，但对决议未产生实质影响的，应认定属于轻微瑕疵。

5. 公司未提交证据证明其通知股东参加股东会，损害了股东参与公司治理的表决权，不属于对决议未产生实质影响的轻微瑕疵。

因此，为了尽可能保证作出的股东会决议合法有效，公司在召开股东会并作出股东会决议时，应做到以下四点：

首先,根据《公司法》及公司章程的规定,提前15日或其他章程规定的时间,向全体股东指定接收地址发送会议通知,注明会议议题、会议时间、会议地点等,如通过EMS发送需保留留存联。

其次,如第一召集人董事会(或执行董事)无法召集股东会,监事须召集会议的,应当保存董事会无法召集的相关证据,如拒绝召集,或合理时间内不予以回应,便于日后发生纠纷进行举证。

再次,建议出资协议中约定各股东有效的法律文书的指定接收方式和通讯地址,确保法律文书的有效送达。

最后,在会议召开过程中,建议公司在各环节都留存书面材料,如有必要做到全程录音录像。会议结束后,形成会议纪要及最终的股东会决议文件,并让出席股东当面签字确认。

【法条链接】

《公司法》

第二十二条 公司股东会或者股东大会、董事会的决议内容违反法律、行政法规的无效。

股东会或者股东大会、董事会的会议召集程序、表决方式违反法律、行政法规或者公司章程,或者决议内容违反公司章程的,股东可以自决议作出之日起六十日内,请求人民法院撤销。

股东依照前款规定提起诉讼的,人民法院可以应公司的请求,要求股东提供相应担保。

公司根据股东会或者股东大会、董事会决议已办理变更登记的,人民法院宣告该决议无效或者撤销该决议后,公司应当向公司登记机关申请撤销变更登记。

第四十一条 召开股东会会议,应当于会议召开十五日前通知全体股东;但是,公司章程另有规定或者全体股东另有约定的除外。

股东会应当对所议事项的决定作成会议记录,出席会议的股东应当在会议记录上签名。

《最高人民法院关于适用〈中华人民共和国公司法〉若干问题的规定(四)》

第四条 股东请求撤销股东会或者股东大会、董事会决议,符合民法典第八十五条、公司法第二十二条第二款规定的,人民法院应当予以支持,但会议召集程序或者表决方式仅有轻微瑕疵,且对决议未产生实质影响的,人民法院不予支持。

第三章

基于股权关系产生的纠纷

受经济环境的影响，在民商事诉讼领域，围绕股权争夺发生的公司诉讼案件成为数量最多的民事纠纷类型之一。公司制是现代商事活动的重要基础，股权制度是保障公司制能够平稳运行的核心和关键。随着市场经济的不断发展，公司中的股权交易日益频繁，股权纠纷案件也日益增多。股权问题，影响着一个企业的生存和发展，也是我国企业创始人、投资人最关心的问题之一。从公司的创立、运营直至解散、清算，股权问题几乎贯穿企业经营的每个环节，由此衍生出的争议纠纷也牵扯到各方股东的权益。股权法律业务都已经成为独立的业务板块，而且市场需求非常大，股权纷争往往引发企业生死存亡的问题。深刻把握股权纠纷的解决规则，探索防范化解股权纠纷的有效方法和经验意义重大。

具体而言，本章内容包括请求公司收购股份纠纷与股权转让纠纷两个小节。通过两类案由，八个司法判例的具体内容，为公司主体作基于股权关系产生的纠纷的相关风险的提示与建议。

一、请求公司收购股份纠纷

请求公司收购股份纠纷是异议股东行使股份收购请求权时产生纠纷的案由。异议股东股份收购请求权，又称异议评估权、股份评估回购请求权，是指当股东大会基于多数表决，就有关公司重大事项作出决议时，持异议的少数股东要求对其所持股份的价值进行评估并由公司以公平价格予以购买的权利。

异议股东股份收购请求权制度的价值主要在于保护中小股东的利益，使异议股东选择以获得合理而公平的股份补偿的方式“走开”，而不再受到“多数决”形成的决议的约束。同时，该制度还有助于公司提升决策水平、改进经营管理。《公司法》第74条、第142条分别规定了有限责任公司与股份有限公司的异议股东均享有请求公司收购其股份的权利。

1. 未参加股东会股东的股权收购

袁某晖与长江置业(湖南)发展有限公司请求公司收购股份纠纷[①]

【关键词】

股东会决议　回购股权　公平价格

【案情简介】

2010年3月5日,长江置业(湖南)发展有限公司(以下简称长江置业公司)形成股东会决议,明确由沈某、钟某光、袁某晖三位股东共同主持工作,确认全部财务收支、对外经济行为必须通过申报并经全体股东共同联合批签才可执行,对重大资产转让要求以股东决议批准方式执行。2010年5月31日,在实行联合审批办公制度之后,长江置业公司召开临时股东会,会议决议对案涉二期资产进行了销售,该资产转让从定价到转让,均未取得股东袁某晖的同意,也未通知其参加股东会。2010年8月19日,袁某晖在得知公司决议对二期资产进行转让后申请召开临时股东会时,明确表示反对二期资产转让,要求立即停止转让上述资产,长江置业公司驳回了袁某晖的申请,并继续对二期资产进行转让。袁某晖认为其股东权益遭受侵犯,故提起诉讼请求长江置业公司回购其持有的公司股权。

法院判决根据《公司法》第74条规定,对股东会决议转让公司主要财产投反对票的股东有权请求公司以合理价格回购其股权。本案从形式上看,袁某晖未参加股东会,未通过投反对票的方式表达对股东会决议的异议,但是《公司法》第74条的立法精神在于保护异议股东的合法权益,之所以对投反对票作出规定,意在要求异议股东将反对意见向其他股东明示。本案中袁某晖未被通知参加股东会,无从了解股东会决议,并针对股东会决议投反对票,况且袁某晖在2010年8月19日申请召开临时股东会时,明确表示反对二期资产转让,要求立即停止转让上述资产,长江置业公司驳回了袁某晖的申请,并继续对二期资产进行转让,已经侵犯了袁某晖的股东权益。因此,依照《公司法》第74条的规定,判决袁某晖有权请求

① 最高人民法院(2014)民申字第2154号民事裁定书。

长江置业公司以公平价格收购其股权。

【判例分析】

从本案实际处理效果看，长江置业公司股东之间因利益纠纷产生多次诉讼，有限公司人合性已不复存在，通过让股东袁某晖退出公司的方式，有利于尽快解决公司股东之间的矛盾和冲突，从而保障公司利益和各股东利益。如果长江置业公司有证据证明袁某晖存在侵占公司资产的行为，可以另行主张。

因此，袁某晖请求长江置业公司收购其持有的20%股权符合《公司法》和长江置业公司《公司章程》的规定。长江置业公司提交的《2009年第4次股东会议纪要》《2010年临时股东会决议》、长沙市公安局岳麓分局经济犯罪侦查大队出具的《说明》、湖南省高级人民法院(2014)民二终字第29号《民事裁定书》以及股东钟某光、沈某的往来函件等证据材料，均不能构成推翻二审判决的新证据。

关于股权回购价格应如何确定的问题。长江置业公司在二审中提交了9组证据，拟证明《审计报告》中长江置业公司净资产的结论可据此调整，二审法院组织双方当事人对该9组证据进行了质证。经审查，上述证据所证明的款项均已纳入审计范围，不能达到长江置业公司所要证明的目的，不属于《审计报告》第5项"如出现新的证据或资料，由法院经过司法程序查证属实后，可据实调整审计结果"的情形。

关于本案是否存在原审法院应当调取证据而未予调取的情形。本案双方当事人向法院提交了多份证据材料，法院均予以接收并组织质证。为了案件审理，一审法院到长沙市房产信息中心调取了案涉项目的全部销售资料，与双方当事人、审计部门到长江置业公司调取了财务资料，并将上述证据甄别对比，纳入审计范围。长江置业公司在二审中申请法院调取已经保全的证据，缺乏依据，二审法院未予准许并无不当。

关于原审判决是否超出袁某晖诉讼请求的问题。袁某晖诉请长江置业公司回购其持有的20%股权，一审法院亦作出由长江置业公司以合理价格回购上述股权的判决，并未超出诉讼请求。至于依据《公司法》的规定或《公司章程》约定系判决依据，并非诉讼请求。何况，袁某晖在起诉书正文部分明确提出根据《公司法》第74条以及《公司章程》的约定提出诉请，并非仅依据《公司法》提出诉讼请求。长江置业公司认为原审判决超出诉讼请求的主张，法院不予支持。

关于钟某光、沈某是否应当参加诉讼的问题。本案系异议股东与公司协商不成，异议股东向公司提出退股请求的诉讼，原告、被告明确。其他股东对于异议股东所持股权既无独立请求,也无法律上的利害关系,并非必须参加诉讼的当事人,原审法院未予追加并无不当。

【风险提示】

有限责任公司内部常有经营和发展的不同意见,当意见和矛盾已经达到不可调和之地步时,部分股东心存退出经营之打算,但在维护自身合法利益上经常会受到阻挠,比如,小股东被大股东禁止参加股东会议,小股东申请退股困难等,公司法对此亦有相关规定,具体为:符合下列情形之一,对股东会决议投反对票的股东可以请求公司按照合理的价格收购其股权:(1)公司连续5年不向股东分配利润,而公司该5年连续盈利,并且符合本法规定的分配利润条件的;(2)公司合并、分立、转让主要财产的;(3)公司章程规定的营业期限届满或者章程规定的其他解散事由出现,股东会会议通过决议修改章程使公司存续的。

自股东会会议决议通过之日起60日内,股东与公司不能达成股权收购协议的,股东可以自股东会会议决议通过之日起90日内向人民法院提起诉讼。

一般情况下,股份有限公司不得收购本公司的股份。主要原因:一是股份有限公司是法人,它和股东在法律上是两个完全不同的主体,公司如收购本公司的股份,意味着它变成了自己公司的股东,使公司具有了双重身份,这会给公司带来一系列的问题,并使公司和其他股东的利益平衡受到破坏,导致侵犯其他股东的权益。二是股份有限公司必须实行股本充实原则,亦称股本维持原则,即公司在整个存续期间必须经常维持与已发行股本总额相当的现实财产。而股份有限公司收购本公司的股份则违背了充实原则,因为它必然造成公司现实财产的减少,可能导致侵犯债权人权益的后果。为此,《公司法》第142条严格限定了公司收购本公司股份的例外情形,且需要具备法定条件。

公司回购请求权是《公司法》赋予小股东的一把利器。如公司决议事项属于《公司法》第74条规定的事项,且小股东持反对意见时,要敢于说不。只有投反对票的股东才可以请求公司回购股权,投弃权票甚至是同意票的股东无权请求公司回购股权。

非因自身过错致使未能参加股东会的股东,可在知晓公司决议事项后明确表达反对意见,反对意见应以书面形式表达。笔者认为,非因自身过错包括未召开股东会、未收到会议通知、提前发出会议通知的期限不符合《公司法》及公司章程的规定(如《公司法》规定提前15日发送通知,实际只提前1日,致使该股东无法协调时间参会)、会议通知的时间或地点与实际开会的时间或地点不符、公司决议的事项超出会议通知的事项等。

【法条链接】

《公司法》

第七十四条　有下列情形之一的，对股东会该项决议投反对票的股东可以请求公司按照合理的价格收购其股权：

（一）公司连续五年不向股东分配利润，而公司该五年连续盈利，并且符合本法规定的分配利润条件的；

（二）公司合并、分立、转让主要财产的；

（三）公司章程规定的营业期限届满或者章程规定的其他解散事由出现，股东会会议通过决议修改章程使公司存续的。

自股东会会议决议通过之日起六十日内，股东与公司不能达成股权收购协议的，股东可以自股东会会议决议通过之日起九十日内向人民法院提起诉讼。

《最高人民法院关于适用〈中华人民共和国公司法〉若干问题的规定（四）》

第五条　股东会或者股东大会、董事会决议存在下列情形之一，当事人主张决议不成立的，人民法院应当予以支持：

（一）公司未召开会议的，但依据公司法第三十七条第二款或者公司章程规定可以不召开股东会或者股东大会而直接作出决定，并由全体股东在决定文件上签名、盖章的除外；

（二）会议未对决议事项进行表决的；

（三）出席会议的人数或者股东所持表决权不符合公司法或者公司章程规定的；

（四）会议的表决结果未达到公司法或者公司章程规定的通过比例的；

（五）导致决议不成立的其他情形。

第六条　股东会或者股东大会、董事会决议被人民法院判决确认无效或者撤销的，公司依据该决议与善意相对人形成的民事法律关系不受影响。

2. 反对延长营业期限决议时回购权的行使

信达资产与太西集团请求公司收购股权纠纷[①]

【关键词】

债权转股权　股权回购　对赌协议

【案情简介】

2000年5月29日，信达资产与华融公司、石炭井矿务局签订《石炭井矿务局债权转股权协议》，三方就石炭井矿务局实施债权股有关事宜达成协议。

《石炭井矿务局债权转股权协议》约定，债权方信达资产、华融公司以转股债权按照1∶1转换比例折合的债转股资产作为出资，石炭井矿务局以转入新公司的净资产按照1∶1转换比例折合的资产作为出资，共同设立太西集团，公司初始注册资本为133976万元，其中石炭井矿务局出资107783万元，占注册资本的80.45%，华融公司出资20000万元，占注册资本的14.93%，信达公司出资6193万元，占注册资本的4.62%。

《石炭井矿务局债权转股权协议》约定，华融公司、信达公司所持有新公司的股权可采取新公司回购、债权方转让和丙方（石炭井矿务局）收购三种退出方式，退出的时间为7年，从2000年开始退出，在2007年前全部退出。

2000年6月9日，信达公司与华融公司、石炭井矿务局签订《债权转股权补充协议》，约定债权方的股权通过新公司回购方式退出时，股权退出价格为债权方转股债权原值，不采取溢价方式计算，即在补充协议约定的回购期限内，债权方通过新公司回购债权方股权所得金额等于转股债权原值。新公司在每具体回购年度按照原计划中约定的回购股权本金比率实施回购，新公司回购股权价款绝对金额按上述原则重新确定。

2006年1月13日，宁夏回族自治区国资委与神华集团签订《增资扩股协议》，决定成立神华宁煤集团，由神华集团以人民币51亿元出资，占股51%，宁夏国资委以宁夏煤业集团现有经评估的全部净资产50亿元出资，占股49%。

2011年8月18日，太西集团向各股东发出《关于以信函方式召开太西集团临

① 最高人民法院（2016）最高法民终34号民事判决书。

时股东会会议的通知》,通知载明:“各股东接到此通知后,如无异议,请在‘关于太西集团延长经营期限股东会决议’加盖相应印鉴……如果就延长经营期限事项有异议,不能加盖印鉴,请回函明示为放弃表决或反对表决……”

2011年8月28日,太西集团形成《关于太西集团有限责任公司延长经营期限股东会决议》,将营业期限延长至2016年6月28日,太西集团和华融公司在决议上盖章,信达资产未盖章。

2011年9月13日,信达资产向太西集团发出《关于对太西集团有限责任公司临时股东会议题表决的函》,表示不同意延长太西集团经营期限。2011年9月20日经工商登记部门核准,太西集团营业期限延长至2014年6月28日。

2011年10月20日,信达资产向神华宁煤集团发出《关于要求以合理价格收购我公司持有的太西集团有限责任公司股权的函》,要求在法定期限内收购信达公司的股权,但双方未能达成一致意见;信达资产就股权回购事宜向宁夏回族自治区高级人民法院起诉。

【判例分析】

本案的争议焦点为信达资产是否有权依照《公司法》第74条规定请求太西集团收购其股份以及收购股权价格如何确定和是否应当支付利息。

首先,关于股权回购款的计算方式。信达资产主张以其诉讼请求中主张的计算方式计算回购价格,而太西集团认为因结合太西集团实际经营状况,信达资产所占股份的原值已大幅减少,故应根据信达资产持股比例及太西集团实际资产状况确认合理价格。法院认为,在股东之间对股权回购有明确约定的情况下,《公司法》第74条有关股东请求公司以合理的价格收购其股权的规定,并非能够完全脱离原出资协议约定而另行确定。各方签订的《石炭井矿务局债权转股权协议》及《债权转股权补充协议》,对于三方股东共同设立太西集团的出资形式和比例、股权的退出及收购方式作了特别的约定。该约定不违反信达资产提出的国务院办公厅于2003年2月23日《关于进一步做好国有企业债权转股权工作的意见》第3条第5项对债权转股权协议和方案中“要求原企业全部购买金融资产管理公司股权的有关条款”予以废止的规定,上述规定中“原企业”是指当时的丙方石炭井矿务局,本案当事人争议的是信达公司是否有权请求由石炭井矿务局、华融公司及信达公司三方股东共同出资设立的新公司太西集团收购或回购其股权以及以何种价格收购或回购,而并非要求原出资一方购买股权,二者有本质区别。至于原出资人石炭井矿务局主体资格演变如何认定,并不影响对本案中由原出资一方购买股权和新设立的公司购买股权两种性质的判断。同时，对于股权退出方式及价格，是三方股东根据自愿原则自由商定的，对当事人具有法律约束力。至于成立的新公司后来资产发生了变化，并非必然导致股权价值的变化，股权价值还取决于公司其他因素。不能因为股权回购时企业财产的实际状况已经发生减少，约定的股权收购价值就必须相应减少，当事人对此亦没有明确约定。况且，信达公司债权转为股权作为对太西集团的出资，为太西集团减负，支持其经营，所起作用是显然的，要求相应减少股权回购款，对信达公司亦有不公。

其次，关于利息的计算方式，太西集团关于原审判决其承担2007年1月1日至判决生效之日的利息无事实和法律依据的上诉主张，鉴于双方当事人在《石炭井矿务局债权转股权协议》《债权转股权补充协议》约定信达资产股权必须到2007年前退出完毕，但太西集团并没有按照约定履行其义务，太西集团迟延履行支付回购股权的款项，相应地给予利息，属法定孳息，具有合法依据。

【风险提示】

从最高人民法院在《全国法院民商事审判工作会议纪要》中对于对赌协议股权收购的观点及本案中最高人民法院的审理思路，可以看出始终裁判以股东及目标公司的约定为优先。本案中对于回购价款和利息的计算即基于股东及公司各方针对回购的方式（公司回购）、时间（每年回购一部分）、期限（7年）、回购价格（转股债权原值）等作出的具体约定。但是在具体实践中，并非所有类似纠纷都如同本案有相对明确的约定，就《公司法》第74条和第142条的规定本身而言，在实践中是无法充分解决股权回购问题的。异议股东回购请求权，是指股东于法律规定之特定情形下请求公司以公平合理之价格回购其所持有之股权/股份。该制度系资本多数决的表决机制下中小股东退出公司的一种方式。有限责任公司通常缺乏有效的外部市场，受压制股东无法通过“用脚投票”的方式自由转让其股权，进而退出公司，故我国《公司法》中对有限责任公司的异议股东可适用情形多于股份有限公司的异议股东可适用的情形。该制度与公司资本维持原则有一定冲突，故在适用时较为严格且相关标准需根据公司情形具体分析认定，故此在实务中公司与异议股东易产生争议。本文主要从相关典型案例入手，分析该制度适用的相关标准的法律认定，以期厘清司法观点与诉讼思路。

如《公司法》第74条规定，“对股东会该项决议投反对票的股东可以请求公司按照合理的价格收购其股权”，那么何谓“合理的价格”，是否需要评估、采用哪种方式评估，不同类型的公司、不同类型的股权是否应当区别处理，均不能从本条规定中找到答案。此外,本条采用的是列举方式分别列出了三种可以请求公司回购股权的情形,那么在这三种情形之外的其他损害或有可能损害股东利益的情形,股东是否可以采取请求公司收购股份的方式维护自己的合法权益?目前看来,《全国法院民商事审判工作会议纪要》已经明确在投资协议中如无其他无效事由,应当按约履行,但就其他情形,《公司法》及其司法解释亦有待进一步明确。

在异议股东股权回购争议案件中,法院对“转让主要财产”的认定主要以实质审查为主,而对“合理价格”的认定更为尊重当事人的合意,并根据实际情况以司法鉴定作为辅助。

在实践中,建议异议股东需特别注意在规定时限内向公司提出股权回购请求,如与公司无法对股权回购协商一致的,还应当及时向法院提起诉讼。另外,公司在按照异议股东要求收购了股份/股权后,也应当在规定时限内转让或者注销。

【法条链接】

《公司法》

第一百四十二条第一、二款　公司不得收购本公司股份。但是,有下列情形之一的除外:

(一)减少公司注册资本;

(二)与持有本公司股份的其他公司合并;

(三)将股份用于员工持股计划或者股权激励;

(四)股东因对股东大会作出的公司合并、分立决议持异议,要求公司收购其股份;

(五)将股份用于转换上市公司发行的可转换为股票的公司债券;

(六)上市公司为维护公司价值及股东权益所必需。

公司因前款第(一)项、第(二)项规定的情形收购本公司股份的,应当经股东大会决议;公司因前款第(三)项、第(五)项、第(六)项规定的情形收购本公司股份的,可以依照公司章程的规定或者股东大会的授权,经三分之二以上董事出席的董事会会议决议。

《金融资产管理公司资产处置管理办法》

第二十二条　资产公司直接协议转让非上市公司股权资产的,除以下情形外,转让价格不得低于资产评估结果:

(一)资产公司向国务院批准的债转股项目原国有出资人转让股权的,经财政部商国资委审核后,可不进行资产评估,以审计的每股资产净值为基础,由双方依商业原则协商确定收购价格,不得低于最近一期经审计的资产净值。

(二)国务院批准的债转股项目原股东用债转股企业所得税返还购买资产公司持有的债转股企业股权,无须经过处置公告和资产评估,双方应根据企业经审计的每股净资产在协商的基础上确定转让价格,不得低于最近一期经审计的资产净值。

二、股权转让纠纷

股权转让纠纷,是指股权在转让过程中所发生的纠纷的总称,包括股东之间转让股权的纠纷,以及股东与非股东之间转让股权的纠纷。股权转让是一种物权变动行为,股权转让后,股东基于股东地位而对公司所发生的权利义务关系全部同时移转于受让人,受让人因此成为公司的股东,取得股东权。

这类问题在实践中往往发生在转让双方之间的股权转让合同纠纷案件、涉及保护公司内部其他股东优先购买权的诉讼纠纷案件、因转让瑕疵出资股权引起的纠纷案件,以及隐名、显名股东转让股权引起的诉讼案件等。常见的情形有:请求履行转让合同,请求支付股权转让款并赔偿损失(或支付违约金),或者请求解除转让合同,请求认定转让合同无效;股权转让合同履行完毕,因出让股东未履行向公司其他股东的告知义务,公司其他股东主张合同无效并请求行使优先购买权纠纷案件;公司股权被无权转让后,受让方主张善意取得公司股权案件,等等。本节从实际的民事判例出发进行分析,以期为公司主体提供基于股权转让纠纷实务的防范和处理建议。

1. 产权交易所对股东优先购买权法律认定的效力

中静实业(集团)有限公司与上海电力实业有限公司等股权转让纠纷①

【关键词】

优先购买权　交易规则　国有产权转让

【案情简介】

第三人新能源公司成立于1999年3月16日,股东原为上海电力实业总公司(后更名为电力公司)、上海工业投资(集团)有限公司、上海环保工程成套有限公司、中国中静能源投资有限公司(以下简称中静能源),各方持股分别为45%、10%、6.8%、38.2%。

2010年2月10日,被告电力公司和中静能源签订《关于新能源公司之增资及股权调整框架协议》(以下简称《框架协议》),约定:双方共同收购上海工业投资(集团)有限公司、上海环保工程成套有限公司的股份,使电力公司和中静能源股权占比分别为51%和49%;中静能源尽快将其持有的38.2%股权转让给中静实业(集团)有限公司(以下简称中静公司),使新能源公司变更为内资公司。2010年5月,原告中静公司取代中静能源成为第三人新能源公司股东。8月6日,被告电力公司与中静公司签订补充协议书,约定:由电力公司先行出资受让上海工业投资(集团)有限公司和上海环保工程成套有限公司的股权计16.8%,电力公司与中静公司在新能源公司的股权占比分别为61.8%、38.2%;电力公司受让股权后,在同样条件下将新能源公司10.8%的股权转让给中静公司,或在增资过程中,由双方针对具体情况将股权比例调整为电力公司占51%,中静公司占49%,并最终根据《框架协议》的规定,将双方股权比例调整为各占50%。

2012年2月15日,第三人新能源公司通过股东会决议内容为:同意电力公司转让其所持有的61.8%股权,转让价以评估价为依据;中静公司不放弃优先购买权。2012年5月25日,第三人新能源公司将股权公开转让材料报送给第三人上

① 上海市第二中级人民法院(2014)沪二中民四(商)终字第1566号。

海联合产权交易所(以下简称产交所),进行挂牌交易,在该公示的信息中,“标的企业股权结构”一栏载明老股东未放弃行使优先购买权。被告电力公司通过手机短信、特快专递、公正等方式通知了原告中静公司相关挂牌信息。7 月 2 日,中静公司向产权交易所发函称,中静公司享有优先购买权,请求第三人产交所暂停挂牌交易。7 月 3 日,被告中国水利电力资源有限公司(以下简称水利公司)与被告电力公司签署产权交易合同。同日,产交所发出不予中止交易的决定书,不同意中静公司的申请。中静公司诉电力公司擅自转让股份侵害了其股东的优先购买权,水利公司和产交所以中静公司未进场交易为由认定中静公司放弃优先购买权没有法律依据。

法院判决:原告中静公司对被告电力公司与被告水利公司转让的第三人新能源公司的股权享有优先购买权;原告中静公司应当在本判决生效之日起 20 日内行使优先购买权,否则视为放弃;原告中静公司优先购买权的行使内容、条件,与被告电力公司和被告水利公司签订的产权交易合同相同。一审宣判后,电力公司、水利公司均不服,向上海市第二中级人民法院提出上诉。上海市第二中级人民法院依据 2012 年《民事诉讼法》的规定,于 2015 年 4 月 22 日判决驳回上诉,维持原判。

【判例分析】

从商事交易的角度来说,商事交易尽管要遵循效率导向,也要兼顾交易主体利益的保护。并且,优先购买权股东未进场交易,第三人产交所亦可通知其在一定期限内作出是否接受最后形成的价格的意思表示,不到场并不必然影响交易的效率。若片面强调优先权股东不到场交易则丧失优先购买权,无疑突出了对产交所利益和善意第三人利益的保护,而弱化了对优先购买权股东利益的保护,必将导致利益的失衡。故在中静公司未明确放弃优先购买权的情况下,被告电力公司与水利公司的股权转让合同不生效。只有在中静公司放弃股东优先权的情况下被告电力公司与水利公司的股权转让合同才生效。

本案的争议焦点是被上诉人中静公司是否已经丧失了涉案股权股东的优先购买权。法院认为:中静公司未丧失涉案股权股东优先购买权。

根据《最高人民法院关于贯彻执行〈中华人民共和国民法通则〉若干问题的意见(试行)》(已废止)的规定,不作为的默示效果只能在法律有规定或者当事人有约定的前提下,才可视为意思表示。

股东优先购买权是《公司法》赋予股东的法定权利,《公司法》仅在第 73 条规定了法院强制执行程序中,优先购买权股东被通知后法定期间内不行权,视为放弃优先购买权,《公司法》及其司法解释并未规定其他情形的失权程序。综上,在法律明文规定的前提下,且原告中静公司未明示放弃优先购买权的情况下,中静公司未进场交易并不能得出优先购买权已丧失的结论。若片面强调优先购买权股东不到场则丧失优先购买权,无疑突出了对产交所利益和善意第三人利益的保护,而弱化了对优先购买权股东利益的保护。

产交所的性质是经市政府批准设立,不以营利为目的,仅为产权交易提供场所设施和市场服务,并按规定收费的企业法人。基于此,产交所无权对中静公司是否享有优先购买权作出法律意义上的认定。本案中,中静公司作为新能源公司的股东在挂牌公告期内向产交所提出异议时,产交所应当暂停挂牌交易,等新能源公司股东之间的纠纷依法解决后再恢复交易。参照《企业国有产权交易操作规则》相关规定,信息公告期间出现影响交易活动正常进行的情形,或者有关当事人提出中止信息公告书面申请材料后,产权交易机构可以作出中止信息公告的决定。对于提出异议的优先购买权股东而言,其在未被产交所及时答复异议前不知交易是否如期进行,因而不到场,不能视为其放弃受让。本案中,中静公司未明确放弃优先购买权的情况下,被告电力公司和水利公司的股权转让合同不生效。

【风险提示】

本案是保护民营企业在有限责任公司股权转让时享有优先购买权的典型案例。电力公司作为国有企业,转让其股权时必须进场交易,但进场交易不能侵害其他股东的权利。人民法院审理本案时,平等对待不同所有制股东,依法保护非公有制企业中静公司的优先购买权。从商事交易的角度来说,商事交易尽管要遵循效率导向,也要兼顾交易主体利益的保护。并且,优先购买权股东未进场交易,第三人产交所亦可通知其在一定期限内作出是否接受最后形成的价格的意思表示,不到场并不必然影响交易的效率。若片面强调优先权股东不到场交易则丧失优先购买权,无疑突出了对产交所利益和善意第三人利益的保护,而弱化了对优先购买权股东利益的保护,必将导致利益的失衡。

混合所有制经济中,应当平等保护公有制经济主体与非公有制经济主体。由于混合所有制企业中,不同所有制经济主体的权利体现为对混合所有制企业的股权,故保护非公有制经济主体的权利就体现为对其股东权利的保障。有限责任公司中,股东对外转让股权时,其他股东的优先购买权是股权的重要内容之一,应依法予以保护。人民法院支持中静公司要求行使优先购买权的主张,体现了对混合所有制企业中非公有制股东的平等保护。

有限责任公司具有明显的人合性特征,除公司章程另有规定外,向股东以外的人转让股权的,应当通过书面方式征得其他股东过半数同意;经股东同意转让的股权,在同等条件下,其他股东享有优先购买权,而在判断同等条件时,应当考虑转让股权的数量、价格、支付方式及期限等因素。国家对有限责任公司出资而形成股东权益的(以下简称国有股权),相应股权属国有资产;国有股权转让的,除应按照公司法规定履行相关转让程序外,还应根据国有资产监管规定,在依法设立的产权交易场所公开进行(以下简称进场交易),按照国家规定直接协议转让或划转的除外。

针对国有股权股东优先购买权在进场交易情形下的行使事宜,《最高人民法院关于适用〈中华人民共和国公司法〉若干问题的规定(四)》第 22 条第 2 款仅规定相关"书面通知""通知""同等条件"适用,可以参照产权交易场所的交易规则,但并未对其是否必须场内行权进行明确。据此,笔者研究了北京产权交易所(以下简称"北交所")和产交所相关交易规则,北交所《企业国有产权转让股东行使优先购买权操作细则》虽规定了场内行权和场外行权两种方式,但都规定股东行使优先购买权时必须"提交受让申请及交纳交易保证金",否则视为放弃行使优先购买权,其实质上要求股东必须场内行权;产交所《股权转让项目中股东优先购买权行使操作办法(试行)》则只规定了场内行权一种方式,规定未向产交所提出产权受让申请的,视为放弃受让。两个交易所的交易规则实质上均要求其他股东场内行使优先购买权并确定了"未进场则视为放弃优先购买权"的交易规则,该做法也被其他交易所普遍采用;但经研究相关诉讼案例,在司法实践中,法院并不认可该交易规则,股东未进场行权的并不必然导致其优先购买权丧失。

公司股权转让时,其他股东享有优先购买权。除非其他股东明确放弃优先购买权,或者优先购买权股东被通知后法定期间内不行权,视为放弃优先购买权。其他任何损害股东优先购买权的合同都视为效力待定的合同,只有其他股东放弃优先购买权,合同才生效。生效前可以经其他股东要求解除股权转让合同。

【法条链接】

《公司法》

第七十一条 有限责任公司的股东之间可以相互转让其全部或者部分股权。

股东向股东以外的人转让股权,应当经其他股东过半数同意。股东应就其股权转让事项书面通知其他股东征求同意,其他股东自接到书面通知之日起满三十日未答复的,视为同意转让。其他股东半数以上不同意转让的，不同意的股东应当购买该转让的股权；不购买的，视为同意转让。

经股东同意转让的股权，在同等条件下，其他股东有优先购买权。两个以上股东主张行使优先购买权的，协商确定各自的购买比例；协商不成的，按照转让时各自的出资比例行使优先购买权。

公司章程对股权转让另有规定的，从其规定。

第七十二条　人民法院依照法律规定的强制执行程序转让股东的股权时，应当通知公司及全体股东，其他股东在同等条件下有优先购买权。其他股东自人民法院通知之日起满二十日不行使优先购买权的，视为放弃优先购买权。

《最高人民法院关于适用〈中华人民共和国公司法〉若干问题的规定（四）》

第二十二条　通过拍卖向股东以外的人转让有限责任公司股权的，适用公司法第七十一条第二款、第三款或者第七十二条规定的“书面通知”“通知”“同等条件”时，根据相关法律、司法解释确定。

在依法设立的产权交易场所转让有限责任公司国有股权的，适用公司法第七十一条第二款、第三款或者第七十二条规定的“书面通知”“通知”“同等条件”时，可以参照产权交易场所的交易规则。

2. 股权转让合作协议中约定股东退出机制的法律效力

广东达宝物业管理有限公司与广东中岱企业集团有限公司、广东中岱电讯产业有限公司、广州市中珊实业有限公司股权转让合作纠纷[①]

【关键词】

约定转让　第三人　无权转让

【案情简介】

广东达宝物业管理有限公司(以下简称达宝公司)、广东中岱电讯产业有限公司(以下简称中岱电讯公司)、广州市中珊实业有限公司(以下简称中珊公司)在《合作协议书》中约定三方同意中岱电讯公司所转让的中珊公司的10%股权转让价为4931万元。股权转让后,中岱电讯公司持有中珊公司90%的股权,达宝公司持有10%的股权。股权转让价款的支付方式为:2005年12月13日前,达宝公司向中岱电讯公司支付股权首期受让款3000万元整,此款用于支付目标地块的土地出让金,余款2005年12月30日前向中岱电讯公司付清。2005年12月13日,中珊公司向达宝公司出具一张《收据》,载明:收到达宝公司投资款人民币3000万元整。同日,中珊公司将3000万元汇入广州市土地出让金财政专户。2006年2月23日,达宝公司向中岱电讯公司、中珊公司发函称:目标地块由于未按期交付土地出让金被政府收回,达宝公司与中岱电讯公司、中珊公司已无可能就合作事宜达成一致,因此,达宝公司通过该函正式通知其终止与中岱电讯公司、中珊公司的合作,并请中岱电讯公司、中珊公司按照协议书约定尽快退回达宝公司的款项。2006年6月9日,广东中岱企业集团有限公司(以下简称中岱集团公司)向达宝公司出具的《承诺函》内容为:达宝公司与中岱集团公司下属企业中岱电讯公司合作经营中珊公司(开发位于琶洲广交会新馆南面PZB1301地块),由于该地块已被广州国土局收回,达宝公司原已交付国有土地出让金3000万元,由中岱集团公司负责偿还,包括原达宝公司与中岱电讯公司签订的资金费用。一审判决:解除达

① 最高人民法院(2010)民提字第153号民事判决书。

宝公司与中岱电讯公司、中珊公司签订的《合作协议书》。中岱电讯公司向达宝公司返还股权转让款3000万元、赔偿预期利益损失2285万元，并计付逾期付款违约金。中珊公司和中岱集团公司对债务负连带清偿责任。广东省高级人民法院二审认为：根据中岱集团公司提出的上诉请求，诉讼双方争议的焦点，一是应否追加夏某风、苏某为第三人参加诉讼的问题，二是《合作协议书》解除后中岱集团公司、中岱电讯公司、中珊公司的责任承担问题。

最终法院认定《合作协议书》有效，达宝公司履行了该协议中约定的3000万元的付款义务。达宝公司退出合作后该协议解除，中岱电讯公司应当返还达宝公司支付的3000万元款项，并应当支付未及时返还时给达宝公司造成的利息损失。达宝公司主张《合作协议书》解除，请求中岱电讯公司返还3000万元款项及相应利息，法院予以支持。达宝公司请求中岱电讯公司支付2285万元的损失赔偿及相应利息，难以成立，法院不予支持。中岱集团公司、中珊公司应为中岱电讯公司的返还义务承担连带清偿责任。判决中岱电讯公司向达宝公司返还3000万元股权转让款，并向达宝公司支付该3000万元产生的利息。

【判例分析】

从本案的《合作协议书》来看，达宝公司履行了该协议中约定的3000万元的付款义务。达宝公司退出合作后该协议解除，中岱电讯公司应当返还达宝公司支付的3000万元款项，并应当支付未及时返还时给达宝公司造成的利息损失。达宝公司主张《合作协议书》解除，请求中岱电讯公司返还3000万元款项及相应利息，法院予以支持。达宝公司请求中岱电讯公司支付2285万元的损失赔偿及相应利息，难以成立，法院不予支持。中岱集团公司、中珊公司应为中岱电讯公司的返还义务承担连带清偿责任。

股权转让合同中，即使双方约定转让的股权系合同外的第三人所有，但只要双方的约定只是使一方负有向对方转让股权的义务，而没有实际导致股权所有人的权利发生变化，就不能以出让人对股权无处分权为由认定股权转让合同系无权处分合同进而无效。

当事人订立合同后，一方要解除合同应当向对方当事人提出。解除合同方未向对方提出而是在其他合同中与他人约定解除前述合同的，不发生合同解除的效果。

违约金是合同双方对合同义务不履行时违约方应负损害赔偿额的约定，所以违约金是针对特定的义务而存在。这种特定的义力有时是合同中的某一项义务，有时是合同约定的双方的任何一项义务,法院首先必须准确地认定违约金所针对的义务内容。在认定后,还要审查该义务是否实际发生,商事合同中双方常常对合同义务附加前提条件,在条件未成就时合同义务实际上并不存在,故也谈不上履行问题,此时,针对该义务约定的违约金条款就不能适用。

合同外的第三人向合同中的债权人承诺承担债务人义务的,如果没有充分的证据证明债权人同意债务转移给该第三人或者债务人退出合同关系,不宜轻易认定构成债务转移,一般应认定为债务加入。第三人向债权人表明债务加入的意思后,即使债权人未明确表示同意,但只要其未明确表示反对或未以行为表示反对,仍应当认定为债务加入成立,债权人可以依照债务加入关系向该第三人主张权利。

【风险提示】

债务转移又称为债务承担,是指合同的债权人、债务人与第三人之间达成协议将合同债务转移给第三人承担。债务转移必须三方就债务转移达成了一致的意思表示。《民法典》第551条第1款规定:"债务人将债务的全部或者部分转移给第三人的,应当经债权人同意。"债务加入指原债务人并没有脱离原债务关系,而第三人又加入原存的债务关系中,与债务人共同承担债务。债务加入又称并存的债务承担。债务加入是由第三人和债权人达成协议或单方向债权人承诺偿还债权人的债务。因债务加入并不消灭原债务人的债务,对债权人有益无害,只要债权人接受即可。债务转移需经债权人同意,如果未经债权人同意,债务转移对债权人不发生法律效力。因此,合同外的第三人向合同中的债权人承诺承担债务人义务的,如果没有充分的证据证明债权人同意债务转移给该第三人或者债务人退出合同关系,则不应认定构成债务转移,而应认定为债务加入。

在实践中,在作为转让方或标的公司时,建议企业按照上述时间、内容等要求通知其他股东,取得其他股东关于放弃优先购买权的书面确认函或者将其他股东放弃优先购买权事宜体现在全体股东签字的股东会决议中(主动作出放弃的意思表示,而非默示许可);若作为受让方的法律顾问,在与转让方正式签署合同前,取得其他股东关于放弃优先购买权的文件,或将其他股东放弃优先购买权事宜作为股权转让合同的生效要件,或将不能取得其他股东放弃优先购买权事宜作为约定解除要件并明确约定转让方的相关违约责任。但若存在证据能够证明合同当事人系恶意串通,损害其他股东优先购买权等他人利益的,则根据《民法典》第563条,股权转让合同无效。

为了避免出让方为名义出资人或潜在名义出资人而存在的风险，如作为受让方应当注意以下几点：(1)标的股权协商定价时，要以审计报告、评估报告、净资产价值、注册资本等为参考；(2)及时完成交割手续（股份公司股份以背书、交付或者通过特定转让场所交割完成交付(《市场主体登记管理条例》第9条规定有限责任公司股东变更需要办理备案)；(3)保证善意（查阅转让方的工商登记资料、验资报告以及投入资本金的转账凭证等，如发现存在代持迹象或转让方有隐瞒迹象的情况，可以将有关不存在代持的承诺作为解除合同的要件，并约定较高的违约金)；(4)如果已确定代持事实，则应当取得实际出资人的书面确认（例如，实际出资人出具同意转让的书面说明或签署股权转让的三方协议等)，有关方式的选择，需要受让方根据自身的利益需求进行取舍。

【法条链接】

《民法典》

第五百六十三条 有下列情形之一的，当事人可以解除合同：

(一)因不可抗力致使不能实现合同目的；

(二)在履行期限届满前，当事人一方明确表示或者以自己的行为表明不履行主要债务；

(三)当事人一方迟延履行主要债务，经催告后在合理期限内仍未履行；

(四)当事人一方迟延履行债务或者有其他违约行为致使不能实现合同目的；

(五)法律规定的其他情形。

以持续履行的债务为内容的不定期合同，当事人可以随时解除合同，但是应当在合理期限之前通知对方。

第五百六十五条 当事人一方依法主张解除合同的，应当通知对方。合同自通知到达对方时解除；通知载明债务人在一定期限内不履行债务则合同自动解除，债务人在该期限内未履行债务的，合同自通知载明的期限届满时解除。对方对解除合同有异议的，任何一方当事人均可以请求人民法院或者仲裁机构确认解除行为的效力。

当事人一方未通知对方，直接以提起诉讼或者申请仲裁的方式依法主张解除合同，人民法院或者仲裁机构确认该主张的，合同自起诉状副本或者仲裁申请书副本送达对方时解除。

第五百七十七条 当事人一方不履行合同义务或者履行合同义务不符合约定的，应当承担继续履行、采取补救措施或者赔偿损失等违约责任。

3. 公司章程中造成事实上股权转让不能的限制性规定效力

思佰益(中国)投资有限公司与上海新证财经信息咨询有限公司、摩尔数字科技信息服务有限公司、第三人中国证券报有限责任公司、远洋控股集团(中国)有限公司请求变更公司登记纠纷[①]

【关键词】

过半数同意　中外合资公司　股权转让不能

【案情简介】

被告上海新证财经信息咨询有限公司(以下简称"上海新证财经公司")系一家中外合资的有限责任公司,原登记股东为思佰益(中国)投资有限公司(以下简称"思佰益投资公司")、中国证券报有限责任公司(以下简称"中国证券报公司")及远洋控股集团(中国)有限公司(以下简称"远洋控股集团公司")。上海新证财经公司的公司章程在"股权的转让"条款中规定:任何一方未经其他各方事先书面同意,不得转让、出售或以其他方式做出其他可能导致其持有的公司股权发生变动的行为。公司章程规定,董事会是公司的最高权力机构,讨论并决定公司所有重大事宜,其中涉及"任何一方转让其持有的公司股权权益"的决议须经全部在职董事一致同意方能通过。

2018 年,思佰益投资公司签署股权转让协议之补充协议,将股权对外转让给摩尔数字科技信息服务有限公司(以下简称摩尔数字科技公司)。2019 年 2 月,中国证券报公司、远洋控股集团公司向思佰益投资公司出具《承诺函》,均承诺同意该股权转让,并同意放弃行使优先购买权和出售跟随权。但是,2019 年 5 月,上海新证财经公司召开董事会议,审议股权转让事宜,中国证券报公司选任的董事反对该股权转让。上海新证财经公司以公司章程规定股权转让需全体董事一致同意为由拒绝为思佰益投资公司与摩尔数字科技公司办理股权变更手续。

思佰益投资公司遂向法院提起诉讼,请求判令上海新证财经公司将登记在思佰益投资公司名下的 15% 的股权变更登记至摩尔数字科技公司名下。

---

① 上海市浦东新区人民法院(2020)沪 0115 民初 81228 号民事判决书。

2019年2月,中国证券报公司、远洋控股集团公司向思佰益投资公司出具《承诺函》,均承诺同意该股权转让,并同意放弃行使优先购买权和出售跟随权。2019年5月14日,上海新证财经公司召开董事会议,审议股权转让事宜,中国证券报公司选任的董事反对该股权转让。上海新证财经公司以公司章程规定股权转让需全体董事一致同意为由拒绝为思佰益投资公司与摩尔数字科技公司办理股权变更手续。思佰益投资公司遂向法院提起诉讼。

浦东新区人民法院判令被告上海新证财经公司应将原告名下的被告15%的股权变更至第三人摩尔数字科技公司名下。宣判后,各方当事人均未提出上诉。随后,上海新证财经公司被立案执行,原告名下15%股权已变更至第三人摩尔数字科技公司名下。

【判例分析】

公司章程作为股东意志的集合,可以对股权转让作出比一般性规定更为严格的限制性约定。公司章程是在法律规定的范围内,由全体股东的意思表示而形成的决议,是公司对内管理的依据,是公司赖以实现公司自治的自治规则。但公司章程不得与公司法的强制性规范及公司法的基本精神、原则相冲突,如有冲突,所制定条款无效。

首先,在有限责任公司中,由于各股东往往是基于相互信任才出资设立公司,股东更替意味着原有信任关系的断裂和新信任关系的建立,如果不能恰当处理股权转让问题将会影响公司未来的正常经营。因此,公司法赋予公司股东自主决定股权转让事项的权利,亦即公司股东可以通过公司章程对股权转让进行一定的限制。但是,限制不等于禁止,限制必须符合立法目的和不违反法律的强制性规定。股东享有的股权是一种财产性权利,任何财产权皆具有处分权能,公司章程对股权转让的限制不得违反财产权的本质。如果公司章程通过其他条件和程序的设置,实际造成股东股权转让极度困难或根本不可能,则因违反公司法的规定而无效。本案被告的公司章程约定股东转让股权必须经董事会一致同意方能转让,该约定明显比公司法规定的经其他股东过半数同意的规定苛刻。同时,在董事反对股权转让时,被告公司章程未约定转让股东的救济程序,使转让股东的股权转让目的落空,实质上无法通过转让股权退出公司经营,显然有违公司法的规定。

其次,被告上海新证财经公司成立于2010年,公司章程对董事会决议事项的规定理应符合当时的《中外合资经营企业法实施条例》(已失效)的规定,不再将注册资本的转让纳入需董事一致同意方可作出决议的事项范围。2020年1月1

日《外商投资法》和《外商投资法实施条例》施行。从上述法律规定来看,中外合资企业虽然存在一定的特殊性,但也应符合公司法的相关规定,不得与公司法的规定相违背。

最后,根据被告上海新证财经公司的公司章程约定,被告上海新证财经公司的董事会由 7 名董事组成……董事虽然根据法律规定和公司章程的约定履行职责,但从董事的任命过程来看,各董事在履职过程体现的是各股东的意志。本案中,中国证券报公司在同意原告将股权转让给第三人摩尔数字科技公司,并书面承诺放弃优先购买权和"出售跟随权"后,又通过自己选任的两名董事在董事会会议中不同意《关于公司外资股东变更后续工作相关议案》,引发本案诉争,显然有违诚信。因此,上海新证财经公司章程约定,任何一方转让公司股权须经全体在职董事一致同意方能转让的规定违反公司法的强制性规定,应属无效。

【风险提示】

有限责任公司兼具"资合性"与"人合性"的特征,因此,有限责任公司的股东对外转让股权并非完全自由的行为,各国公司法通常基于公司人合性的特征而对股东对外转让股权设定一定的限制条件。我国《公司法》规定股东对外转让股权时其他股东享有同意权和优先购买权。从浦东新区人民法院的裁判逻辑来看,之所以否定本案中类似"股权对外转让须经全体股东/董事一致同意"的重要原因在于,被告公司章程未约定转让股东的救济程序,使转让股东的股权转让目的落空,实质上无法通过转让股权退出公司经营,显然有违公司法的规定。

《公司法》第 71 条规定:"有限责任公司的股东之间可以相互转让其全部或者部分股权。股东向股东以外的人转让股权,应当经其他股东过半数同意。股东应就其股权转让事项书面通知其他股东征求同意,其他股东自接到书面通知之日起满三十日未答复的,视为同意转让。其他股东半数以上不同意转让的,不同意的股东应当购买该转让的股权;不购买的,视为同意转让。经股东同意转让的股权,在同等条件下,其他股东有优先购买权。两个以上股东主张行使优先购买权的,协商确定各自的购买比例;协商不成的,按照转让时各自的出资比例行使优先购买权。公司章程对股权转让另有规定的,从其规定。"从该条规定来看,公司章程作为股东意志的集合,可以对股权转让作出比一般性规定更为严格的限制性约定。公司章程是在法律规定的范围内,由全体股东的意思表示而形成的决议,是公司对内管理的依据,是公司赖以实现公司自治的自治规则。但公司章程不得与公司法的强制性规定及公司法的基本精神、原则相冲突,如有冲突,所制定条款无效……从该指导案例的裁判要点来看，判断公司章程对股权转让作出另外规定是否有效，应审查该另外规定是否违反公司法的强制性规定。不违反则有效，反之，则无效。就本案而言，即审查被告上海新证财经公司章程约定任何一方转让公司股权须经全体在职董事一致同意方能转让是否违反了公司法的强制性规定。

因此，在公司章程条款的设置上，如果对于股东转让股权进一步限制时，需要考虑给予股东转让权利和退出机制的相应配套条款，避免实质性剥夺股东的法定权利。

【法条链接】

《公司法》

第七十一条 有限责任公司的股东之间可以相互转让其全部或者部分股权。

股东向股东以外的人转让股权，应当经其他股东过半数同意。股东应就其股权转让事项书面通知其他股东征求同意，其他股东自接到书面通知之日起满三十日未答复的，视为同意转让。其他股东半数以上不同意转让的，不同意的股东应当购买该转让的股权；不购买的，视为同意转让。

经股东同意转让的股权，在同等条件下，其他股东有优先购买权。两个以上股东主张行使优先购买权的，协商确定各自的购买比例；协商不成的，按照转让时各自的出资比例行使优先购买权。

公司章程对股权转让另有规定的，从其规定。

《外商投资法》

第三十一条 外商投资企业的组织形式、组织机构及其活动准则，适用《中华人民共和国公司法》、《中华人民共和国合伙企业法》等法律的规定。

4. 法定监护人转让未成年股东股权行为的法律效力

程甲与上海驰辉商务咨询中心、程某股权转让纠纷[①]

【关键词】

股权转让效力　未成年人股东身份　回转登记

【案情简介】

程某与卢某于2003年登记结婚，两人育有一子（程乙）、一女（程甲，2009年出生），2016年12月双方协议离婚。2017年6月19日，程某与卢某签订《共同财产处理协议书》，就资产转让（股权及合伙财产份额）、房产分割等作出安排。2017年9月，母亲卢某将其持有的帅翼驰新材料集团有限公司（以下简称帅翼驰公司）18.1818%的股权、上海驰辉商务咨询中心（有限合伙）（以下简称驰辉商务中心）40%的财产份额均各半转让儿子程乙及女儿程甲。转让后，驰辉商务中心的股权比例为程某占60%，程甲和程乙各占20%。2017年10月9日，程甲作为甲方、程乙作为乙方、程某作为丙方，签订《授权确认书》，其对程甲、程乙成为帅翼驰公司股东后，程某可以代为行使的权利进行了相应限定：允许程某代表程甲、程乙行使投票权，但利润分配权、股东知情权等股东权利均排除在授权范围外。《授权确认书》第2条"授权期限"特别约定，"自本确认书签署之日开始，至甲方（程甲）、乙方（程乙）分别年满18周岁之日止"。2020年4月，程甲（甲方）与驰辉商务中心（乙方）签订《股权转让协议》，约定程甲将所持有的帅翼驰公司7.9098%的股权转让给驰辉商务中心，协议甲方落款处显示"程某代"，乙方落款处加盖公章并附有程某签字。

原告程甲认为，程某利用法定代理人身份实施的代理行为严重侵害了其未成年人的合法利益，遂起诉，请求判令程甲、驰辉商务中心之间《股权转让协议》对程甲无效，驰辉商务中心返还股权并配合办理相应的工商变更登记手续。

被告驰辉商务中心辩称：不同意原告的诉讼请求，认为协议签订时原告为限制民事行为能力人，第三人程某与案外人卢某离异并不影响第三人对原告的监护权，第三人系原告的父亲及法定代理人，其有权代理原告签订该协议；另外，原告

① 上海市第一中级人民法院（2021）沪01民终14256号民事判决书。

基于我国《民法总则》第35条主张协议无效,其后果是监护人的法律责任,即使原告认为无效,也应该提起监护权诉讼。

第三人程某述称:(1)原告系限制民事行为能力人,父母离异并不影响父亲的监护权及法定代理权;(2)涉案协议没有损害原告权益。原告股权与驰辉商务中心股权进行置换,由被告持有股权,符合帅翼驰公司上市目标,原告实际持有帅翼驰公司股权及其财产份额并没有变化。

法院判决驳回程甲的诉讼请求。宣判后,程甲不服一审判决,向上海市第一中级人民法院提起上诉。上海市第一中级人民法院判决:程甲与驰辉商务中心签订的《股权转让协议》对程甲不发生效力,驰辉商务中心将其持有的帅翼驰公司7.9098%的股权返还程甲;驰辉商务中心配合办理将其持有的帅翼驰公司7.9098%股权返还至程甲名下的工商变更登记手续。

【判例分析】

本案的争议焦点在于,作为程甲法定监护人的程某对程甲名下股权进行转让是否对程甲发生法律效力。本案中,法院的裁判理由主要围绕着两个方面展开论证:一是程某的行为超越了先前在《授权确认书》中所约定的授权范围,违背了《授权确认书》各方的真实意愿,且被监护人程甲明确表示反对;二是程某的股权转让行为实质上损害了未成年被监护人程甲的合法权益。

根据《公司法》的规定,股东依法享有知情权、分红权、投票权以及按照自身意愿处分股权等股东权利。根据《合伙企业法》的规定,合伙人的出资、以合伙企业名义取得的收益和依法取得的其他财产,均为合伙企业的财产,在合伙企业清算前,合伙人不得请求分割合伙企业的财产。执行事务合伙人负责执行合伙事务,有限合伙人不执行合伙事务,不得对外代表有限合伙企业。根据上述法律规定,系争股权转让之后,由于程甲不再是帅翼驰公司的股东,因此无论程甲是否成年,其都将不再具有依法对标的公司行使知情权、分红权、投票权、处分权等权利,同时,由于驰辉商务中心的执行事务合伙人系程某,而程甲仅是驰辉商务中心的有限合伙人,不得对外代表合伙企业,因此程甲也无法通过驰辉商务中心对帅翼驰公司的股权资产行使权利。

首先,在卢某将股权转让给程甲与程乙并进行股权变更登记之前,程某、程甲与程乙签署了《授权确认书》,对程某可以代为行使的权利范围进行了明确的限定,仅允许程某代表程甲、程乙行使投票权,将利润分配权、股东知情权等股东权利均排除在授权范围外。因此,法院举轻以明重,认为程某并无直接处分帅翼驰公司股权的代理权限。同时,《授权确认书》中约定了“授权期限”是到程甲、程乙分别年满 18 岁止,则程某的股权转让行为将实质上剥夺程甲成年后自主行使各项股东权利的可能性,这是对程甲合法权益的侵害以及对协议各方真实意愿的违反。并且,在转让后,程甲在交涉无果的情况下起诉表示反对,故法院认为涉案股权转让依法不应对程甲发生法律效力。

其次,驰辉商务中心所得出的“股权转让实际上并未影响程甲的合法权益”的结论不能成立。经过换算,程甲所持的股权价值虽然在转让前后看似相同,但程甲作为驰辉商务中心的有限合伙人,无法通过驰辉商务中心对帅翼驰公司的股权资产行使权利。然而,股权的内容不仅包括资产上的受益权,还包括对公司的经营管理权。《公司法》第 4 条规定,公司股东依法享有资产收益、参与重大决策和选择管理者等权利。即使股权转让后换算而成的账面财产价值与之前相同,也不能弥补程甲不具有驰辉公司股东资格后除资产受益权以外的其他重要股东权利的损失。二审法院从股东权利的内涵出发进行分析,认为系争股权转让行为实质上损害了程甲的合法权益,阻止了对法定监护权的不当行使,有力地保护了未成年人的合法权益,也明确了股东权利不仅表现为资产收益权,还有基于身份所享有的参与重大决策和经营管理等权利,以及自主依法处分股权资产的权利的重要意义,值得肯定。

【风险提示】

法定监护人超出约定的授权范围转让未成年被监护人名下公司股权,且未经被监护人同意的,股权转让行为不发生效力;若股权转让行为影响了被监护人基于股东身份享有的参与重大决策、经营管理、股权处分等权利,则可认定上述行为损害了未成年人的合法权益,被监护人主张股权转让协议对其无效并回转登记的,人民法院应予支持。

在实务中,部分地方司法部门则将继承的客体明确表述为“股权(相对应的)财产权益”。例如,北京市高级人民法院《关于审理公司纠纷案件若干问题的指导意见(试行)》(京高法发〔2004〕50 号,2004 年 2 月 24 日起施行,以下简称《北京指导意见》)规定,“有限责任公司的自然人股东死亡后,其继承人依法可以继承的是与该股东所拥有的股权相对应的财产权益”。上海市高级人民法院《关于审理涉及公司诉讼案件若干问题的处理意见(三)》(沪高法民二〔2004〕2 号,2004 年 3 月 18 日起施行,以下简称《上海处理意见》)规定,“继承人、财产析得人或受赠人因继承、析产或者赠与可以获得有限责任公司的股权财产权益,但不当然获得股东身份权,除非其他股东同意其获得股东身份”。

因此,需要注意区分“股东资格”与“股权”。根据《北京指导意见》,“股东资格是投资人取得和行使股东权利并承担股东义务的基础”的规定,股东资格属于一种身份。而根据公司法理论界通说,股权既包括股利分配请求权、剩余财产分配请求权等财产权益,又包括表决权、诉讼权等非财产权益。《北京指导意见》与《上海处理意见》均承认继承人有权继承原股东股权所对应的财产权益,但对于股东身份及股权中非财产权益的取得则要求以其他股东同意为前提,这与《公司法》允许通过章程排除股东资格继承的规定相比,转而以“不当然获得股东身份”为原则,同时囊括了股东通过协议或股东会决议等其他形式作出特别约定的情形,进一步强调了有限责任公司的人合性。

股权转让作为民事法律行为、行使股权权利的一种方式,需由未成年人的法定代理人代为实施。在实务中存在涉诉风险:法定代理人代为转让未成人持有的有限责任公司的股权存在涉诉风险。在司法实践中,对于法定代理人非为维护未成年人利益的财产处分行为,法院会将其认定为无效行为,或要求法定代理人向未成年人返还处分财产所得并赔偿损失。根据相关案例检索,法院在判断法定代理人的股权处分行为是否满足“维护被监护人利益”时,一般会考虑该等处分的资金风险(如投资股市伴随的风险及收益情况、投资非上市公司时是否已与被投资方签订相关协议及是否实际获得收益)以及对价是否合理(股权转让或退股时对价合理性的认定、出让商标时对价是否明显低于市场价、该法定监护人是否也以同样的价格转让股权)等因素。

【法条链接】

《民法典》

第三十五条 监护人应当按照最有利于被监护人的原则履行监护职责。监护人除为维护被监护人利益外,不得处分被监护人的财产。

未成年人的监护人履行监护职责,在作出与被监护人利益有关的决定时,应当根据被监护人的年龄和智力状况,尊重被监护人的真实意愿。

成年人的监护人履行监护职责,应当最大程度地尊重被监护人的真实意愿,保障并协助被监护人实施与其智力、精神健康状况相适应的民事法律行为。对被监护人有能力独立处理的事务,监护人不得干涉。

第一百七十一条 行为人没有代理权、超越代理权或者代理权终止后,仍然实施代理行为,未经被代理人追认的,对被代理人不发生效力。

相对人可以催告被代理人自收到通知之日起三十日内予以追认。被代理人未作表示的,视为拒绝追认。行为人实施的行为被追认前,善意相对人有撤销的权利。撤销应当以通知的方式作出。

行为人实施的行为未被追认的,善意相对人有权请求行为人履行债务或者就其受到的损害请求行为人赔偿。但是,赔偿的范围不得超过被代理人追认时相对人所能获得的利益。

相对人知道或者应当知道行为人无权代理的,相对人和行为人按照各自的过错承担责任。

5. 股权转让合同变更登记后不符合情势变更的适用条件

淮北矿业(集团)有限责任公司与新光集团有限公司股权转让[①]

【关键词】

股权转让 迟延履行 合同目的 情势变更

【案情简介】

2012 年 7 月 19 日,淮北矿业(集团)有限责任公司(以下简称淮矿集团)与新光集团有限公司(以下简称新光集团)签订的《股权转让协议书》约定:淮矿集团、新光集团双方共同委托安徽淮信会计师事务所及中水致远资产评估有限公司(以下简称中水致远公司)分别进行了审计和资产评估,截至 2012 年 2 月 29 日金石公司净资产评估值为 36841.60 万元,淮矿集团持有 51% 的股权作价 187892160 元。本协议签订后 1 个月内,新光集团向淮矿集团支付股权转让价款 8000 万元(首付款);余款 107892160 元在首付款支付完成后的 12 个月之内付清,如逾期支付应按未付款余额 2‰/天的标准支付违约金。

"首付款"支付后,办理股权转让工商变更登记。协议签订后,新光集团支付了首付款 8000 万元。2012 年 9 月 11 日,金石公司进行股东变更工商登记,由淮矿集团、新光集团分别持股 51%、49%,变更为新光集团持股 100%。

2016 年 3 月 15 日,淮矿集团与新光集团签订《还款协议》约定,新光集团采取分期还款的方式支付股权转让剩余价款,即 2016 年度 1000 万元、2017 年度 2000 万元、2018 年度 2000 万元,余款 56892160 元(剔除金石公司缴纳的采矿权价款保证金 200 万元)2019 年度付清。2016 年 11 月 10 日,淮矿集团发函要求新光集团在 2016 年年底前归还 1000 万元股权转让款。新光集团于 2016 年 12 月 5 日回函要求就此磋商。2017 年 1 月 10 日,淮矿集团发出《解除合同通知书》称,新光集团未能按照《还款协议》支付股权转让款 1000 万元,现通知解除该协议,其仍应按《股权转让协议书》履行支付股权转让价款的义务。新光集团 2017 年 1 月 12 日

---

① 最高人民法院(2018)最高法民终 387 号民事判决书。

签收该通知。另查明:2010 年 5 月 31 日,淮矿集团就石台煤矿采矿权转让与金石公司签订转让合同,将采矿权转让给金石公司。同年 6 月 30 日,金石公司股东会决定淮矿集团以评估价格为 8205.18 万元的石台煤矿采矿权作价增资金石公司,价值为 5814 万元,余额 2391.18 万元作为金石公司的负债;新光集团以现金 5586 万元对金石公司增资,增资后公司注册资本为 12400 万元,双方所占金石公司的股权比例不变。2012 年 10 月 30 日,新光集团与蓝宇公司签订《股权转让协议书》受让金石公司 37% 的股权,蓝宇公司支付首付款 5000 万元,剩余股权转让价款 86313920 元尚未支付。2017 年 9 月 9 日,新光集团与淮北刘某煤矿签订《金石公司股权转让协议》,约定新光集团将其持有的金石公司 63% 的股权转让给刘某煤矿。同年 9 月 28 日,金石公司办理了股东变更登记。

安徽省高级人民法院判决:新光集团给付淮矿集团股权转让款 105592160 元及违约金。最高人民法院判决驳回上诉,维持原判。

【判例分析】

本案中,首先,淮矿集团与新光集团于 2012 年 7 月 19 日签订《股权转让协议书》,约定淮矿集团将金石公司 51% 的股权转让给新光集团,即在本案股权转让关系中,新光集团的合同义务为支付价款,淮矿集团合同义务为转让金石公司的股权,双方签订《股权转让协议书》的目的为新光集团受让淮矿集团持有的金石公司 51% 的股权。

故新光集团依约支付首笔股权转让款 8000 万元后,淮矿集团于 2012 年 9 月 11 日将其持有的金石公司股权变更至新光集团名下,并完成了股东变更工商登记。即淮矿集团全面履行合同义务,此时新光集团受让金石公司 51% 股权的合同目的已经实现。且新光集团亦在 2012 年 10 月 30 日,与蓝宇公司签订《股权转让协议书》,以同股同价的方式,转让金石公司股权的 37% 给蓝宇公司,并收到首付款 5000 万元。

其次,新光集团所称情势变更的事由为国家政策变化,即安徽省人民政府与淮北市人民政府于 2016 年 8 月签订的《煤炭行业化解产生实现脱困发展目标责任书》、淮北市杜集区人民政府 2016 年 10 月作出的《关于金石公司矿井关闭退出的批复》以及《关于依法推进金石公司关闭退出工作的实施意见》。

但上述三份文件形成之时,已是新光集团受让淮矿集团持有的金石公司股权 4 年之后,即新光集团所称的情势变更发生在案涉《股权转让协议书》履行完毕之后,不符合原《最高人民法院关于适用〈中华人民共和国合同法〉若干问题的解释

（二）》第26条规定的情势变更事实应发生在合同成立之后，履行完毕之前的条件。

至于新光集团所称其尚未按照股权转让协议支付剩余股权转让价款，此属于其迟延履行行为。原《合同法》第117条第1款规定："因不可抗力不能履行合同的，根据不可抗力的影响，部分或者全部免除责任，但法律另有规定的除外。当事人迟延履行后发生不可抗力的，不能免除责任。"举重以明轻，故新光集团以其迟延履行期间国家政策发生变化为由主张情势变更，不予支持。

另外，就本案而言，新光集团受让金石公司股权4年后的国家政策变化，并不属于案涉股权转让协议履行过程中情势变更，而是新光集团受让金石公司股权后，金石公司经营过程中的风险。因此，新光集团以情势变更为由主张解除《股权转让协议书》的反诉请求，不予支持。新光集团基于合同解除而主张淮矿集团返还已经支付的股权转让款8000万元，没有事实和法律依据，亦不予支持。

关于淮矿集团诉请新光集团支付剩余股权转让款及违约金应否支持。新光集团辩称，因基于严重失实的评估报告作出了受让股权的误解行为，且本案出现情势变更事由，其不支付剩余股权转让款属于行使履行抗辩权。

【风险提示】

本案虽系股权转让纠纷，股权转让方主张受让方支付股权转让价款，受让方以合同履行期间出现情势变更，依据原《最高人民法院关于适用〈中华人民共和国合同法〉若干问题的解释（二）》第26条提起反诉，请求解除合同。

由于我国原《合同法》对于情势变更原则未作规定，对处理情势变更的合同纠纷案件没有具体规定可循，虽然《最高人民法院关于适用〈中华人民共和国合同法〉若干问题的解释（二）》第26条对于情势变更作出原则性规定，但在运用其解决实践中的案件往往伸缩性很大，加之适用情势变更的合同纠纷案件，案情较为复杂，在事实的认定和实体处理上都有一定难度，认定的结果又对相关当事人的利益影响很大，所以有时判定的尺度往往很难统一。本案例从立法本意出发，立足于情势变更的适用要件，分别从是否存在情势变更的事实、该事实发生的时间以及是否影响合同目的实现等方面逐一分析认定，对于同类案件的审理具有一定参考意义。

我国《〈合同法〉草案》第76条中曾就情势变更作出规定，"由于客观情势发生变化，致使合同履行将对一方当事人没有意义或造成损害，而这种变化是当事人在订立合同时不能预见，并且不能克服的，该当事人可以要求对方就合同的内容重新协商；协商不成的，可以请求人民法院或仲裁机构变更或解除合同"。但在最终定稿时却把它删除，主要是合同法立法者当时考虑到不可抗力基本涵盖了情势变更，而且情势变更与商业风险难以区分，同时也担心法官会滥用情势变更原则。

所以，原《合同法》没有明文规定情势变更。但最高人民法院在《关于武汉市煤气公司诉重庆检测仪表厂煤气表装配线技术转让合同购销煤气表散件合同纠纷一案适用法律问题的函》中已写道："由于发生了当事人无法预见和防止的情势变更……仍按原合同约定的价格……显失公平"，当事人可以变更或解除合同。

因此，可以认为我国在司法上根据合同法的基本原则已确认了情势变更。在司法实践中，因情势变更而导致合同无法履行的案例已经出现，最典型是上述函所涉案例武汉市煤气公司诉重庆检测仪表厂煤气表装配线技术转让合同、煤气表散件购销合同违约纠纷案，还有河北张家口鑫百万餐饮公司与宣化饭店的承包合同纠纷案，都是通过适用情势变更原则公平解决当事人之间的纠纷。

【法条链接】

《公司法》

第七十一条 有限责任公司的股东之间可以相互转让其全部或者部分股权。

股东向股东以外的人转让股权，应当经其他股东过半数同意。股东应就其股权转让事项书面通知其他股东征求同意，其他股东自接到书面通知之日起满三十日未答复的，视为同意转让。其他股东半数以上不同意转让的，不同意的股东应当购买该转让的股权；不购买的，视为同意转让。

经股东同意转让的股权，在同等条件下，其他股东有优先购买权。两个以上股东主张行使优先购买权的，协商确定各自的购买比例；协商不成的，按照转让时各自的出资比例行使优先购买权。

公司章程对股权转让另有规定的，从其规定。

6. 无法实现股权与价款终局交换协议的法律后果

袁某与某公司股权转让纠纷[①]

【关键词】

转让协议　标的物所有权　股权行使

【案情简介】

被告某公司于2009年11月26日设立，其法定代表人为陶某，公司类型为有限责任公司（国内合资），注册资本为1100万元，股东或发起人为陶某和吴某，陶某认缴出资额为880万元，吴某认缴出资额为220万元。

2010年12月24日，原告袁某与被告经协商由原告向被告支付10万元，被告向原告出具的收条上记载"某公司今收到袁某黄陂北路251－256号（某坊）门店的股金共计十万元"，同时陶某也在收条上被告公章的印文处签字。

2011年1月1日，被告作为甲方和出让方与作为乙方和承接方的原告签订"某公司（某坊、丝绸之路）股权转让协议"，该协议载明甲方出资成立的总公司旗下的（某坊、丝绸之路）连锁机构，现甲方将公司门店上海市黄陂北路251－256号（某坊）的股份转让给乙方，总投资为200万元，共计股份200股；甲方以每股1万元价格转让给乙方，转让给乙方10股计10万元，确保投资额年盈利30%（若正常分红超出确保盈利，按股份分红提取盈利），每两个月结算一次（合同第1条第2款），合同期限自2011年1月1日起至此地不能继续经营为止，此地停止经营后门店资产清算按股份比例分配；某坊门店共计股份200股，盈利按200股分红，自该门店正式运营第三个月之后开始分红，分红方式为根据各方投资比例自盈利起第三个月开始分第1个月份的分红，并以此类推，利润分配按月汇入乙方账户；甲方负责某坊门店的经营管理，门店独立核算，甲方按月向乙方提供真实财务报表等；因乙方不参与某坊门店的经营管理，此门店发生亏损及债权债务乙方不承担责任（合同第5条第4款）。该协议还记载了合同期间甲、乙双方的出资为共有财产不得随意请求分割，附则中还记载乙方因自身原因在协议期限内自愿退股则必须由甲方或甲、乙双方同意的第三方接手其退股，如无人接手乙方退股，则不得退

① 上海市黄浦区人民法院（2012）黄浦民二（商）初字第150号民事判决书。

股,如乙方强行退股,则按照履约年限具体计算退股比例等内容。

上述协议签订后,被告未支付分红款也未提供财务报表,也无其他履约行为。截至原告于 2012 年 2 月 16 日起诉,被告也未向原告按约支付其确保投资额 30% 的年盈利。原告因无法取得涉案协议上的权益故诉至法院。

【判例分析】

《最高人民法院关于审理买卖合同纠纷案件适用法律问题的解释》第 45 条第 1 款规定:“法律或者行政法规对债权转让、股权转让等权利转让合同有规定的,依照其规定;没有规定的,人民法院可以根据合同法第一百二十四条和第一百七十四条的规定,参照适用买卖合同的有关规定。”

关于股权转让的性质。根据转让是否出于营利动机和有无对价,股权转让可分为交易型转让和非交易型转让。交易型转让主要有协议转让、《公司法》第 74 条规定的反对股东的收购转让。非交易型转让主要有继承、赠与、夫妻共同财产分割。无论是何种转让,股权转让均牵涉三个方面的关系:一是转让人与受让人的关系,二是转让人与其他股东的关系,三是受让人与其他股东的关系。这里先集中讨论交易型转让。

我们知道,公司是由股东合约设立的产物。新制度经济学认为,企业的本质是合约,与市场一样,都是组织社会生产交易的合约形式。因此,公司可以看作一份合同,只不过结构和内容比较复杂罢了,不仅包括发起人协议,还包括公司章程和公司法的相关规定。因此,从合同的角度来分析交易型转让各方间的关系是符合公司的本质的。

从合同的交易单元角度来分析,转让人与受让人之间的关系在法律性质上属于买卖关系,转让人与其他股东之间属于解除合同的关系,受让人与企业其他股东之间则属于建立合同的关系。但是股权转让是一个综合性的安排,不只是经济利益的交换,还有身份的置换。这种综合性的安排在法律上的性质是什么? 本文认为属于权利义务的概括转让。因为股东所转让的不仅有股权代表的权利,还有股东应负的义务。也就是说,股权转让的法律性质准确地说应当是合同的概括转让。

从涉案股权转让协议的形式来看,股权出让方为被告,转让标的为被告门店某坊的股权,且收受原告款项的主体也是被告,但因被告经工商登记的是包括被告法定代表人在内的两名自然人股东,被告本身无法持有其公司股权,也不可能转让其股权,因此,被告无权以自己名义与原告签订其门店股权的转让协议。从涉案转让协议约定的内容来看，该协议约定原告的款项投入被告门店某坊，但原告不承担被告门店某坊的债权债务和亏损，且被告还确保给予原告投资额年盈利30%的固定回报，因此不符合投资协议特征；该协议约定除被告给予原告固定回报外还在正常分红超出确保盈利的情况下按股份分红提取盈利，约定按月向原告提供财务报表、被告门店某坊停止经营后资产清算按股份比例分配以及退股条件等内容，因此也不符合借款合同性质。鉴于涉案协议原告支付10万元对价可获得权益是投资额年盈利30%的固定回报及分红中的盈利，因此属于（无名）有偿合同，且该协议属当事人真实意思表示，也未违反法律禁止性规定应属有效，原告合同目的是通过其出资行为至少获得投资额30%的年盈利或按期获得分红款。

【风险提示】

股权转让关系要想成立，需要满足以下基本条件：股权出让人向受让人转让股权，受让人向出让人支付价款，实现股权与价款的终局交换。这是参照《民法典》第595条的结果。该条规定："买卖合同是出卖人转移标的物的所有权于买受人，买受人支付价款的合同。"通过买卖，出卖人最终失去了标的物所有权，标的物所有权由买受人终局取得。同样地，通过股权转让，出让人彻底失去股权、受让人完全取得股权。其结果是：受让人对于其取得的股权，享有所有权益，并承担全部风险；而股权出让人完全退出股权的行使，也不能对受让人就股权收益提供任何保障。

在股权转让中，出让股权的主体应当是公司的股东，受让方可以是原公司的股东，也可以是股东外的第三人。

重点需要审查是否存在代持股现象。作为受让方应当注意以下几点：（1）标的股权的定价，要以审计、评估报告、净资产价值、实缴注册资本等为参考；（2）保证作为善意第三人，同时可以设置相应的条款，将有关不存在代持的承诺作为解除合同的要件，并约定较高的违约金；（3）如果已确定代持事实，则应当取得实际出资人的书面确认（例如，实际出资人出具同意转让的书面说明或签署股权转让的三方协议等），有关方式的选择，具体情况可具体分析。

在买卖中，出卖人对于标的物，没有处分权（所有权），买卖照样成立。同样地，单是股权出让人有无股权，不是决定股权让与关系成立的因素。股权出让人没有股权，在认定股权让与关系是否成立时，要发挥作用，也只是充当探求当事人真意的素材，即转让人没有股权，还要转让，有可能不是真的转让，而是借此掩盖其他法律效果。

协议的内容是认定股权让与关系成立与否的关键。《最高人民法院关于审理买卖合同纠纷案件适用法律问题的解释》第45条第1款后半句话，参照《民法典》第595条的规定，股权出让人向受让人转让股权，受让人向出让人支付价款，实现股权与价款的终局交换，是股权让与关系的最核心的内容[理论上称为法律行为或合同的要素(essentialia negotii)]。涉案协议无法实现股权与价款的终局交换，因而在内容上与股权让与关系的要素不相符。如果这种交换获得了实现，受让人就成了股权人；其对于股权的收益，不可能是旱涝保收的。因此，涉案协议不能认定为股权让与协议。同样地，涉案协议在内容上也不具备借款合同的要素。《民法典》第667条规定，"借款合同是借款人向贷款人借款，到期返还借款并支付利息的合同"，描述了借款合同的要素。借款合同围绕着金钱的融出与偿还展开。在涉案协议中，有金钱的融出，但是好像没有金钱的偿还，这是认定涉案协议是不是借款合同的关键。至于出让人能够获得回报、回报如何构成(或计算)，以及对受让人的其他要求，也进一步证明了涉案协议不属于借款合同。

【法条链接】

《公司法》

第七十一条 有限责任公司的股东之间可以相互转让其全部或者部分股权。

股东向股东以外的人转让股权，应当经其他股东过半数同意。股东应就其股权转让事项书面通知其他股东征求同意，其他股东自接到书面通知之日起满三十日未答复的，视为同意转让。其他股东半数以上不同意转让的，不同意的股东应当购买该转让的股权；不购买的，视为同意转让。

经股东同意转让的股权，在同等条件下，其他股东有优先购买权。两个以上股东主张行使优先购买权的，协商确定各自的购买比例；协商不成的，按照转让时各自的出资比例行使优先购买权。

公司章程对股权转让另有规定的，从其规定。

第四章

基于股东主体权益产生的纠纷

股东权益系股东基于公司法的规定和公司章程的约定所享有的基本权益,依据权利行使的目的,可分为自益权和共益权。法律充分尊重股东基于其股东身份所享有的各项权利,但由于公司内部各股东持股比例的不同。实践中出现大量控股股东利用自身优势侵害中小股东利益的倾向,与之相关的基于股东权益产生的纠纷随之大量出现,笔者通过选取基于股东权益产生纠纷的相关民事案由,以案例分析的形式提炼司法实践中的相关裁判观点。

具体而言,本章内容包括股东资格确认纠纷、股东知情权纠纷、损害股东利益责任纠纷、公司盈余分配纠纷和股东名册记载纠纷五个小节。通过分析五类案由,十五个司法判例的具体内容,为公司股东作基于股东主体权益产生的纠纷的相关风险的提示与建议。

一、股东资格确认纠纷

股东资格系股东依法享有股东权利，行使股东义务的一种法律资格。股东资格既可以在公司设立时，通过出资或在公司增资通过认购原始取得，亦可以通过股权转让、继承、赠与等方式继受取得。股东资格的认定，是股东享有股权的前提，具有十分重要的意义。

引起股东资格确认纠纷的原因有很多，主要是因为名义上的股东权属登记与实际情况不相符，即股东资格"名实不符"，一方起诉要求确认恢复到实际状态。股东权属登记恢复到实际状态不仅涉及公司内部的经营与管理，还涉及外部公司债权人、名义股东债权人等第三人利益的保护。在股东资格"名实不符"的案件中，以股权代持与冒名为主要表现形式。本节从实际的民事判决出发，基于股东资格确认纠纷，为公司、公司股东、投资者等提供防范法律风险的建议。

1. 无书面股权代持协议下隐名股东资格的认定

余某林与进和株式会社股东资格确认纠纷[①]

【关键词】

股东资格确认纠纷　无书面股权代持协议　股权归属

【案情简介】

进和株式会社于1994年2月14日在日本注册成立，内田某红、相原某美、马某、张某诚等曾任其董事。

广州进禾公司于2001年12月17日成立，设立时马某持股60%、余某林持股40%（出资20万元人民币）。2006年8月，张某诚受让马某所持有的60%股份。

2018年5月24日，进和株式会社作为原告起诉，请求确认其系广州进禾公司40%股份的实际出资人，余某林系名义出资人，并办理变更登记。

关于余某林向广州进禾公司出资的20万元人民币，各方当事人均认可来源于内田某红汇入的297万日元和相原某美（系余某林的女儿）存入的3000元人民币。但对297万日元的性质存在争议。进和株式会社主张内田某红受其委托、代表其进行汇款，且该款是内田某红从进和株式会社处领出，目的是在中国设立进和株式会社的分支机构广州进禾公司，内田某红确认进和株式会社的上述陈述。余某林称，内田某红汇付上述款项是基于内田某红与相原某美之间的债权债务关系，相原某美账户中的款项属于余某林的家庭共同财产，故其应认定为余某林的出资。

关于广州进禾公司的设立过程，马某述称其从未与余某林磋商广州进禾公司的设立事宜，其是接受进和株式会社的指示，作为名义股东代进和株式会社持有股权，两名股东的出资款均来源于进和株式会社。以上陈述内容与进和株式会社向余某林汇付297万日元款项的行为可以相印证。余某林在陈述有关广州进禾公司设立前后的磋商对象及过程时，陈述内容前后不一致，无法提供充分证据证明相关事实，不能证明其有出资设立广州进禾公司的真实意向。

关于广州进禾公司如何运营的问题，余某林在多年间形成的多份重要文件包

① 最高人民法院（2020）最高法民申3329号民事判决书。

括转让其名下股权的文件中的签名，均非其本人所签；余某林提供了其从广州进禾公司获得分红的银行流水，但进和株式会社提供的该存折原件，表明该账户虽登记在余某林名下，但实际控制人并非余某林；余某林并未参加过广州进禾公司股东会或参与过公司重大决策。

经法院裁判，一审法院支持了进和株式会社的诉讼请求。

余某林提起上诉。二审法院认为进和株式会社主张其系涉案争议股份实际出资人的事实具有高度可能性，维持了一审判决。

余某林继续提起再审申请，最高人民法院认为其再审申请不符合《民事诉讼法》规定的应当再审的情形，裁定驳回。

【判例分析】

本案中，实际出资人与名义股东之间并未签订书面的股权代持协议，使股权代持关系的认定存在较大争议。

首先，在未签订书面代持协议的情况下，争议股权所对应的出资款来源系判断股权代持关系的重要因素。本案中，各方当事人均认可争议股权所对应的出资款 20 万元人民币来源于内田某红的 2970000 日元和相原某美的 3000 元人民币。汇款人内田某红确认其系受实际出资人进和株式会社的委托，代表实际出资人将出资款转让给名义股东余某林。余某林否认了股权代持关系，主张内田某红的转账系基于内田某红与相原某美（余某林之女）之间的债权债务关系，但未能提供相应的证据证明其主张。故法院认定余某林出资款中的 297 万日元来源于进和株式会社。

其次，在未签订书面代持协议的情况下，登记出资人是否有设立公司的意向、是否参与了公司的经营系判断股权代持关系的另一考量因素。本案中，进和株式会社为设立广州进禾公司，安排相关人员进行投资（广州进禾公司设立时另一股东马某陈述确认其系作为名义股东代进和株式会社持有公司股权的）并派出了有关工作人员经营公司。而登记出资人余某林与另一股东马某并不认识，公司内部诸多载有其签名的重要文件均系他人代签，余某林亦未实际行使过从公司分取红利、以股东身份参与经营管理等权利。故法院认定登记出资人余某林不具有设立公司的意向，认可进和株式会社与余某林之间存在股权代持合意，股权代持关系成立。

最后，基于有限责任公司所具有的人合性、封闭性等特点，有限责任公司内部若存在股权代持情况且隐名股东实际行使股东权利的，公司及公司其他股东往往系知情的，故公司及公司其他股东的陈述可作为认定股权代持关系的判断因素之一。本案中，广州进禾公司成立时的股东为余某林和马某。马某称其没有参与过广州进禾公司的经营管理和决策，也没有参与过广州进禾公司的分红，是接到进和株式会社的指示，作为名义股东代进和株式会社持有股权，并称各股东投资广州进禾公司的出资款均来源于进和株式会社。马某的陈述在一定程度上亦增强了法院对于涉案争议股权系股权代持关系的内心确信。

《最高人民法院关于适用〈中华人民共和国民事诉讼法〉的解释》第 108 条第 1 款规定："对负有举证证明责任的当事人提供的证据，人民法院经审查并结合相关事实，确信待证事实的存在具有高度可能性的，应当认定该事实存在。"基于此，一审法院、二审法院、最高人民院均认为书面的股权代持协议并非认定股权代持关系的必要条件，综合上述各因素，现有证据足以证明进和株式会社系涉案争议股份实际出资人的事实具有高度可能性，判决确认进和株式会社是广州进禾公司登记在余某林名下 40% 股份的实际出资人，余某林是广州进禾公司 40% 股份的名义出资人。

因进和株式会社系在日本注册成立的企业，其请求以外国投资者的身份登记为广州进禾公司的股东涉及外商投资企业隐名股东的股权登记问题，将在后续案例中具体展开。

【风险提示】

《最高人民法院关于适用〈中华人民共和国公司法〉若干问题的规定（三）》第 24 条第 1 款规定："有限责任公司的实际出资人与名义出资人订立合同，约定由实际出资人出资并享有投资权益，以名义出资人为名义股东，实际出资人与名义股东对该合同效力发生争议的，如无法律规定的无效情形，人民法院应当认定该合同有效。"

前款规定的实际出资人与名义股东因投资权益的归属发生争议，实际出资人以其实际履行了出资义务为由向名义股东主张权利的，人民法院应予支持。名义股东以公司股东名册记载、公司登记机关登记为由否认实际出资人权利的，人民法院不予支持。

从法律条文表述上看，司法解释并未要求实际出资人与名义出资人之间必须签订书面合同，最高人民法院在综合出资款来源、登记出资人是否有设立公司的意向、是否参与了公司的经营、公司及公司其他股东是否知悉等因素后，亦认可了在没有签署股权代持协议情况下的股权代持关系。但从保护双方当事人权益、明确双方当事人权利义务、避免不必要的纠纷等角度出发，建议有委托他人代持股权需求的投资人，尽可能签署书面的股权代持协议。

在拟制股权代持协议时，需明确实际出资人与名义股东的权利义务关系。股权代持协议首要的是涉及实际出资人与名义出资人之间的合同关系。双方需在合同中明确股权代持的合意，实际出资人应对股东表决、红利分配、公司人员选任、剩余财产分配等权利作出明确约定，注重股东权利的实际行使。

股权代持关系下，实际出资人和名义股东都面临着不同程度的风险，故而建议在股权代持协议中设定专门的违约责任条款，提高违约的成本。名义股东对外具有公司股东的权利外观，对外承担一定的公司法上的股东义务，尤其是股东的出资义务，当实际出资人未按约足额履行出资义务时，名义股东将面临承担出资责任的风险。同样基于名义股东所具有的权利外观，实际投资人可能面临名义股东对外处置股权、第三人依据善意取得制度受让股权，名义股东违背实际出资人意愿和利益实施其他各种行为等情形，因此，设置专门的违约责任条款可以在一定程度上达到约束各方行为的效果。

为减少后续显名时发生不必要的纠纷，建议双方在签署股权代持协议时，可邀请公司、公司其他股东对协议内容进行确认。股权代持协议受合同相对性原则的约束，仅约束实际出资人与名义股东的权利义务。当实际出资人要求显名、从公司外部进入公司内部关系时，将会涉及实际出资人与公司、公司其他股东的权利义务，发生类似于股权对外转让的效果。基于此，公司法要求实际出资人在显名时，需经公司其他股东半数以上同意，公司、公司其他股东在协议上签字确认可以表明其已知悉股权代持情况，并认可实际出资人作为公司股东的身份，减少了显名时的纠纷。

最后，基于股权代持关系认定的复杂性及实际出资人、名义出资人可能面临的诸多风险，如果具备条件，建议聘请专业人士参与股权代持协议的拟制工作。

【法条链接】

《最高人民法院关于适用〈中华人民共和国民事诉讼法〉的解释》

第一百零八条第一款　对负有举证证明责任的当事人提供的证据，人民法院经审查并结合相关事实，确信待证事实的存在具有高度可能性的，应当认定该事实存在。

《最高人民法院关于适用〈中华人民共和国公司法〉若干问题的规定（三）》

第二十四条　有限责任公司的实际出资人与名义出资人订立合同，约定由实际出资人出资并享有投资权益，以名义出资人为名义股东，实际出资人与名义股东对该合同效力发生争议的，如无法律规定的无效情形，人民法院应当认定该合同有效。

前款规定的实际出资人与名义股东因投资权益的归属发生争议，实际出资人以其实际履行了出资义务为由向名义股东主张权利的，人民法院应予支持。名义股东以公司股东名册记载、公司登记机关登记为由否认实际出资人权利的，人民法院不予支持。

实际出资人未经公司其他股东半数以上同意，请求公司变更股东、签发出资证明书、记载于股东名册、记载于公司章程并办理公司登记机关登记的，人民法院不予支持。

2. 外商投资企业隐名股东的显名路径

上海纽鑫达进出口有限公司与程某平等股东资格确认纠纷①

【关键词】

股东资格纠纷　外商投资企业　显名路径

【案情简介】

2019 年 11 月 10 日，程某平（美国籍）与张某、程某签订一份《股份协议书》，约定三人在上海成立贸易公司，先期以张某、程某两人名义成立上海纽鑫达进出口有限公司（以下简称纽鑫达公司），等条件成熟后，程某平与该公司成立中外合资公司，各方实际投资比例为程某平 51%，张某 25%，程某 24%。注册资金 100 万元。

2009 年 11 月 3 日，程某平通过程某向张某打款 458762 元。程某平和程某均表示，458762 元中的 26 万元系程某平以张某名义缴纳的纽鑫达公司出资，程某平另有 25 万元出资系在程某的 49 万元出资中。

2009 年 11 月 5 日，上海汇强会计师事务所出具《验资报告》，载明纽鑫达公司出资已全部到位，均以货币形式按章程约定比例出资，其中张某出资 51 万元，程某出资 49 万元。

2009 年 11 月 11 日，纽鑫达公司成立，类型为有限责任公司（自然人投资或控股），法定代表人张某，经营范围为：从事货物与技术的进出口业务，机械设备、五金交电等的销售。

2012 年 10 月 29 日，程某平与张某、程某又签订一份《股份协议书》，约定：经三人协商，股东会决议如下：纽鑫达公司以股权收购形式，购买 × × 公司 100% 股权，根据三人分别拥有的纽鑫达公司股份比例，三人对 × × 公司股份的实际拥有比例如下：程某平拥有公司 51% 股权，张某拥有公司 25% 股权，程某拥有公司 24% 股权……

2018 年 8 月 6 日，纽鑫达公司向程某平出具一份《出资证明书》，载明：程某平于 2009 年 11 月 3 日向纽鑫达公司缴纳出资 51 万元。纽鑫达公司和张某对该《出

① 上海市第一中级人民法院（2020）沪 01 民终 3024 号民事判决书。

资证明书》提出异议,认为系事后由程某擅自在盖有纽鑫达公司公章的空白页上打印形成。经法院委托鉴定,鉴定意见为:检材《出资证明书》上“纽鑫达公司”印文不是在 2009 年 12 月 31 日至 2012 年 4 月 20 日盖印形成,但无法判断是否在签发日“2018 年 8 月 6 日”盖印形成。

另查明,2009 年至 2018 年,张某先后通过不同电子邮箱与程某平、程某等有众多电子邮件往来,汇报纽鑫达公司及相关企业的运营情况等。2013 年 9 月 16 日,张某通过 × ×@ 126. com 向程某平发送电子邮件,汇报《纽鑫达公司分红案》。

程某平提起诉讼,请求确认张某名下 26% 的纽鑫达公司股权系程某平所有,并办理股权变更登记。

经法院裁判,一审法院支持了程某平的诉讼请求。

纽鑫达公司提起上诉。二审法院采一审法院观点,认为一审判决认定事实清楚,适用法律虽有瑕疵,但裁判结果正确,驳回了上诉人的上诉请求。

【判例分析】

关于隐名股东的显名问题,争议焦点集中于隐名股东的身份认定和隐名股东显名路径上可能存在的障碍。

本案关于程某平隐名股东的身份认定,事实与要件均较为清晰。首先,各方签订的两份《股权协议书》和一份《出资证明书》均可相互印证各方具有股权代持的合意,程某平实际享有纽鑫达公司 51% 股权的事实,其中 26% 的股权由张某代持,25% 的股权由程某代持。其次,程某平已经实际履行了出资义务,有《出资证明书》及转账记录作为凭证。虽然纽鑫达公司和张某抗辩《出资证明书》系程某事后伪造,但经法院委托鉴定均无法得出明确的公章加盖的时间,且各方均认可公章系真实的,纽鑫达公司和张某无其他证据证明其主张,故一审、二审法院均采信了该份《出资证明书》。最后,法定代表人通过邮箱与程某平往来邮件,涉及月度账目明细、财务报表、厂址选择、结汇时间表等内容,程某平事实上参与了公司的经营管理,实际行使了股东权利。据此,一审、二审法院均认定张某名下 26% 的纽鑫达公司股权应归程某平所有。

本案关于外国籍隐名股东程某平显名路径上可能存在的障碍,主要分为以下三点:第一,《外商投资法》施行以后,已允许国内自然人与外国人成立外商投资企业。《外商投资法》第 2 条第 2 款规定,外国的自然人、企业或者其他组织单独或者与其他投资者共同在中国境内设立外商投资企业的投资行为,可被认定为外商投资。《外商投资法实施条例》第 3 条规定,《外商投资法》第 2 条第 2 款第 1 项、第3项所称其他投资者,包括中国的自然人在内。

第二,对于负面清单之外的外商投资,外国籍隐名股东要求显名,无须再征得外商投资企业主管机关的同意,无须履行特别的审批手续。《外商投资法》第4条规定,对外商投资实行准入前国民待遇加负面清单管理制度(准入前国民待遇与负面清单定义详见后续法条链接)。本案纽鑫达公司的经营范围属于负面清单之外的外商投资,国家给予国民待遇,按照内外资一致的原则管理,外籍股东要求显名的,无须再征得外商投资企业主管机关的同意。同时,本案一审法院致函上海市商务委员会,就"如确认程某平为纽鑫达公司股东,上海市商务委员会是否同意将程某平变更为纽鑫达公司股东,并将纽鑫达公司变更为外商投资企业"进行咨询。浦东新区商务委投资促进处复函称:"……纽鑫达公司所从事领域不属于外商投资准入特别管理措施(负面清单)内范围,我委办理CarsonJunPingCheng变更为纽鑫达公司股东,并将纽鑫达公司变更为外商投资企业的备案手续不存在法律障碍。"

第三,对于负面清单之外的外商投资,外国籍隐名股东请求变更登记需经名义股东以外的其他股东半数以上同意。对于负面清单之外的外商投资,国家已明确给予国民待遇原则,参照公司法司法解释的相关规定,有限责任公司的实际出资人要求办理变更登记的,需经公司其他股东半数以上同意。

综上,一审、二审法院均认为程某平要求纽鑫达公司将张某代持的纽鑫达公司26%股权变更登记到自己名下不存在法律和政策上的障碍,予以支持。

【风险提示】

本案系《外商投资法》生效后的全国首例境外自然人要求确认股东资格案。《外商投资法》施行以后,国家对外商投资实行准入前国民待遇加负面清单管理制度,并放开了国内自然人与外国投资者共同成立外商投资企业的限制,仍需把握以下风险:

首先,外商投资者为规避负面清单中禁止外商投资准入的规定而签署的股权代持协议无效。《外商投资准入特别管理措施(负面清单)(2021年版)》显示,禁止投资稀土、放射性矿产、钨勘查、开采及选矿;禁止投资中国管辖海域及内陆水域水产品捕捞等,该类领域涉及国家安全、社会公共利益,不允许外国投资者以股权代持的形式投资。

其次,外商投资者为规避负面清单中限制外商投资准入的规定而签署的股权代持协议,需视情况以确定协议的效力。若外商投资者显名后仍然符合负面清单中关于准入特别管理措施规定的条件的，股权代持协议可认为有效，反之则无效。例如，《外商投资准入特别管理措施（负面清单）（2021 年版）》规定小麦新品种选育和种子生产的中方股比不低于 34%、玉米新品种和种子生产须由中方控股。外商投资者显名后的持股比例仍应符合上述规定。

再次，对于负面清单外大多数准入类的外商投资领域，股权代持协议如无其他法律规定的无效情形，股权代持协议有效。当事人不能仅以合同未经有关行政主管部门批准、登记为由主张合同无效，且基于国民待遇原则及内外资一致原则，在实际投资者要求变更为股东时，无须再征得外商投资企业主管机关的同意。

最后，在外商投资企业中，实际投资者请求确认其股东身份并办理变更登记的，相关法律规定及司法实践中均要求实际投资者已经实际投资。为降低实际投资者后续要求显名时的举证难度，建议实际投资者保留出资凭证、出资证明书等文件，由名义股东代为向公司缴纳出资款的，在实际投资者向名义股东汇款时，建议明确备注款项性质为“出资款”。

股权代持作为一种投资方式，虽然可以在一定程度上满足投资者隐藏身份获取投资利益的目的，但是公司权利外观上登记的名义股东与实际出资人的不一致，容易使市场交易主体对公司及公司股东的信息产生误判，当代持行为被披露时，可能会影响公司的信誉，因此投资者应保有“国家并不鼓励股权代持、股东资格名实分离行为”的基本认知与立场。

【法条链接】

《外商投资法》

第四条 国家对外商投资实行准入前国民待遇加负面清单管理制度。

前款所称准入前国民待遇，是指在投资准入阶段给予外国投资者及其投资不低于本国投资者及其投资的待遇；所称负面清单，是指国家规定在特定领域对外商投资实施的准入特别管理措施。国家对负面清单之外的外商投资，给予国民待遇。

第二十八条 外商投资准入负面清单规定禁止投资的领域，外国投资者不得投资。

外商投资准入负面清单规定限制投资的领域，外国投资者进行投资应当符合负面清单规定的条件。

外商投资准入负面清单以外的领域，按照内外资一致的原则实施管理。

《最高人民法院关于适用〈中华人民共和国外商投资法〉若干问题的解释》

第二条 对外商投资法第四条所指的外商投资准入负面清单之外的领域形成的投资合同，当事人以合同未经有关行政主管部门批准、登记为由主张合同无效或者未生效的，人民法院不予支持。

前款规定的投资合同签订于外商投资法施行前，但人民法院在外商投资法施行时尚未作出生效裁判的，适用前款规定认定合同的效力。

3. 被冒名登记股东诉请涤除股东资格的认定

屠某钢与北京汇瑞达经贸有限责任公司股东资格确认纠纷①

【关键词】

股东资格纠纷　冒名股东　笔迹鉴定　外观主义

【案情简介】

2015年6月9日，法院裁定受理北京汇瑞达经贸有限责任公司（以下简称汇瑞达公司）的破产清算申请，并于2016年7月15日指定企业清算公司担任管理人。

2016年9月12日，管理人向汇瑞达公司法定代表人徐某勇及三个股东（徐某勇、徐某会、屠某钢）分别以EMS快递形式发送《告知函》，告知上述人员在该案受理后的义务职责并要求其在限期内与管理人进行交接，并适时配合破产清理工作。

2016年9月20日，徐某勇与管理人进行联系沟通，管理人对徐某勇的讯问笔录记载：徐某勇与原法定代表人赵某民未办理过实际交接手续，受让股权后未参与过公司的实际经营管理。当初系徐某会办理的变更登记，徐某会现已身故。徐某勇指认原法定代表人赵某民是汇瑞达公司的相关资料和财产的实际保管人。

屠某钢及徐某会均未在《告知函》明确期限内与管理人联系。

管理人自工商行政部门调取工商档案显示：汇瑞达公司注册成立于1996年10月21日，公司成立时的股东为：赵某民、史某春、徐某华，法定代表人：赵某民。1998年6月徐某华将其名下10%的股权转让至方某能名下。

2000年12月，赵某民、史某春、方某能与徐某勇、徐某会、屠某钢分别签订《转股协议书》，其中屠某钢无偿受让赵某民5%股份，徐某勇、屠某钢、徐某会成为汇瑞达公司股东。2000年12月16日，汇瑞达公司由赵某民、方某能、史某春参加作出第一届第四次股东会决议，同意股权转让。同日，汇瑞达公司由徐某勇、徐某会、屠某钢参加作出第二届第一次股东会决议，同意修改章程并进行人事任命。以上文件均有屠某钢签名。

屠某钢称自收到管理人《告知函》后方知其被登记为汇瑞达公司股东，之前对受让股权及成为汇瑞达公司股东等事宜均不知情。

---

① 最高人民法院（2020）京民再79号民事判决书。

经法院委托鉴定，上述有“屠某钢”签名的文件并非屠某钢本人所签。

屠某钢向法院提起诉讼，请求确认其不具备汇瑞达公司股东身份。

一审法院审理过程中，屠某钢无法举证证明居民身份证在工商登记期间丢失或被他人冒用的相关证据，故驳回其诉讼请求。

屠某钢提起上诉，二审法院采一审法院的观点，驳回了其上诉请求。

屠某钢提起再审申请，再审期间其提交证据证明《转股协议书》已被依法认定为无效，市工商局东城分局已撤销工商变更登记行为，现屠某钢名下的5%股权已登记至原股东赵某民名下，故再审判决确认屠某钢不具有北京汇瑞达经贸有限责任公司股东身份。

【判例分析】

股东资格的纠纷遵循基本的内外有别原则，对内应当尊重公司的自治，股东资格纠纷仅涉及公司内部关系时，应当注重实质审查，股东名册及章程记载并非认定股东资格的唯一要件。对外应当注重第三人利益的保护，股东资格纠纷涉及公司债权人利益时，应当注重审查权利表征，适用外观主义原则。

所谓外观主义原则，是指作为工商登记的名义股东，其工商登记信息系经过工商行政机关审核后作出的，具有公示公信效力，第三人基于对该权利外观的信任与公司建立某种法律关系，即使公司的真实情况与权利外观不相符，第三人的此种信赖利益仍应受到保护。

基于此，一审法院认为，本案屠某钢诉请确认其不具备汇瑞达公司股东身份，看似仅涉及公司内部关系，但是汇瑞达公司已被第三人申请破产，屠某钢是否为汇瑞达公司股东将直接影响第三人在申请汇瑞达公司破产后向公司股东主张的利益，故本案应适用外观主义原则，屠某钢未提交其身份证在工商登记期间丢失或被他人冒用的相关证据，仅凭股权受让过程中相关文件签名非本人所签的事实不足以证明屠某钢受让股权非其本人真实意思表示。一审法院没有支持屠某钢的诉讼请求。

二审期间，屠某钢并未提交新的证据。二审法院着重审查了冒名人与被冒名人之间的关系。一审法院的开庭笔录中显示，屠洪刚的一审委托诉讼代理人称：屠洪刚与汇瑞达公司法定代表人徐某勇系普通朋友关系。二审法院审理期间，屠某钢本人陈述称：和汇瑞达公司原股东赵某民、法定代表人徐某勇及其他股东、人员既不认识，更未有过商业洽谈合作，一审委托诉讼代理人在未经核实的情况下在部分笔录中陈述其与徐某勇认识（后纠正）不能代表其本人的意思。二审法院认为，屠某刚在一审诉讼中对与汇瑞达公司法定代表人徐某勇是否认识一节的陈述前后不一，并无相反证据推翻一审诉讼中的陈述，故驳回其上诉请求。

再审期间，屠某钢提交了新证据。第一组证据系法院判决书一份。法院经审理查明《转股协议书》上签字并非其本人书写，亦未授权他人代签，股权受让并非其真实意思表示，事后亦不存在追认或者默示同意等情形，且屠某钢从未以股东身份参与过公司的实际经营与分红，未实际行使过股东权利，故判决认定《转股协议书》无效。

第二组证据系用以证明市工商局东城分局撤销工商变更登记的行为。工商部门作出《撤销行政许可决定书》，决定撤销汇瑞达公司于 2001 年 4 月 5 日取得的变更登记，即撤销法定代表人由赵某民变更为徐某勇，股东由赵某民、史某春和方某能变更为徐某勇、徐某会和屠某钢的工商变更登记行为。现屠某钢名下的 5% 股权已登记至赵某民名下。

再审法院认为，基于上述文件，屠某钢已不具有汇瑞达公司股东资格的事实基础，故确认其不具有汇瑞达公司的股东身份。

【风险提示】

针对冒名股东案件，笔者将分别从事前、事后两个阶段，民事、行政、刑事三种救济途径为被冒名者作出风险提示并给出建议。

在事前防范阶段，当事人应妥善保管身份证件，减少身份证的外借，确有必要的，应在身份证复印件中写明外借的用途。出现身份证件丢失的，应当及时向公安机关进行挂失。

事后发现自己身份被冒用时，应当及时主张权利。

从民事救济层面，当事人可以提起股东资格确认之诉，请求法院确认其并非该公司股东。基于商事外观主义原则及工商登记公信力的考虑，法院在审理过程中将着重审核当事人对于身份证件出现在登记机关能否作出合理的解释。若在被冒名登记前合理期限内发生过身份证遗失的，被冒名者可以提供身份证件丢失时的报警回执、身份证件遗失公告等证据，建议日常生活中注重对此类证据的保留。若在被冒名前合理期限内外借过身份证、委托他人办理过相关事宜的，应举证证明委托他人办理的事宜中不包含股权登记，故建议外借身份证时注意在身份证复印件写明用途，或在与受托人的聊天记录中明确使用用途，并保留书面证据。若被冒名者从未遗失身份证或者委托他人代办其他事宜，但不排除在其不知情的情况下，他人使用被冒名者身份证后归还的可能，此时被冒名者将面临较大的举证难度，法院可能会基于被冒名者与冒名者之间的关系、被冒名者是否实际行使过股东权利、被冒名者是否存在事后追认或者默示同意等因素综合判断冒用行为的可能性与合理性。

从民事救济层面，当事人还可以提起侵权之诉。《民法典》第 1014 条规定："任何组织或者个人不得以干涉、盗用、假冒等方式侵害他人的姓名权或者名称权。"需要注意的是，在股东资格确认之诉中，被告系公司，而在侵权之诉中，被告应为实际冒用者。

从刑事救济层面，当事人可以向公安机关报案寻求公权力救济。近年来，国家加强了对个人信息的保护，规定了侵犯公民个人信息罪，伪造、变造、买卖身份证件罪，使用虚假身份证件、盗用身份证件罪等罪名，在一定程度上减少了冒名案件的发生，并在类似案件发生后做到有法可依，及时追究相关人员的刑事责任。

【法条链接】

《最高人民法院关于适用〈中华人民共和国公司法〉若干问题的规定(三)》

第二十八条　冒用他人名义出资并将该他人作为股东在公司登记机关登记的，冒名登记行为人应当承担相应责任；公司、其他股东或者公司债权人以未履行出资义务为由，请求被冒名登记为股东的承担补足出资责任或者对公司债务不能清偿部分的赔偿责任的，人民法院不予支持。

二、股东知情权纠纷

股东知情权是股东一项固定的、法定的权利，是股东行使其他权利的基础。股东知情权的行使主体、行使范围不仅关系到对公司股东，尤其是中小股东利益的保护，还有助于其更好地了解公司的经营状况、财务状况，因而更需要兼顾公司商业秘密的保护，在股东利益与公司利益中寻求平衡。同时，股东知情权的行使还关系到股东后续权利的主张，知情权行使受阻会直接影响股东其他权利的行使。

司法实践中，基于股东知情权而产生的纠纷主要包括行使知情权的股东主体资格的认定、知情权行使方式的认定、知情权行使是否具有不正当目的的认定、知情权行使范围的认定等，尤其是股东行使知情权是否可以查阅公司原始凭证和记账凭证的问题在实践中一直存在较大争议。本节从实际的民事判决出发进行分析，以期为股东提供基于股东知情权纠纷的防范和处理建议。

1. 股东知情权诉讼中原告主体资格的认定

汪某与无锡市丰行科技有限公司股东知情权纠纷①

【关键词】

股东知情权纠纷　瑕疵出资　股东资格

【案情简介】

2010年3月16日设立的无锡市丰行科技有限公司(以下简称丰行公司),系有限责任公司,汪某持股30%(认缴出资15.3万元),陈某云持股70%。丰行公司未设立董事会、监事会,由陈某云担任法定代表人、执行董事兼总经理,汪某担任监事。

2019年7月12日,汪某向丰行公司邮寄《查阅会计账簿请求函》一份,内容为:汪某系丰行公司股东,为全面了解公司运营及财务状况,要求丰行公司提供:(1)自2010年3月16日起至2019年6月30日止的公司章程、股东会会议记录、董事会会议决议、监事会会议决议、财务会计报告供汪某查阅、复制;(2)自2010年3月16日起至2019年6月30日止的会计账簿(包括总账、明细账、日记账和其他辅助性账簿及税务局2018年税务年报表)和会计凭证(含记账凭证、相关原始凭证、附件入账备查的有关资料复印件)供汪某查阅。

2019年9月5日,丰行公司书面通知汪某补足出资15.3万元,汪某未补缴。

2019年10月8日,丰行公司召开临时股东会并作出股东会决议,决议内容为免去汪某股东身份。丰行公司认为该决议有效,但尚未变更股东名册,未完成工商变更登记手续。汪某对该决议不认可,表示其在公司设立时已出资到位,但尚未提起公司决议效力确认之诉。

汪某起诉要求丰行公司提供自成立至今的财务账簿(包括总账、明细账、日记账和其他辅助性账簿及税务局2018年税务年报表)、财务会计报告(资产负债表、损益表、现金流量表、财务情况说明书、利润分配表)和会计凭证(含记账凭证、相关原始凭证、附件入账备查的有关资料)供汪某及其委托的会计师(注册)查阅。

一审法院以汪某不具备股东知情权诉讼的主体资格为由,驳回起诉。

① 江苏省高级人民法院(2020)苏民申9073号民事裁定书。

汪某提起上诉，并提交了有关证据用以证明其已实际出资；丰行公司近两年亏损严重，侵害了其合法权益，需行使股东知情权进一步知道公司实际经营情况；股东会会议未按公司章程及法律规定召开等事实，二审法院认为2020年10月8日决议是否有效不属于本案审理范围，故以汪某主体不适格为由，驳回了汪某的上诉请求。

二审判决后，汪某再次提起再审申请。最高人民法院认为其再审申请不符合《民事诉讼法》规定的应当再审的情形，裁定驳回。

【判例分析】

一审法院认为，有限责任公司的股东行使股东知情权，股东权利与股东身份是不能相分离的，具有股东资格是行使股东知情权的前提，原告起诉要求查阅公司财务账簿、财务会计报告等资料，首先需审查原告是否具有股东资格。

同时，一审法院认为，本案有关原告股东资格的审查应更加注重实质要件。本案仅涉及股东汪某与丰行公司之间的内部关系，并未对外涉及公司与公司债权人、股东债权人等第三人的利益，因此在审查时，不应当局限于工商登记的对外公示记载，而是应当结合股东之间的约定以及公司内部决议等证据进行实质性的判断，在处理股东和公司的内部关系上，应当尊重公司的自治。

本案丰行公司虽然对外尚未变更股东名册，并未完成工商变更登记手续，汪某仍然记载于股东名册和工商登记信息中，对外具备形式上的丰行公司股东的主体资格，但是丰行公司已于2019年10月8日召开股东会并形成决议，解除了汪某的股东资格，在公司的内部关系中，汪某已经不具备股东资格。股东会是公司的权力机构，在处理股东与公司的内部关系上应当尊重股东会这一公司自治机构所作之决议。汪某若认定股东会决议不成立、无效或者可撤销的，或者对除名行为的效力有异议的，可以另行提起诉讼，该争议不属于本案的审理范围，在股东会决议的效力未被否定之前，应当依据股东会决议，认为汪某已经不具备股东资格。

根据公司法司法解释的有关规定，原则上只有具备公司股东资格的人才能提请股东知情权诉讼。存在例外的情况是，原告在起诉时不具有公司股东资格，但其有初步证据证明在持股期间其合法权益受到损害，法院亦可支持其对持股期间公司的特定文件材料行使知情权。

本案中，汪某现已经不具备股东资格，其也未能举证证明在持股期间其合法权益受到损害，故一审法院驳回了汪某的起诉。

二审审理过程中，汪某虽然提交了一系列证据证明其已实缴出资，但是二审法院采一审法院之观点，认为决议的效力问题不属于本案的审理范围，故驳回了汪某的上诉请求。

再审法院经审查认为，有限责任公司的股东未履行出资义务或者抽逃全部出资，经公司催告缴纳或者返还在合理期间内仍未缴纳或者返还出资的，公司可以股东会决议的形式解除该股东的股东资格。本案丰行公司已于2019年9月5日书面通知汪某补足出资15.3万元，但是汪某未予补缴，故丰行公司可以召开临时股东会并作出决议将汪某除名，在决议未被推翻前，汪某不具有股东资格，其提起股东知情权纠纷属于原告主体不适格，故再审法院亦驳回了汪某的再审申请。

【风险提示】

本案系所有民事案件均会涉及的有关原告主体资格的确认问题。依照《民事诉讼法》的有关规定，与案件存在具有利害关系的公民、法人和其他组织才能作为适格原告。

在股东知情权纠纷中，原告主体资格的确认存在一定的特殊性——原则上要求具有股东资格。提起股东知情权诉讼的往往系公司的中小股东，因为中小股东不直接参与公司的经营管理，在对公司经营状况、财务状况等的信息上具有不对称性而处于弱势地位，故而起诉要求查阅或者复制公司的相关材料，了解公司的实际经营和财务状况。法律规定原告提起股东知情权诉讼，原则上要求具有股东资格，既符合《民事诉讼法》中原告与案件需具有利害关系的一般法理基础，亦做到了中小股东利益保护与公司商业秘密保护之间的平衡。

股东违反出资义务原则上不影响其行使股东知情权，出资义务的违反不等于股东资格的灭失。存在出资瑕疵的股东需对公司、对已经履行出资义务的公司其他股东、对公司的债权人等承担相应的法律责任，公司可以根据公司章程或者股东会决议对瑕疵出资股东的利润分配请求权、新股优先认购权、剩余财产分配请求权等股东权利作出相应的合理限制，但该合理限制均系与财产利益直接相关的股东权利，在主体资格上瑕疵出资的股东仍具有公司的股东资格，仍可以提起股东知情权诉讼。

公司直接以股东未履行出资义务为由抗辩，拒绝股东行使知情权的，无法得到法院的支持。股东知情权作为股东的一项法定权利、固有权利，是股东行使分配、决策等权利的基础性权利，系基于其股东身份而享有的，具有特定的人身属性，不会仅因股东未履行出资义务而丧失股东知情权。

当出资瑕疵的股东提起股东知情权诉讼时,公司出于自身利益的保护,可以证明股东存在出资瑕疵,并通过股东会决议的方式将出资瑕疵的股东除名,以阻止其行使股东知情权。根据《公司法》司法解释的规定,有限责任公司的股东存在出资瑕疵,经公司向出资瑕疵的股东催告缴纳出资或返还抽逃的出资后的合理期限内,瑕疵出资的股东仍未缴纳出资或者返还出资的,公司可以股东会决议形式解除瑕疵出资股东的股东资格。这为公司应对瑕疵出资股东提起的知情权纠纷提供了有效的救济途径。

股东提起知情权纠纷,在查阅公司的财务会计报告、会计账簿等相关材料,了解公司的经营状况与财务状况后,往往会进一步影响其决策权、分红权等权利的行使,或者在其掌握了公司、董事、监事、高级管理人员等存在的违法违规行为后进一步主张权利。股东知情权纠纷的顺利进行,亦能有效推进股东对于其他权利的救济。

鉴于此,对于公司的股东,笔者建议股东在提起知情权诉讼前,及时确认、审查自身的出资情况;在诉讼中收到公司的缴纳出资或返还出资的催告时,及时履行相应出资义务。法院在审理股东知情权纠纷时,若公司提供股东会决议抗辩原告已不具有股东资格,法院并不会对股东会决议的效力进行实质性的审查,股东另行提起公司决议效力确认之诉虽系一种有效可行的救济手段,但是会造成诸多不必要的时间、精力上的浪费。

【法条链接】

《公司法》

第三十三条 股东有权查阅、复制公司章程、股东会会议记录、董事会会议决议、监事会会议决议和财务会计报告。

股东可以要求查阅公司会计账簿。股东要求查阅公司会计账簿的,应当向公司提出书面请求,说明目的。公司有合理根据认为股东查阅会计账簿有不正当目的,可能损害公司合法利益的,可以拒绝提供查阅,并应当自股东提出书面请求之日起十五日内书面答复股东并说明理由。公司拒绝提供查阅的,股东可以请求人民法院要求公司提供查阅。

《最高人民法院关于适用〈中华人民共和国公司法〉若干问题的规定(三)》

第十七条第一款 有限责任公司的股东未履行出资义务或者抽逃全部出资,经公司催告缴纳或者返还,其在合理期间内仍未缴纳或者返还出资,公司以股东会决议解除该股东的股东资格,该股东请求确认该解除行为无效的,人民法院不予支持。

《最高人民法院关于适用〈中华人民共和国公司法〉若干问题的规定(四)》

第七条 股东依据公司法第三十三条、第九十七条或者公司章程的规定,起诉请求查阅或者复制公司特定文件材料的，人民法院应当依法予以受理。

公司有证据证明前款规定的原告起诉时不具有公司股东资格的，人民法院应当驳回起诉，但原告有初步证据证明在持股期间其合法权益受到损害，请求依法查阅或者复制其持股期间的公司特定文件材料的除外。

2. 股东请求查阅会计账簿是否具有不正当目的的认定

阿特拉斯设备有限公司与河北阿特拉斯设备制造有限公司股东知情权纠纷①

【关键词】

股东知情权纠纷　不正当目的　实质性竞争关系

【案情简介】

2005 年 7 月 16 日,阿特拉斯设备有限公司(以下简称阿特拉斯公司)通过股权转让成为河北阿特拉斯设备制造有限公司(以下简称河北阿特拉斯公司)股东,持股 50% 。阿特拉斯公司委派鲁某夫和周某民担任河北阿特拉斯公司董事,后将周某民更换为 MatthewKuffel。

河北阿特拉斯公司的经营范围为研究、设计、生产渣浆泵、脱硫泵、疏浚泵、其他工业水泵及泵系统,生产耐磨机械部件、销售自产产品并提供咨询、维修等配套服务;经营期限为自 2004 年 5 月 12 日至 2019 年 5 月 12 日。阿特拉斯公司的经营范围为泵件销售。

阿特拉斯公司经营和销售的产品与河北阿特拉斯公司产品相同。天津海关出具证明:查明阿特拉斯公司曾多次从河北阿特拉斯公司的竞争对手处购买与河北阿特拉斯公司生产销售的产品相同的货物。

阿特拉斯公司的股东鲁某夫在担任河北阿特拉斯公司董事期间,注册设立了与河北阿特拉斯公司经营范围一致的 A 公司,鲁某夫的侄子 MatthewKuffel 作为股东成立 B 公司,A 公司之前在北美销售河北阿特拉斯公司的产品,后销售国内其他厂家同类产品。

《中外合资经营企业河北阿特拉斯设备制造有限公司合同》第 33 条约定:“合营公司的财务账册应每年一次由一个在中国注册的会计事务所进行审计,费用由合营公司承担。合同各方有权各自承担费用自行指定审计师审计合营公司的账目。”《中外合资经营企业河北阿特拉斯设备制造有限公司章程》第 34 条约定:“合

① 最高人民法院(2020)最高法民再 170 号民事判决书。

营各方有权自费聘请审计师查阅合营公司账簿。查阅时,合营公司应提供方便。”

阿特拉斯公司提起诉讼:(1)请求查阅、复制河北阿特拉斯公司章程、董事会会议记录、决议及财务会计报告;(2)请求查阅河北阿特拉斯公司包括原始会计凭证在内的所有会计账簿;(3)允许其指定审计师对河北阿特拉斯公司账目进行审计。

一审法院判令支持了阿特拉斯公司的第1项诉讼请求,以阿特拉斯公司查阅会计账簿具有不正当目的为由,驳回了其他诉讼请求。

阿特拉斯公司提起上诉。二审法院认定一审判决认定事实清楚,适用法律正确,应当予以维持。驳回了阿特拉斯公司提出的上诉请求。

二审判决后,阿特拉斯公司再次提起再审请求。

再审法院认为阿特拉斯公司申请再审申请主要理由成立,判令支持了阿特拉斯公司全部三项诉讼请求。

【判例分析】

针对阿特拉斯公司的第1项诉讼请求:查阅、复制河北阿特拉斯公司的公司章程、财务会计报告等资料,各法院均认可该项权利属于股东绝对知情权的范畴,应当予以支持。

但有所不同的是,一审法院判令河北阿特拉斯公司提交年度财务审计报告和财务报表。阿特拉斯公司上诉主张应当允许其查阅、复制而不仅仅是提交。二审法院认为,无论上述文件是通过电子版还是文字版的方式提交,只要股东在收到材料后能够达到了解公司信息的目的,就应当认为符合公司法有关“查阅、复制”的规定。

然而再审法院认为,上述资料属于公司应当制备的文件材料,需要在公司内部公开,应当允许合资双方不受限制地查阅或者复制,因此,即使河北阿特拉斯公司此前已经提交了上述资料,阿特拉斯公司仍有权在合适的时候自行前往查阅。

关于阿特拉斯公司主张的查阅公司会计账簿的诉讼请求,各法院均认可需以查阅具备正当目的为前提,但在正当目的的认定上产生了分歧。

根据《公司法》及司法解释的规定,股东自营或者为他人经营与公司主营业务有实质性竞争关系业务的,应当认定为具备不正当目的。一审法院认为,阿特拉斯公司的股东鲁某夫投资设立与河北阿特拉斯公司经营范围一样的A公司,并从河北阿特拉斯公司的竞争对手处购买与其经营的相同的产品用于销售,二者已构成实质竞争关系,据此认定阿特拉斯公司具有不正当目的,二审法院予以维持。

然而再审法院认为,在认定公司的主营业务时,应当主要考虑该项业务对公司稳定利润的贡献,兼顾在营业收入中的比重,河北阿特拉斯公司的主营业务是生产渣浆泵,而阿特拉斯公司的主营业务是销售,在生产环节二者不存在竞争关系。实质性竞争关系指的是股东和公司之间存在利益冲突,应当根据案件事实综合认定。本案阿特拉斯公司与 A 公司均是鲁某夫投资设立的,两公司之间不存在控股关系,河北阿特拉斯公司主张阿特拉斯公司通过其控股的 A 公司从事与河北阿特拉斯公司相同的销售业务的主张难以成立,故再审法院认定阿特拉斯公司不具有正当目的。

关于阿特拉斯公司查阅的会计账簿中能否包含原始凭证和记账凭证的问题,再审法院认为,公司法虽然仅规定了股东可以查阅公司会计账簿,并未规定可以查阅原始凭证和记账凭证,但是该条规定的目的是防止小股东滥用知情权干扰公司的正常经营活动,本案阿特拉斯公司持股 50%,不存在小股东滥用知情权的问题。并且合资合同与公司章程中均规定了审计师对账簿的查阅权,而原始凭证和记账凭证是审计时必须涉及的,故对于公司内部的约定应当予以尊重。据此,再审法院支持阿特拉斯公司查阅包括原始会计凭证在内的所有会计账簿,并允许其自行聘请审计师对账目进行审计。

【风险提示】

关于股东知情权的范围,首先应当明确,对于公司章程、股东会会议记录、董事会会议决议、监事会会议决议和财务会计报告,股东享有查阅和复制的权利,且属于股东绝对知情权的范畴。而对于公司会计账簿,股东仅享有查阅权,不享有复制权,且该项权利属于股东相对知情权的范畴,需以股东具有正当目的为前提。

股东在向法院提起诉讼,要求法院判令允许其查阅公司会计账簿前,需履行一定的前置程序。根据公司法司法解释的规定,股东需向公司提出书面请求,并说明理由。如果公司在 15 日内未予书面答复或者拒绝查阅的,股东才可以提起知情权诉讼。

关于举证责任的分配,股东仅需初步提供证据,证明其已书面提出过请求,并说明了理由,前置程序已经履行完毕即可,由公司举证证明股东查阅会计账簿具有不正当目的。虽然法律仅规定了查阅会计账簿需要履行前置程序,查阅、复制其他公司文件材料无须履行前置程序,但是从诉讼举证的角度,笔者建议股东在向公司提出书面请求时,一并写入公司章程、财务会计报告、股东会会议记录等需要查阅、复制的材料。

实践中，公司拒绝股东进行查阅会计账簿、认为其具有不正当目的的理由各有不同，但《公司法》司法解释对于股东行使知情权的“不正当目的”进行细化后，“股东自营或者为他人经营与公司主营业务有实质性竞争关系业务”成为最常见的公司拒绝股东行使会计账簿查阅权的理由。公司在适用该项理由时，需明确以下三点：

第一，注意区分主营业务与经营范围。最高人民法院在本案例中明确，主营业务应当主要考虑该项业务对公司稳定利润的贡献，兼顾在营业收入中的比重。在公司众多的经营业务中，应当从利润稳定性的角度确定公司的主营业务。公司在认定股东的不正当目的时，不能简单地比较经营范围是否存在交叉、重合，经营范围的一致仅系认定具有竞争关系的条件之一，但并不是构成竞争关系的充分必要条件，公司仅根据经营范围存在重叠为由拒绝股东行使会计账簿的查阅权，在法院审理过程中，将面临较大的败诉风险。

第二，不能依据股东的身份关系直接认定其具有不正当目的。股东在投资设立目标公司的同时，亦可以投资其他与目标公司经营范围存在重叠的公司，这属于股东正常的商业投资行为，不能因为兼具多家公司的股东身份即认为其不具有不正当目的。即使股东参与了其他公司的经营、在其他公司中担任了某些职务，亦不能据此直接认定股东具有不正当目的，而是应当进行实质性的判断。

第三，最高人民法院明确实质性竞争关系是指股东和公司之间存在利益冲突，其情形需要根据案件事实综合认定。在本案中，最高人民法院依据公司的经营范围、在主营业务即生产环节上是否存在竞争关系，在销售环节上是否存在分工合作关系等角度综合认定股东不具有正当目的。笔者建议，公司在认定股东与公司的实质性竞争关系时，还可以考虑股东自营或者为他人经营业务与公司主营业务之间的可替代性、市场地位，业务的功能是否相同或者存在高度重合，业务所针对的客户范围是否重叠等因素，综合判定是否存在利益冲突。

【法条链接】

《公司法》

第三十三条　股东有权查阅、复制公司章程、股东会会议记录、董事会会议决议、监事会会议决议和财务会计报告。

股东可以要求查阅公司会计账簿。股东要求查阅公司会计账簿的，应当向公司提出书面请求，说明目的。公司有合理根据认为股东查阅会计账簿有不正当目的，可能损害公司合法利益的,可以拒绝提供查阅,并应当自股东提出书面请求之日起十五日内书面答复股东并说明理由。公司拒绝提供查阅的,股东可以请求人民法院要求公司提供查阅。

《最高人民法院关于适用〈中华人民共和国公司法〉若干问题的规定(四)》

第八条 有限责任公司有证据证明股东存在下列情形之一的,人民法院应当认定股东有公司法第三十三条第二款规定的"不正当目的":

(一)股东自营或者为他人经营与公司主营业务有实质性竞争关系业务的,但公司章程另有规定或者全体股东另有约定的除外;

(二)股东为了向他人通报有关信息查阅公司会计账簿,可能损害公司合法利益的;

(三)股东在向公司提出查阅请求之日前的三年内,曾通过查阅公司会计账簿,向他人通报有关信息损害公司合法利益的;

(四)股东有不正当目的的其他情形。

3. 股东请求查阅会计账簿能否包含会计凭证的认定

富巴投资有限公司与海融博信国际融资租赁有限公司股东知情权纠纷[①]

【关键词】

股东知情权纠纷 会计账簿 会计凭证

【案情简介】

海融博信国际融资租赁有限公司(以下简称海融博信公司)成立于2015年2月27日,公司类型为有限责任公司(台港澳与境内合资)。富巴投资有限公司(以下简称富巴公司)为海融博信公司股东。

2018年3月27日,北京市国乐律师事务所律师李某伟代表富巴公司向海融博信公司、贾某爽发出《律师函》,载明:海融博信公司成立至今已近3年,但富巴公司至今不了解其经营状况及财务状况。为准确了解海融博信公司真正的经营管理状况和财务状况,现富巴公司依据我国公司法及有关规定,特委托律师以本律师函方式对海融博信公司提出书面请求,要求海融博信公司将自公司成立以来的全部公司章程、股东会会议记录、董事会会议决议、监事会会议决议、财务会计报告、公司会计账簿(含总账、明细账、日记账、其他辅助性账簿)和会计凭证(含记账凭证、相关原始凭证及作为原始凭证附件入账备查的合同等有关资料)的原件完整备置于海融博信公司的住所地以供富巴公司律师查阅和复制,并向其完整提供上述材料的纸质复印件。海融博信公司于2018年3月28日收到该《律师函》后至今未答复。

富巴公司提起诉讼:(1)请求判令海融博信公司将其成立以来的公司章程、股东会会议记录、董事会会议决议、监事会会议决议、财务会计报告的原件完整备置于其住所地以供富巴公司查阅和复制,并向富巴公司完整提供上述材料的纸质复印件;(2)请求判令海融博信公司将其成立以来的公司会计账簿(含总账、明细账、日记账、其他辅助性账簿)和会计凭证(含记账凭证、相关原始凭证及作为原始凭

① 最高人民法院(2019)最高法民申6815号民事裁定书。

证附件入账备查的有关资料)的原件完整备置于其住所地以供富巴公司查阅。

一审法院判令支持了富巴公司的诉讼请求。

海融博信公司提起上诉,二审法院认为富巴公司的诉讼请求中查阅的范围和方式超出了公司法的规定,故改判富巴公司仅能查阅会计账簿,不能查阅会计凭证。

富巴公司提起再审申请。最高人民法院认为其再审申请不符合《民事诉讼法》规定的应当再审的情形,裁定驳回。

【判例分析】

本案富巴公司起诉行使股东知情权前,已向海融博信公司发送了《律师函》并说明其目的系了解海融博信公司的经营管理状况和财务状况,海融博信公司在收到《律师函》后一直未予回复,应当认为富巴公司已经履行了提起股东知情权诉讼的前置程序。

在举证责任方面,海融博信虽声称富巴公司行使知情权存在不正当目的,会损害公司利益,但是未提供证据加以证明,法院将"不正当目的"的举证责任分配给海融博信公司,并认定其抗辩不成立。

本案的争议焦点在于富巴公司股东知情权的行使范围,核心问题在于富巴公司是否有权查阅公司会计凭证。

根据《公司法》第 33 条第 1 款的规定,富巴公司有权查阅并复制公司自成立以来的全部公司章程、股东会会议记录、董事会会议决议、监事会会议决议、财务会计报告;依据《公司法》第 33 条第 2 款的规定,富巴公司有权查阅公司会计账簿,结合《会计法》的相关规定,会计账簿的范围包括总账、明细账、日记账、其他辅助性账簿。

上述查阅请求均得到了法院的支持,关键在于查阅海融博信公司会计凭证请求的认定。

一审法院认为,有限责任公司的会计凭证和原始凭证是形成公司会计账簿的重要资料,且会计账簿的真实性和完整性是通过原始凭证反映的,股东通过查阅会计凭证和原始凭证可以充分保障其自身合法权益,故支持富巴公司查阅海融博信公司的会计凭证。

然而二审法院认为,公司法仅规定了股东有查阅公司会计账簿的权利,未将制作公司会计账簿涉及的有关凭证列入股东可以行使该项股东知情权的范围,要求查阅会计凭证超出了我国公司法对股东知情权范围的规定,故改判驳回富巴公司要求查阅海融博信公司会计凭证的诉讼请求。

再审法院采二审法院之观点,同样认为不应当随意超越公司法的规定扩张解释股东知情权的范围。公司法仅规定股东享有查阅公司会计账簿的权利,依据会计法的相关规定,会计凭证与会计账簿系并列关系,而非包含关系,原始凭证、记账凭证等资料属于会计凭证的范畴,而不是会计账簿的范畴,公司法对于股东知情权的规定兼顾了股东权利的保护与公司利益的保护,不应当随意扩大范围。

同时,再审法院指出,虽然《北京市高级人民法院关于审理公司纠纷案件若干问题的指导意见》第19条规定“有限责任公司股东有权查阅的公司会计账簿包括记账凭证和原始凭证”,但是,该指导意见系地方司法文件,由北京市高级人民法院印发,不具有司法解释的效力,故驳回了富巴公司的再审申请,认定股东知情权的范围不包括查阅公司会计凭证的权利。

【风险提示】

有关股东知情权的范围是否包含会计凭证的问题,实践中一直存在较大的争议。即使是最高人民法院作出本案裁定以后,最高人民法院和各地方法院亦不是采用“一刀切”的方式,对于股东提出的要求查阅公司会计凭证的诉讼请求一概予以驳回。

载于《最高人民法院公报》2011年第8期的李某君、吴某、孙某、王某兴诉江苏佳德置业发展有限公司股东知情权纠纷一案①,法院经审理支持了查阅公司原始凭证的诉请,理由系公司的具体经营活动只有通过查阅原始凭证才能知晓,不查阅原始凭证,中小股东可能无法准确了解公司真正的经营状况。

在前述“阿特拉斯设备有限公司与河北阿特拉斯设备制造有限公司股东知情权纠纷案”的案例中,最高人民法院亦支持了股东查阅公司原始凭证和记账凭证的诉讼请求,主要是基于公司内部协议和章程的约定。公司内部约定合资各方均有权自行指定审计师审计公司的账目,而审计师审计账目时必然会涉及原始凭证和记账凭证,最高人民法院认为该约定属于当事人意思自治的范畴,系公司内部治理事项,在有约定的情况下对于股东知情权的范围不应当加以限缩。

据此,中小股东在起诉要求行使知情权时,若想尽可能地扩大股东知情权的行使范围,可以加强对公司内部有关知情权约定的举证,并同时加强公司治理经营不规范的举证,设立股东知情权的目的系加强股东对于公司经营状况、财务状

---

① 江苏省宿迁市中级人民法院(2009)宿中民二终字第319号二审民事判决书。

况的了解,确有证据可以证明公司治理经营侵犯中小股东权利、会计账簿确有问题时,有关查阅公司会计凭证的诉请更能获得法院的支持。

此外,部分省高级人民法院陆续印发过地方司法文件认为股东有权查阅会计凭证(原始凭证和记账凭证),如《北京市高级人民法院关于审理公司纠纷案件若干问题的指导意见》第19条、广东省高级人民法院民二庭《关于民商事审判实践中有关疑难法律问题的解答意见》第3条第9项、山东省高级人民法院民二庭《关于审理公司纠纷案件若干问题的解答》第10问等。虽然最高人民法院明确指出指导意见不具有司法解释的效力,但是此类指导意见仍可以作为参考文件之一,不应据此忽视其重要性。

需要注意的是,股东起诉行使知情权时,往往需要在诉讼请求中尽可能地细化、明确所要查询的公司材料名称,例如,查阅会计账簿时是否需要包括总账、明细账、日记账和其他辅助性账簿,财务会计报告时是否需要包含会计报表、会计报表附注、财务情况说明书等。一定要检验核对诉讼请求中的专业会计术语是否正确,注意区分"报告""报表"等细微字眼的差异,必要时可以结合《会计法》中的有关规定进行检验核实。

最后,股东行使知情权后要注意对于公司商业秘密的保护。对于股东行使知情权后泄露公司商业秘密造成公司利益受损的,公司法赋予了公司损害赔偿请求权,要求股东赔偿相关损失。但是,对于辅助股东查阅公司文件材料的会计师、律师等人员泄露公司商业秘密造成公司利益受损的,股东并不需要和辅助人员承担连带责任。股东和辅助人员系依各自的过错独立对公司承担赔偿责任。

【法条链接】

《会计法》

第十三条第一款 会计凭证、会计帐簿、财务会计报告和其他会计资料,必须符合国家统一的会计制度的规定。

第十四条第一款 会计凭证包括原始凭证和记帐凭证。

第十五条第一款 会计帐簿登记,必须以经过审核的会计凭证为依据,并符合有关法律、行政法规和国家统一的会计制度的规定。会计帐簿包括总帐、明细帐、日记帐和其他辅助性帐簿。

第二十条 财务会计报告应当根据经过审核的会计帐簿记录和有关资料编制,并符合本法和国家统一的会计制度关于财务会计报告的编制要求、提供对象和提供期限的规定;其他法律、行政法规另有规定的,从其规定。

财务会计报告由会计报表、会计报表附注和财务情况说明书组成。向不同的会计资料使用者提供的财务会计报告，其编制依据应当一致。有关法律、行政法规规定会计报表、会计报表附注和财务情况说明书须经注册会计师审计的，注册会计师及其所在的会计师事务所出具的审计报告应当随同财务会计报告一并提供。

《最高人民法院关于适用〈中华人民共和国公司法〉若干问题的规定（四）》

第十一条　股东行使知情权后泄露公司商业秘密导致公司合法利益受到损害，公司请求该股东赔偿相关损失的，人民法院应当予以支持。

根据本规定第十条辅助股东查阅公司文件材料的会计师、律师等泄露公司商业秘密导致公司合法利益受到损害，公司请求其赔偿相关损失的，人民法院应当予以支持。

三、损害股东利益责任纠纷

股东是公司成立的人的基础,对于股东利益的保护不仅关系到股东个人的切身利益,更关系到公司制度本身。强化对股东利益的保护在整个公司制度中具有至关重要的地位。公司作为企业法人,拥有独立的法人财产,享有法人财产权。股东作为对公司享有权利和承担义务的人,亦拥有其个人的财产,公司法对股东权利与公司权利进行了严格的区分。

司法实践中,股东往往会因为公司利益直接受损、自身利益间接受损而向法院提起损害股东利益责任纠纷,法院在审理此类案件纠纷时,却往往要求股东举证证明其自身利益关系受到直接损害,而非间接损害。同时,损害股东利益责任纠纷常见的争议点还包括管辖法院的认定、其他股东滥用股东权利的认定、股东损害金额的认定、责任主体的损害行为与损害结果之间直接因果关系的认定等。本节从实际的民事判决出发进行分析,以期为股东提供基于损害股东利益责任纠纷的防范和处理建议。

1. 损害股东利益责任纠纷中管辖法院的认定

北京新华国泰水利资产管理有限公司等与渠荷投资集团有限公司损害股东利益责任纠纷[①]

【关键词】

损害股东利益责任纠纷　管辖权　与公司有关纠纷　侵权纠纷

【案情简介】

2013 年 3 月 25 日，渠荷投资集团有限公司（以下简称“渠荷投资公司”）与新华水力公司、北京新华国泰水利资产管理有限公司（以下简称新华国泰公司）、国师通公司等共 6 家公司签订《出资协议书》，约定共同出资设立新华泰富公司（住所地位于北京市门头沟区，属于北京市第一中级人民法院管辖），并由新华泰富公司与案外人北京石龙经济开发区投资开发有限公司（以下简称“石龙公司”）签署《项目协议书》。由石龙公司承建位于北京市门头沟区莲石湖西路的新华电力总部基地写字楼，并在竣工后依约定将相应楼层过户给新华泰富公司，后再由渠荷投资公司等指定的出资人进行认购。

《项目协议书》履约期间，新华泰富公司与石龙公司就该协议发生纠纷并诉至北京市第一中级人民法院。在诉讼期间，新华水力公司、新华国泰公司帮助案外人石龙公司，向其提供对新华泰富公司不利的证据、向法庭作出不利于新华泰富公司的陈述，并在诉讼审结后联合国师通公司阻碍合同履行及房屋交付，致使本应全面交付的写字楼最终仅被判令支持部分履行，进而使渠荷投资公司遭受了产权丧失损失、房屋空置租金损失及维权成本损失。

渠荷投资公司认为新华水力公司、新华国泰公司、国师通公司利用股东身份及各种不当手段，恶意夺取项目监管及控制权，破坏、干扰项目公司股东议事规则，阻碍项目交付，其共同侵权的行为已经严重损害渠荷投资公司作为股东的利益，故向北京市第二中级人民法院提起损害股东利益责任纠纷，请求判令新华水力公司、新华国泰公司、国师通公司赔偿其相应损失。

---

① 北京市高级人民法院（2021）京民辖终 212 号民事裁定书。

新华水力公司、新华国泰公司在提交答辩状期间，分别对管辖权提出异议，认为本案应为新华泰富公司住所地所属的北京市第一中级人民法院管辖。

一审法院经审理认为，本案属于侵权之诉，其对本案享有管辖权，裁定驳回新华水力公司、新华国泰公司对本案管辖权提出的异议。

新华水力公司、新华国泰公司不服一审裁定提起上诉，二审法院认为新华水力公司、新华国泰公司提出的管辖权异议不成立，予以驳回。

【判例分析】

新华水力公司、新华国泰公司提出管辖权异议，认为本案应由北京市第一中级人民法院管辖主要基于以下三点：

第一，本案案由系“与公司有关的纠纷”案由下的子案由“损害股东利益责任纠纷”。渠荷投资公司提起诉讼旨在公司法框架下解决股东内部争议，故应当参照适用《民事诉讼法》第 27 条的规定由公司住所地人民法院管辖。本案各公司出资设立的新华泰富公司住所地为北京市门头沟区，属于北京市第一中级人民法院的地域管辖范围。

第二，新华泰富公司各股东因购置房屋的权益分配问题已产生的诸多诉讼均是由北京市第一中级人民法官管辖，且部分案件仍在审理过程中。本案与相关案件存在事实关联，由北京市第一中级人民法院审理更有利于事实的查明。

第三，本案新华水力公司、新华国泰公司、国师通公司、新华泰富公司住所地以及项目所在地均在北京市第一中级人民法院的管辖范围内。

基于新华水力公司、新华国泰公司的第一点理由，一审法院经审理认为，渠荷投资公司主张因新华水力公司、新华国泰公司在另案中提供对新华泰富公司不利的证据、向法庭作出不利于新华泰富公司的陈述，并联合国师通公司阻碍《项目协议书》履行及房屋交付，致使渠荷投资公司遭受了产权丧失损失、房屋空置租金损失及维权成本损失而对新华水力公司、新华国泰公司、国师通公司提起的损害赔偿纠纷诉讼，属于侵权之诉。根据《民事诉讼法》的规定，因侵权行为提起的诉讼，由侵权行为地或者被告住所地人民法院管辖。本案新华国泰公司的住所地位于北京市西城区，属于北京市第二中级人民法院的地域管辖范围。同时，依据本案诉讼标的额的大小确定本案属于中级人民法院级别管辖，故北京市第二中级人民法院对于本案享有管辖权。

二审法院指出，《最高人民法院关于适用〈中华人民共和国民事诉讼法〉的解释》第 22 条规定：“因股东名册记载、请求变更公司登记、股东知情权、公司决议、公司合并、公司分立、公司减资、公司增资等纠纷提起的诉讼，依照民事诉讼法第二十七条规定确定管辖。”该法条规定的由公司住所地人民法院管辖的公司诉讼，是关于或者涉及公司的组织法性质的诉讼，本案不属于该情形，不宜依照《民事诉讼法》第27条规定确定管辖。

至于新华水力公司、新华国泰公司提出的第二点理由，因关联案件均已审理完毕，不存在交由北京市第一中级人民法院一并审理的基础。

虽然几名被告住所地既有位于北京市第一人民法院辖区的，又有北京市第二中级人民法院辖区的，但因原告已向北京市第二人民法院起诉并立案，故新华水力公司、新华国泰公司提出的第三点理由亦无法成立。

【风险提示】

有关损害股东利益责任纠纷的管辖问题，实践中一直都是有争议的。产生管辖权争议的原因在于对损害股东利益责任纠纷的性质存在不同的理解。

北京市第一中级人民法院认为损害股东利益责任纠纷属于侵权法律关系在公司法领域的体现，故可以适用侵权纠纷中有关法院管辖权的规定。

北京市高级人民法院认为公司法是组织法与行为法的结合，只有关于或者涉及公司的组织法性质的诉讼才可以适用公司住所地管辖。

本案被告认为损害股东利益责任纠纷属于“与公司有关的纠纷”下的子案由，可以适用公司住所地管辖。

同时需要指出的是，最高人民法院在(2014)民二终字第177号民事裁定书中认为，损害股东利益责任纠纷是与公司有关的纠纷，应当由公司住所地人民法院管辖。

笔者认为，公司法作为一种主体法或组织法，同时具有商业活动法的特点。公司法作为主体法或组织法指的是法律赋予公司法人资格，其具有独立的主体地位，同时公司法调整公司的产生和消灭、组织机构及其活动等各种法律关系。商业活动法指的是公司法中含有直接调整公司经营活动的法律规范，同时这种商业活动不是发生在公司内部的，而是发生在不同组织或者个人之间的，如公司发行股票、债券等商业活动。

公司法中很少有与公司的组织法性质毫无关联的、各商业主体均可以进行的普通商业活动，如制造、买卖等。因此，笔者认为，损害股东利益责任纠纷属于“关于或者涉及公司的组织法性质的诉讼”，可以由公司住所地人民法院管辖。

同时,笔者认为利益受损的股东亦可以依据民事诉讼法有关侵权纠纷的规定确定管辖法院。受损害的股东提起损害股东利益责任纠纷诉讼,要求公司董事、高级管理人员、其他股东等承担民事赔偿责任,其依据的侵权责任请求权。结合目前的司法实践,法院在审查利益受损股东的诉讼请求是否成立时,往往会同时考虑原、被告主体是否适格,被告是否具有过错,是否实施了损害股东利益的行为,原告利益是否受到了实质损害,行为与损害是否具有直接因果关系等要件。当公司法对于构成要件的规定不够完备时,往往适用的是《民法典》侵权责任编中的一般规定,因此,损害股东利益责任纠纷系侵权法律关系在公司法领域的具体体现,可以由被告住所地、侵权行为地人民法院管辖。结合《民事诉讼法》司法解释对于侵权行为地的认定,损害股东利益责任纠纷可以由侵权行为实施地、侵权结果发生地、被告住所地人民法院管辖。

综上所述,笔者认为公司住所地、侵权行为实施地、侵权结果发生地、被告住所地均能作为确定管辖法院的依据,各管辖地之间是并列关系,并非排斥关系,原告在提起诉讼时可以从方便自身、有利于查明案件真实情况、有利于纠纷更好解决的角度出发选择恰当的管辖法院。

但在实践中,不排除各地方法院对损害股东利益责任纠纷的性质存在其自身的理解,认为该纠纷仅为系与公司有关纠纷,或仅认定为系侵权纠纷,因此,利益受损股东在起诉前仍有必要审查一下当地的审判实践,以免浪费不必要的时间和精力,增加了维权的成本。

【法条链接】

《民事诉讼法》

第二十二条 对公民提起的民事诉讼,由被告住所地人民法院管辖;被告住所地与经常居住地不一致的,由经常居住地人民法院管辖。

对法人或者其他组织提起的民事诉讼,由被告住所地人民法院管辖。

同一诉讼的几个被告住所地、经常居住地在两个以上人民法院辖区的,各该人民法院都有管辖权。

第二十七条 因公司设立、确认股东资格、分配利润、解散等纠纷提起的诉讼,由公司住所地人民法院管辖。

第二十九条 因侵权行为提起的诉讼,由侵权行为地或者被告住所地人民法院管辖。

《最高人民法院关于适用〈中华人民共和国民事诉讼法〉的解释》

第二十二条 因股东名册记载、请求变更公司登记、股东知情权、公司决议、公司合并、公司分立、公司减资、公司增资等纠纷提起的诉讼，依照民事诉讼法第二十七条规定确定管辖。

第二十四条　民事诉讼法第二十九条规定的侵权行为地，包括侵权行为实施地、侵权结果发生地。

2. 损害股东利益责任纠纷的责任限度

四川省智慧交通科技有限责任公司与宜宾市戎宸运业有限责任公司损害股东利益责任纠纷[①]

【关键词】

损害股东利益责任纠纷　直接损害　直接因果关系　股东利益

【案情简介】

2011 年 1 月 18 日，宜宾临港客运站公司登记成立，该公司由四川省运业汽车站建设有限责任公司（以下简称四川运业公司）和宜宾市戎宸运业有限责任公司（以下简称宜宾戎宸运业公司）投资成立，其中四川运业公司出资 700 万元，出资比例为 12.5%，宜宾戎宸运业公司出资 4900 万元，出资比例为 87.5%。黄某华任宜宾戎宸运业公司与宜宾临港客运站公司的法定代表人、董事长。

2016 年 11 月 25 日，四川省成都市蜀都公证处作出《执行证书》载明：2015 年 2 月 10 日至 2015 年 3 月 24 日，申请执行人恒丰银行股份有限公司成都分行与债务人宜宾戎宸运业公司签订 3 份《流动资金借款合同》，借款本金合计 12000 万元，借款利率均为年利率 11%。

2015 年 2 月 9 日，申请执行人恒丰银行股份有限公司成都分行与宜宾临港客运站公司签订了《最高额保证合同》，宜宾临港客运站公司为上述借款提供最高额连带责任保证担保并以临港客运站旅游管理综合大楼国有土地使用权提供最高额抵押担保，担保的最高债权本金金额为人民币 11000 万元整。

2019 年 1 月 7 日，四川省宜宾市中级人民法院作出《执行裁定书》，裁定扣划被执行人宜宾戎宸运业公司、宜宾临港客运站公司、黄某华、谢某维银行存款 1350 万元或查封、扣押、提取相应价值的其他财产。

2016 年 1 月 28 日，四川省自贡市中级人民法院作出民事调解书载明：黄某华向余某、何某、金某、杨某利等多人借款，所有借款本息均由宜宾临港客运站公司、宜宾戎宸运业公司提供连带责任担保。

---

① 四川省高级人民法院（2020）川民终 1459 号民事判决书。

2019 年 6 月 12 日，四川运业公司变更名称为四川省智慧交通科技有限责任公司（以下简称四川智慧交通公司）。

四川智慧交通公司以宜宾戎宸运业公司、黄某华滥用股东权利，将宜宾临港客运站公司的主要资产及主要经营场地用于抵偿宜宾戎宸运业公司、黄某华的债务，损害其作为股东的利益为由提起诉讼，请求判令宜宾戎宸运业公司、黄某华赔偿对其造成的损失 3000 万元。

一审法院经审理认为，宜宾戎宸运业公司、黄某华的行为并未对四川智慧交通公司的股东利益造成直接侵害，未支持四川智慧交通公司的诉讼请求。

四川智慧交通公司提起上诉，二审法院认为一审判决认定事实清楚，适用法律正确，予以维持。

【判例分析】

一审法院认为，应当严格区分股东利益与公司利益。

《公司法》第 1 条开宗明义地规定公司法“保护公司、股东、债权人的合法权益”，将公司利益、股东利益、债权人利益并列，表明公司利益与股东利益关系性质不同的两种法律利益类型。公司具有独立的人格和独立的利益，公司利益指的是公司名下的财产、经营成果等（有形财产）以及商业机会、商业字号、名誉等（无形财产）。股东以入股财产兑换股权，股东利益指的是基于股权派生出来的各类自益权和共益权。

本案中，一审法院认为，针对宜宾戎宸运业公司的行为，其作为公司的控股股东，将宜宾临港客运站公司所有的大楼的国有土地使用权为自己的借款提供最高额抵押担保，并办理了抵押登记，造成了宜宾临港客运站公司被法院强制执行的后果，且宜宾戎宸运业公司未提供宜宾临港客运站公司同意为其担保的股东会决议。宜宾戎宸运业公司的行为使宜宾临港客运站公司的有形资产减少，侵害了宜宾临港客运站公司的法人财产权益，但对四川智慧交通公司的股东利益并未造成直接损害。

针对黄某华的行为，其作为宜宾戎宸运业公司与宜宾临港客运站公司的法定代表人、董事长，利用宜宾临港客运站公司财产为自己的债务提供担保，违反了公司法对董事、高级管理人员要求的忠实义务，且担保时未提供公司股东会决议。但是黄某华并非公司股东，与四川智慧交通公司主张的“公司股东滥用股东权利给其他股东造成损失的，应当依法承担赔偿责任”的请求权基础不一致，属于另一法律关系，且黄某华的行为并未对四川智慧交通公司的股东利益造成直接损害。

关于四川智慧交通公司损失的问题。一审法院认为单就损失而言，四川智慧交通公司主张的损失3000万元，系根据宜宾临港客运站公司资产的评估报告乘以四川智慧交通公司的持股比例计算出，该金额与四川智慧交通公司主张的股东利益受损并无直接联系，四川智慧交通公司无充足证据证明自身损失。

二审法院认为，应当严格区分股东直接利益的损失与间接利益的损失。《公司法》第20条第2款和第152条规定的是股东直接起诉，利益受损的股东据此起诉时，要求公司股东或公司董事、高级管理人员赔偿的损失一般是指股东享有的知情权、表决权、分红权等直接权益的损失。而本案中，宜宾临港客运站公司董事长黄某华及控股股东宜宾戎宸运业公司的行为，系直接侵害了宜宾临港客运站公司的利益，但公司利益并不能等同于股东利益，四川智慧交通公司作为公司股东，其受到的只是间接利益损失。

据此，一审、二审法院均未支持四川智慧交通公司的诉讼请求。

【风险提示】

损害股东利益责任纠纷之诉要求股东的利益受到直接损失。

公司利益与股东利益是相互独立的，且法律不允许将股东个人财产与公司财产进行混同。公司作为企业法人，享有独立的法人财产，对其所有的财产享有自由支配的权利。股东作为独立的法律主体，亦拥有独立的财产权益。股东以其出资，对公司享有股权，股东基于股权而对公司享有一系列的权利。公司利益与股东利益应当严格区分。

在大多数情况下，公司利益的增减与股东利益的增减是一致的，公司利益受损时，亦会导致股东利益的减损。但是二者并非始终同步，例如，公司股东伪造另一股东的签名，将股权在公司股东之间进行转让，公司利益并未受到损害，但是伪造签名、受让股权者因此获利，而被伪造签名的股东因丧失股权受到了损失。

正是基于公司利益与股东利益既有联系又存在差异的特点，实践中常有股东错误地选择请求权，造成其诉讼请求被法院驳回的情形，这不仅增加了其自身的维权成本，更造成了司法资源的浪费。笔者对此作出如下提示：

首先，利益受损股东可以选择以《公司法》第152条作为提起损害股东利益责任纠纷的请求权基础。需要注意的是，该条仅适用于公司董事、高级管理人员的侵权行为，根据《公司法》的规定，高级管理人员包括公司的经理、副经理、财务负责人，上市公司董事会秘书和公司章程规定的其他人员。适用本条时，侵权行为的主体并不包括公司监事、实际控制人，亦不包括公司的其他股东。

其次,利益受损股东还可以选择以《公司法》第20条第2款作为提起损害股东利益责任纠纷的请求权基础。适用本条时,被告严格限定为公司的其他股东。并且该法条对于请求权的规定并不完备,需要结合《民法典》侵权责任编中的一般规定一并适用。

再次,无论是选择哪一个请求权基础起诉,均要求股东的利益受到直接损害。股东享有股权派生出来的各类自益权和共益权,如表决权、查阅权、分红权等,当股东的利益受到直接损害,公司董事、高级管理人员、其他股东的侵权行为与股东实际遭受的损害有直接因果关系时,才可以提供损害股东利益责任纠纷之诉。实践中,常有相关人员违反法律或公司章程的规定,导致公司对外债台高筑,股东简单地以为公司利益受损、必然会导致其自身利益受损而向法院提起损害股东利益责任纠纷之诉的情形,终会被法院以其系因公司利益受损而受到间接损害为由驳回诉请。当公司利益受到直接损失时,原则上应由公司作为原告提起损害公司利益责任纠纷之诉,例外情形下股东可以提起股东代表诉讼。

最后,并不是所有股东利益受损的情况均需以此案由起诉,此案由仅是股东利益受损的一般性规定,当股东的知情权、公司盈余分配等具体权利受损时,可以选择以相对应的"股东知情权纠纷""公司盈余分配纠纷"等案由起诉,不能笼统地以"损害股东利益责任纠纷"对所有的股东权利一并解决。

从现有司法实践来看,在损害股东利益责任纠纷的案由之下,法院对于原告的举证责任和证明标准要求较高。例如,在本案中,法院不仅要求四川智慧交通公司举证证明其股东权益受到直接损害,还要求举证明确损害的金额。在实践中,有关损失金额的举证问题亦是一大难点。

【法条链接】

《公司法》

第一条 为了规范公司的组织和行为,保护公司、股东和债权人的合法权益,维护社会经济秩序,促进社会主义市场经济的发展,制定本法。

第二十条 公司股东应当遵守法律、行政法规和公司章程,依法行使股东权利,不得滥用股东权利损害公司或者其他股东的利益;不得滥用公司法人独立地位和股东有限责任损害公司债权人的利益。

公司股东滥用股东权利给公司或者其他股东造成损失的,应当依法承担赔偿责任。

公司股东滥用公司法人独立地位和股东有限责任,逃避债务,严重损害公司债权人利益的,应当对公司债务承担连带责任。

第一百五十二条 董事、高级管理人员违反法律、行政法规或者公司章程的规定,损害股东利益的,股东可以向人民法院提起诉讼。

第二百一十六条第(一)项 本法下列用语的含义:

(一)高级管理人员,是指公司的经理、副经理、财务负责人,上市公司董事会秘书和公司章程规定的其他人员。

3. 滥用股东权利股东的损害股东利益责任承担

冀中能源张家口矿业集团有限公司与怀来中能贸易有限公司损害股东利益责任纠纷①

【关键词】

损害股东利益责任纠纷　滥用股东权利　直接诉讼

【案情简介】

2010年3月26日，怀来中能贸易有限公司（以下简称中能公司）与冀中能源张家口矿业集团有限公司（以下简称张矿公司）签订整合重组协议，该协议约定中能公司以鸡鸣驿煤矿已经完成的井巷、设备、现拥有的资源以及其他所有投资作价3737万元作为出资（持股49%），张矿公司以货币3889.5万元作为出资（持股51%），成立新公司；并约定整合重组协议的权利义务由张矿集团怀来矿业有限公司（以下简称"张矿集团"）享有和承担等。

2012年4月26日，新公司召开首次股东会。同日，召开了首次董事会。

新公司在筹备设立期间及随后的运营过程中，除首次召开的股东会、董事会形成的决议外，张矿集团在无有效决议下，违反公司章程约定或公司法的规定，单方先后直接对该矿人事、人员薪酬、生产经营、体制管理等事项作出安排或决定。

此前，在新公司筹备设立期间，原怀来县安监局于2011年8月10日批准鸡鸣驿煤矿实施矿井技改工程并同意开工。2013年2月28日，因张矿集团艾家沟煤矿发生重大火灾事故，河北省政府于3月1日发文要求"凡是技改设计未经审批备案和履行开工备案手续的，一律不得以任何名义下井施工。……全国两会结束后由各设区市政府组织相关部门按照停产停建煤矿恢复建设相关规定逐矿验收，达不到要求的不得恢复建设"。河北省安全生产委员会办公室于2011年3月17日发文要求"对张矿集团逐矿进行复产复工验收，并经张家口市安监局牵头组织、张家口煤监分局参加验收合格后，方可恢复生产和技改；验收不合格的，一律不准恢复生产和技改"。

① 河北省高级人民法院（2018）冀民再77号民事判决书。

受此重大火灾事故影响,新公司的技改工程遂迫于中止。张矿集团此后未依上述要求对新公司组织申报技改验收复工,导致预期技改目标未能如期实现。中能公司多次要求其对停产原因、达产期限给予答复未果。

现张矿集团已对新公司采煤井的下井口主、副井井口用堆土进行了封堵,致井下被水淹后,设备悉数损毁,19470456.26 元井下资产均损失殆尽。

中能公司向法院提起诉讼,请求张矿集团赔偿因其滥用股东权利而造成的经济损失 954 万元。

一审法院判令支持中能公司的全部诉讼请求。

张矿集团提出上诉,二审法院考虑井下资产的折旧率,改判张矿集团赔偿损失 858.6 万元。

张矿集团提起再审申请,再审法院认定张矿集团申请再审的理由成立,判令驳回中能集团的诉讼请求。

【判例分析】

针对中能公司的起诉,张矿集团首先抗辩中能公司未履行《公司法》第 151 条规定的前置程序,应当驳回诉讼请求。法院经审理认为,《公司法》第 151 条规定的系股东派生诉讼,其适用的前提是公司董事、监事、高级管理人员给公司造成损害,本案中,张矿集团系新公司的股东,不在上述法条限定的被诉主体范围之内。且本案中能公司依据《公司法》第 20 条起诉,系对滥用股东权利的股东给其他股东造成损害而提起的损害赔偿之诉,系股东直接诉讼,无须履行公司法对于股东代表诉讼所规定的前置程序。

关于张矿集团滥用股东权利的认定。一审法院认为,新公司的性质为有限责任公司,是以公司全部财产承担责任的独立法人。根据《公司法》规定及公司章程约定,在人事、薪酬、生产、管理等方面,应由相应的组织机构依程序决定,张矿集团在未能与另一股东中能公司召开股东会形成有效决议的前提下,单方决定人事、薪酬、管理等事项,同时也完全排除了其他机构的职能,超越了股东既有的权利范围,足以认定其滥用股东权利。二审法院在采纳一审法院认定的基础上,认为张矿集团在接收到河北省人民政府、河北省安全生产委员会办公室等转发的文件后,未向另一股东中能公司通报文件精神,且未按文件要求在全国两会后申报技改项目验收事宜,造成新公司矿井被淹,给股东及新公司日后恢复生产带来巨大的经济损失,张矿集团怠于履行股东义务,亦属于股东滥用股东权利。

关于张矿集团滥用股东权利的行为是否给中能公司造成损失的认定。一审法院认为，张矿集团在实际控制新公司后，又怠于恢复技改工程，未履行相应义务，致使新公司资产受损达 19470456.26 元，股东利益亦受到损害，故张矿集团应当按照中能公司 49% 的持股比例赔偿中能公司损失 954 万元。二审法院认为，张矿集团滥用股东权利，造成新公司损失无可非议，但新公司的资产来源于股东中能公司和张矿集团，公司资产的减损必然造成股东财产的损失，新公司日后恢复生产需要股东额外增加投资，故张矿集团滥用股东权利给另一股东中能公司造成的损失，其应当先行赔付中能公司，故在考虑井下资产 10% 折旧率的基础上，改判张矿集团赔偿中能公司损失 858.6 万元。

然而再审法院认为，中能公司主张的损失来源于新公司的成立、经营、管理过程中，即使该损失存在，亦属于新公司的直接损失而不属于中能公司的直接损失，尽管中能公司的股东权益会受到影响，但请求该项损失救济的权利人应是新公司，中能公司主张鸡鸣驿公司 1947 万元资产灭失，张矿集团应按股权比例折算赔偿中能公司的经济损失没有事实证据和法律依据，故驳回了中能公司的诉讼请求。

【风险提示】

以滥用股东权利的其他股东为被告提起损害股东利益责任纠纷系股东直接诉讼，应当与董事会或执行董事、监事会或监事收到股东的书面请求后拒绝或者法定期限内未提起诉讼时股东以自己名义提起的损害公司利益责任纠纷进行严格的界分。

二者的共同之处在于起诉的主体均系公司股东，但无论是从诉讼程序、侵权责任主体还是从诉讼利益的归属上，二者都存在明显的区别。

首先，在诉讼程序上，股东提起损害股东利益责任纠纷属于股东直接诉讼，系股东为了维护自身利益而向法院寻求救济，故可直接以自己的名义起诉。而股东提起损害公司利益责任纠纷属于股东派生诉讼，需要依据《公司法》第 151 条的规定，股东需在公司内部履行前置的救济程序，即当董事、高级管理人员侵害公司利益时，股东书面请求监事会、监事提起诉讼；当监事侵权公司利益时，股东书面请求董事会、执行董事提起诉讼；当前置程序失灵，董事会或执行董事、监事会或监事拒绝提起诉讼、逾期未起诉、情况紧急时，股东才可以以自己的名义提起诉讼。

其次，在侵权责任主体的认定上，董事、监事、高级管理人员、关联交易中的实际控制人等均可能成为损害公司利益责任纠纷中的侵权责任主体，但是在损害股东利益责任纠纷中，侵权责任主体系董事、高级管理人员和公司其他股东（实践中偶有将公司作为侵权责任主体的情形)。

再次,在胜诉利益的归属上,股东提起损害股东利益责任纠纷之诉系因为其自身利益受到直接损失,其为了维护自身利益起诉,故胜诉利益归属于股东自身。而在损害公司利益责任纠纷之诉中,即使股东是以自己名义起诉的,因其维护的是公司利益,故胜诉利益仍归属于公司。

关于股东滥用股东权利行为的认定,本案中,法院认可股东在未形成有效决议的情况下,违反公司章程和公司法的规定,单方决定人事、薪酬、管理等事项的行为构成滥用股东权利;股东怠于履行股东义务导致公司遭受巨大的经济损失亦属于滥用股东权利的表现形式之一。在实践中,股东违反公司章程的约定或公司法的规定,由公司为其个人债务提供担保;股东形式查阅权后侵害公司商业秘密等行为均会被认定为滥用股东权利。

同时,如前所述,损害股东利益责任纠纷应以股东利益受到直接损害为限,故在起诉时,股东应当举证证明其他股东滥用股东权利的行为与其自己利益遭受损失的后果之间存在直接因果关系,其并非因为公司利益受损而间接受到损害。

最后,损害股东利益责任纠纷属于公司内部的纠纷,公司内部的矛盾应当首先考虑在公司内部有效化解。公司章程中应当对股东会、董事会、经理等相关人员的权限范围作出明确的约定,尤其是当公司股东身份与董事、监事等身份重叠时,极容易出现股东滥用股东权利,损害公司利益、损害公司其他股东利益的情形。权利的行使应做到有章可循、有规可依、有据可查,对于违反约定的权利行使行为,应当约定明确具体的惩戒措施。

股东提起损害股东利益责任纠纷,虽属公司内部纠纷,但是股东提起诉讼对于公司的生产经营活动亦会造成一定程度的影响,对于公司而言,形成在公司内部化解矛盾的运行机制至关重要。

【法条链接】

《公司法》

第一百四十九条 董事、监事、高级管理人员执行公司职务时违反法律、行政法规或者公司章程的规定,给公司造成损失的,应当承担赔偿责任。

第一百五十一条 董事、高级管理人员有本法第一百四十九条规定的情形的,有限责任公司的股东、股份有限公司连续一百八十日以上单独或者合计持有公司百分之一以上股份的股东,可以书面请求监事会或者不设监事会的有限责任公司的监事向人民法院提起诉讼;监事有本法第一百四十九条规定的情形的,前述股东可以书面请求董事会或者不设董事会的有限责任公司的执行董事向人民法院提起诉讼。

监事会、不设监事会的有限责任公司的监事，或者董事会、执行董事收到前款规定的股东书面请求后拒绝提起诉讼，或者自收到请求之日起三十日内未提起诉讼，或者情况紧急、不立即提起诉讼将会使公司利益受到难以弥补的损害的，前款规定的股东有权为了公司的利益以自己的名义直接向人民法院提起诉讼。

他人侵犯公司合法权益，给公司造成损失的，本条第一款规定的股东可以依照前两款的规定向人民法院提起诉讼。

四、公司盈余分配纠纷

公司系以向股东分配利润为目的而成立的营利法人,股东向公司投资的最终目的系获得利润。公司分配盈余,系公司内部事务,公司基于自身发展、资产与负债、市场环境等因素作出是否分配利润、分配多少利润、如何分配利润的判断,属于公司自治范畴。但是,公司在分配利润时可能存在变相给部分股东分配利润、隐匿或者转移财产导致公司不分配利润等情形,严重损害公司中小股东的利益,此时就需要司法进行一定程度的约束与干预。

公司盈余分配纠纷实质上是寻求公司自治与中小股东利益保护之间的平衡。司法实践中,公司盈余分配纠纷频发,争议焦点包括利润请求权性质的认定、盈余分配决议的认定、盈余数额的认定、司法强制分配盈余的认定等方面。本节从实际的民事判决出发进行分析,以期为股东提供基于公司盈余分配纠纷的防范和处理建议。

1. 股权转让后原股东利润分配请求权的认定

甘肃乾金达矿业开发集团有限公司与万城商务东升庙有限责任公司公司盈余分配纠纷[①]

【关键词】

公司盈余分配纠纷　股权转让　具体利润分配请求权　诉讼时效

【案情简介】

万城商务东升庙有限责任公司(以下简称万城公司)2013年度财务审计报告中利润及利润分配表载明:可供股东分配利润218930221.51元,已付股利为162000000元,未分配利润为56930221.51元。

2014年3月27日,万城公司股东紫金矿业集团股份有限公司、巴彦淖尔紫金有色金属有限公司及甘肃乾金达矿业开发集团有限公司(以下简称乾金达公司)(持有52.5%股份)三方召开股东会议并形成股东会决议,决定:本年度已分配支付利润162000000元,剩余未分配利润56930221.51元暂未支付,决定2014年6月之前,将这部分剩余未分配利润分配完毕。

2014年6月25日,紫金矿业集团股份有限公司、乾金达公司召开2014年第二次临时股东会并形成会议纪要:会议同意对万城公司2013年未分配利润在7月底之前进行分红,2014年按季度分红。

万城公司2014年度财务审计报告中利润及利润分配表载明:2013年度未分配利润56930221.51元,2014年度可供股东分配利润105423880.44元,应付股利为40000000元,未分配利润65423880.44元。

2015年9月24日,乾金达公司将万城公司52.5%的股权转移登记到其下属全资子公司乾金达资产管理公司名下。

2015年6月18日,乾金达公司与赵某堂签署《股权转让协议》,将其对乾金达资产管理公司100%的股权以48000万元转让给赵某堂,约定自协议签署后其不再对乾金达资产管理公司、万城公司进行直接或间接分红。并于2015年12月17

① 最高人民法院(2021)最高法民再23号民事判决书。

日完成股权转移登记。

2017 年 10 月 10 日,乾金达公司向万城公司、乾金达资产管理公司、赵某堂等送达一份《公司函件》,函件主要内容为:乾金达公司要求万城公司向乾金达公司支付 2015 年 6 月 18 日前的利润 34732804.98 元。

另查明,2012 年万城公司以现金形式向各股东按持股比例分配了利润。万城公司章程及章程修正案载明各股东按照持股比例进行分红。

乾金达公司提起诉讼,请求判令万城公司支付 2013 年度未付的利润款和 2014 年年度未付的利润款,并承担逾期付款的利息损失。

经法院裁判,一审法院仅支持了支付 2013 年度未付利润款及相应利息损失的诉请。

万城公司和乾金达公司均提起上诉。二审法院认为现有证据无法证明股东会决议中载明的 2013 年度利润分配方案具体明确,故驳回了乾金达公司全部诉讼请求。

乾金达公司提起再审申请,最高人民法院认为股东会决议载明的 2013 年度利润分配方案系具体明确的,但是利润分配请求权已经超过诉讼时效,故最终维持二审判决。

【判例分析】

公司未作出利润分配决议时,股东享有的是抽象的利润分配请求权,该权利是基于成员资格而享有的,属于股权的组成部分,此时转让股权的,包括利润分配请求权在内的所有权利一并转让。公司做出利润分配决议后,股东享有的是具体的利润分配请求权,该权利已经脱离成员资格而独立存在,性质上属于普通债权,此时转让股权的,如果没有特殊约定,原股东可基于利润分配决议向公司主张权利。

因此,乾金达公司可以向万城公司主张权利的前提之一是在股权转让前公司股东会决议形成了具体的分配方案。

一审法院认为,2014 年的股东会决议为有效决议,决议对 2013 年度未分配利润的数额、分配时间作出了约定,结合 2012 年万城公司以现金形式按照股东持股比例分配利润的事实,应认为 2013 年度的利润分配方案具体明确。且乾金达公司与赵某堂的《股权转让协议》中未明确约定股权转让费中是否包括未分配利润,因此支持乾金达公司享有万城公司 2013 年度未付利润款的债权。

2014 年的第二次临时股东会议纪要仅提到 2014 年按季度分红,并未载明具体利润分配方案,且纪要并非股东会有效决议,因此一审法院驳回了乾金达公司要求万城公司支付 2014 年度未付利润款的诉请(各法院经审理后均认为 2014 年度的利润分配方案不够明确具体,下文不再赘述)。

二审法院认为,虽然万城公司章程中规定按照股东持股比例进行分红,但是公司章程并不能代替股东会决议,现有的股东会决议仅约定了利润分配总数额和分配时间,不属于明确具体的分配方案,故驳回了乾金达公司的全部诉请。

再审法院经审理认为,判断利润分配方案是否具体的关键在于能否综合现有信息确定主张分配的权利人根据方案能够得到的具体利润数额。本案综合公司章程的约定和公司此前按照出资比例分配利润的事实,可以确定股东会决议载明的 2013 年度公司利润分配方案是具体的。

当载明具体分配方案的决议一经作出,抽象的利润分配请求权就转化为了普通债权,因此本案涉及债权是否超过诉讼时效的问题。

一审法院认为,乾金达公司是万城公司控股股东及公司主要经营管理人,属于既是权利人又是义务人的双重身份,无法实现自己向自己主张权利,故应从乾金达公司退出万城公司之日起计算诉讼时效。再审法院认为,临时股东会议纪要明确 2013 年度利润分配应当在 2014 年 7 月底之前分配完成,当期限届满而万城公司仍未分配到利润时,乾金达公司的利润分配请求权即受到侵害,因此诉讼时效应当自 2014 年 8 月 1 日起算。乾金达公司 2017 年 10 月 10 日发送函件时,其债权已超过诉讼时效。

综上,再审法院经审理认为,乾金达公司享有万城公司 2013 年度未付利润款的债权,但因债权已超过诉讼时效,故其诉请不能得到支持。

【风险提示】

股权转让后原股东是否享有利润分配请求权,应以转让前公司是否作出了有效的载明具体分配方案的股东会决议为界限进行判断。公司作出有效的载明具有分配方案的股东会决议之后,股东转让股权的,除非有特别约定,原股东对公司享有具体利润分配请求权,性质上属于普通债权。在判断上需要注意以下几点:

首先,股权转让行为应发生在作出利润分配的股东会决议之后。根据最高人民法院民二庭负责人就《关于适用〈中华人民共和国公司法〉若干问题的规定(四)》答记者问中的回答:“在公司法理论上,股东的利润分配权分为抽象的利润分配权和具体的利润分配权。所谓抽象的利润分配权,是指公司在每个会计年度进行决算后,股东依据公司的决定获取相应红利的权利。由于公司是否有利润可分配和是否分配利润具有不确定性，因此抽象的利润分配权属于期待权，但同时又是股东所享有的一种固有权，公司章程或公司机关不得剥夺或限制。所谓具体的利润分配权，是指公司股东会或股东大会对有关利润分配事项作出决议后，股东所享有的分配请求权。”以公司股东会作出有关利润分配决议为界，作出决议后，抽象的利润分配权转化为具体的利润分配权，期待权转化为普通债权，即使股权发生转让，原股东仍可以以债权人的身份请求公司分配利润。

其次，股东会决议应当是有效的。公司股东会有关利润分配事项的决议应当不具有效力上的瑕疵，股东会的召集程序、表决程序、表决比例等均应符合公司章程、相关法律法规的规定。若股东会决议效力存在问题，股东就不具备利润分配的大前提，原股东因转让股权后失去股东资格便不可能再对公司享有利润分配请求权。

再次，利润分配方案应当是明确具体的。最高人民法院在上述判决中指出："原则上，一项具体的利润分配方案应当包括待分配利润数额、分配政策、分配范围以及分配时间等具体分配事项内容。”但是，关于利润分配方案是否具体明确的判断，不应局限于股东会决议的文字记载，还可以结合公司章程中的约定，公司历年来分配利润的惯例，公司向其他股东分配利润时比例的确定因素等进行综合判断，在综合各信息后，能够确定主张分配的权利人最终能够获得的具体利润数额的，即可认为该利润分配方案系具体明确的。

最后，股权转让协议中可以就公司已形成决议但未实际给付的利润的归属问题进行约定。因具体的利润分配权在性质上属于债权，因此，双方既可以约定归出让方所有，亦可以约定由受让方所有，亦可以约定在股权转让款中予以抵扣等，若股权协议中未作出明确约定的，原则上应认为归原股东所有。

基于具体利润分配权在性质上属于债权的特性，原股东还应当关注诉讼时效的问题。因股东会决议中需明确记载利润分配的时间，因此当期限届满公司仍未分配利润的，应当认为权利人知道或者应当知道其权利损害以及义务人，故具体利润分配请求权的诉讼时效自约定的利润分配期限届满之日起算。原股东应当及时行使自己的权利，防止超过 3 年诉讼时效而使公司获得时效抗辩权。

【法条链接】

《公司法》

第四条 公司股东依法享有资产收益、参与重大决策和选择管理者等权利。

第三十四条 股东按照实缴的出资比例分取红利；公司新增资本时，股东有权优先按照实缴的出资比例认缴出资。但是，全体股东约定不按照出资比例分取红利或者不按照出资比例优先认缴出资的除外。

《最高人民法院关于适用〈中华人民共和国公司法〉若干问题的规定（四）》

第十四条　股东提交载明具体分配方案的股东会或者股东大会的有效决议，请求公司分配利润，公司拒绝分配利润且其关于无法执行决议的抗辩理由不成立的，人民法院应当判决公司按照决议载明的具体分配方案向股东分配利润。

《民法典》

第一百八十八条　向人民法院请求保护民事权利的诉讼时效期间为三年。法律另有规定的，依照其规定。

诉讼时效期间自权利人知道或者应当知道权利受到损害以及义务人之日起计算。法律另有规定的，依照其规定。但是，自权利受到损害之日起超过二十年的，人民法院不予保护，有特殊情况的，人民法院可以根据权利人的申请决定延长。

2. 可视同已提供载明具体分配方案的股东会决议的认定

宿州同辉房地产开发有限公司与李某七公司盈余分配纠纷[①]

【关键词】

公司盈余分配纠纷　股东会决议　分配利润程序

【案情简介】

2016年7月9日，宿州同辉房地产开发有限公司（以下简称同辉公司）与李某七签订《协议书》，就大润发玛特房产出售事宜达成协议，有关房款的交付，双方约定李某七缴纳定金150万元，其余购房款由同辉公司从李某七股本金、分红（公司决议返还的前提下）中分次扣除，直至扣齐购房款为止；若同辉广场项目结束，李某七投资本金及分红不足以抵扣房款的，李某七以按揭或者现金的方式补足。

2016年11月20日，甲方同辉公司与乙方同辉公司股东马某蕾、凤某志，丙方李某七（同辉公司股东，持股30%）签订《协议书》，约定丙方退出甲方公司经营，就丙方转让所持股份、利润分配及支付等事项达成如下协议：(1)丙方转让自己在甲方所持有的30%的股份给乙方，转让份额分别为马某蕾27.857%、凤某志2.143%；(2)同辉公司在同辉广场项目中的利润按1.5亿元计算，扣除冯某东15%干股和史某杰奖励股3%，丙方实际股份24.6%，应分得利润3690万元，由甲方以同辉广场房屋（涉诉需办理过户房屋）冲抵，具体冲抵价格以公司财务部分计算为准。

2017年8月22日、2017年11月15日、2018年6月4日同辉公司作为卖方与买方李某七签订了9份《同辉广场房屋定购确认单》，其中分别约定了“房款从分红中扣除”或“此房款在楼盘分红中已扣除”。

2017年6月24日，李某七作为出租方与承租方泗县大润发玛特商贸有限公司（法定代表人马某蕾，股东为同辉公司，持股比例100%）签订《房屋租赁合同》，租赁房屋为涉诉房产中的其中一套。2018年1月3日，同辉公司通过中国银行股

① 最高人民法院(2020)最高法民申4560号民事裁定书。

份有限公司泗县支行给收款人李某七分两次转账 146575 元及 50 万元,用途备注为:代大润发付租金。

李某七提出诉讼,请求确认其与同辉公司签订的房屋冲抵协议合法有效,并要求同辉公司履行合同约定,协助办理房产过户事宜。

经法院审理,一审法院支持李某七诉讼请求。

同辉公司提起上诉。二审法院认为,一审判决认定事实清楚,适用法律正确,应予维持。

后同辉公司继续提起再审申请,最高人民法院认为其再审申请不符合《民事诉讼法》规定的应当再审的情形,裁定驳回。

【判例分析】

本案争议焦点一系关于本案法律关系的定性问题。

一审法院认为,本案为普通合同纠纷。李某七与同辉公司签订的房屋冲抵协议约定李某七支付购房款的对价是同辉公司就同辉广场项目对其应分配利润 3690 万元,实质是同辉公司用其名下房产冲抵分配给李某七的上述利润,因此本案不属于房屋买卖合同纠纷。公司盈余分配纠纷是指公司或公司大股东利用股利政策损害中小股东盈余分配请求权而产生的纠纷。本案公司原股东李某七诉请的是要求公司履行载明具体分配方案的股东会决议而提请的给付利润之诉。该具体分配方案为同辉广场项目上的利润分配,而非公司盈余分配。因此,本案亦不属于公司盈余纠纷。

二审法院将案由变更为公司盈余分配纠纷,因为 2016 年 11 月 20 日签署的协议系全体股东达成的协议,双方对股权转让事宜并无异议,主要争议在于同辉公司对于李某七应分得利润的性质及金额,公司盈余分配纠纷更能反映诉争双方的法律关系。

本案争议焦点二系关于李某七与同辉公司签订的房屋冲抵协议是否有效,进而确定能否支持李某七的诉请。

首先,一审审理期间,同辉公司以《公司法》第 166 条抗辩该利润分配决议无效。一审法院认为,本案分配的是公司一个具体的房地产项目的利润,法条适用前提是分配公司当年税后利润。其次,上述法条规定的是分配利润的程序性规定,而非效力性规定,并不会当然导致协议无效。最后,商事主体对自身的商事行为应有专业成熟的判断能力,有更高的风险预估和承受能力,合同的自由权和公司的自治权应当得到充分尊重。因此,同辉公司抗辩不成立,双方签订的协议书有效，同辉公司应协助李某七办理过户手续。

二审法院在认可一审法院对于协议有效的认定的基础上补充如下理由：首先，公司虽未召开股东会会议，但是全体股东在协议上签字、公司加上公章，该协议应视为同辉公司全体股东就公司利润分配作出的股东会决议。其次，公司盈余分配系公司自治范畴，马某蕾、凤某志既为同辉公司原股东，又为受让李某七股权后合计持股100%的股东，同辉公司所有股东对公司当时利润进行估算后，确定对李某七持股期间利润进行单独分配，系在衡量风险及收益的基础上作出的商业判断，应予以尊重。最后，同辉公司以现金或冲抵房款的方式代泗县大润发玛特商贸有限公司支付房租。9份《同辉广场房屋定购确认单》中注明“房款从分红中扣除”“此房款在楼盘分红中已扣除”等，上述事实表明同辉公司已在实际履行协议中给付利润的义务。

再审法院亦认为，该协议是同辉公司及全体股东对公司实际经营状况充分了解并就风险予以充分考量后，就李某七股权转让和分配应得利润达成的协议，属于各方真实意思表示，因此认定协议有效。

【风险提示】

股东在向法院提起公司盈余纠纷时，原则上应当提交载明具体分配方案的股东会或者股东大会决议，否则会被法院驳回诉讼请求。但在例外情况下，股东提供特定的协议书亦可视同已提供载明具体分配方案的股东会决议。

根据《公司法》第37条第2款的规定，股东以书面形式一致同意作出的决定，经全体股东签字、盖章，可以不召开股东会会议，提供该协议书可以认为存在利润分配决议。例如，本案中2016年11月20日签订的协议书，股东没有正式召开股东过会对利润分配事项进行表决，但是全体股东一致同意、签字确定，并且协议中明确约定了分配利润的数额、分配的形式等事项，因此，法院认为本案存在利润分配的决议。协议生效后，股东对于公司享有的抽象利润分配请求权即转化为具体的利润分配请求权，股东可依据该协议以债权人的身份请求公司履行相应义务。

在实践中，全体股东一致同意签署的分红协议书、欠条或者其他证明文件等均有可能被认定为提供载明具体分配方案的股东会决议，提供此类协议书即所谓的“视同已提供载明具体分配方案的股东会决议”。

但应当注意的是，该协议书需要具备记载的分配方案“明确具体”的特征，即该协议书中应当明确记载了分配范围、待分配利润数额、分配方式等内容（明确具体的认定标准详见上一个案例)。

股东提供此类协议书作为利润分配决议时,公司很有可能抗辩该协议对于公司的利润在未缴纳税款、弥补亏损、提取公积金的前提下,直接予以分配,违反了《公司法》第166条的规定,应当认定为无效。

但公司的该抗辩是难以得到法院支持的,此类协议书并不会据此被认定为无效。《民法典》第153条第1款规定:“违反法律、行政法规的强制性规定的民事法律行为无效。但是,该强制性规定不导致该民事法律行为无效的除外。”从法条的但书规定可以看出,只有违反效力性强制性规定的民事法律行为,才会被认定为无效。

《公司法》第166条是对公司利润分配的程序性规定,并非效力性规定,对于违反该程序分配利润的,该条第5款明确了相应的法律后果,即“股东会、股东大会或者董事会违反前款规定,在公司弥补亏损和提取法定公积金之前向股东分配利润的,股东必须将违反规定分配的利润退还公司”,公司违反利润分配的程序性规定,并不会直接导致合同无效。

此外,《公司法》第166条适用的前提是公司分配的是公司当年税后的全部利润。若公司分配的是其经营的某一个项目的项目,并不当然直接适用该条文。

公司盈余分配纠纷属于公司自治的范畴。根据现有的司法实践,法院充分尊重商事主体的商业判断,充分尊重公司对于其内部事务的管理,认为利润分配事项系商业主体在充分考虑了自身的经营状况、公司的资产负债情况、风险抵御能力等因素后,在衡量风险和收益的基础上所作出的成熟的、专业的判断,司法不宜直接干涉、过度干预。因此,在此类协议书被认定为利润分配决议的前提下,法院大概率会尊重协议中有关利润的分配,要求各方履行协议中约定的权利义务,除非存在其他特殊情形。

【法条链接】

《公司法》

第一百六十六条 公司分配当年税后利润时,应当提取利润的百分之十列入公司法定公积金。公司法定公积金累计额为公司注册资本的百分之五十以上的,可以不再提取。

公司的法定公积金不足以弥补以前年度亏损的,在依照前款规定提取法定公积金之前,应当先用当年利润弥补亏损。

公司从税后利润中提取法定公积金后,经股东会或者股东大会决议,还可以从税后利润中提取任意公积金。

公司弥补亏损和提取公积金后所余税后利润,有限责任公司依照本法第三十四条的规定分配;股份有限公司按照股东持有的股份比例分配,但股份有限公司章程规定不按持股比例分配的除外。

股东会、股东大会或者董事会违反前款规定,在公司弥补亏损和提取法定公积金之前向股东分配利润的,股东必须将违反规定分配的利润退还公司。

公司持有的本公司股份不得分配利润。

3. 公司盈余分配纠纷中司法强制分配盈余的认定

甘肃居立门业有限责任公司与庆阳市太一热力有限公司、李某军公司盈余分配纠纷[①]

【关键词】

公司盈余分配纠纷　无股东会决议　强制分配

【案情简介】

2006年3月，李某军、张某龙设立庆阳市太一热力有限公司(以下简称太一热力公司)，并于2006年6月登记注册成立，经营范围为热能供给、管道安装维修。

2007年，张某龙与甘肃居立门业有限责任公司(以下简称居立门业公司)，李某军与甘肃太一工贸有限公司(以下简称太一工贸公司)、居立门业公司签订股权转让协议。最终，太一工贸公司持股60%，居立门业公司持股40%，并完成了变更登记。

2006年10月，太一热力公司受让了46200.4m^2市政设施建设用地。

2009年9月29日，庆阳市人民政府决定对太一热力公司进行整体收购，并形成第23期会议纪要。会议纪要包括：(1)收购资产和土地两大项；(2)收购价款除政府已拨付的支持资金和太一热力公司已收取的城市供热配套费(共计3234.72万元)外，政府再支付7000万元；(3)对现有的69.3亩热源厂建设用地，32.7亩留太一热力公司开发，市政府允许该土地性质依法依规转换。

2009年10月6日，庆阳市西峰区人民政府与太一热力公司签订《庆阳市西峰区新区集中供热站工程回购合同》，按照上述第23期会议纪要制定该合同。

2010年7月10日，庆阳市经济发展投资有限公司向太一热力公司支付资产转让余款57616003.25元。

审理期间，法院委托某会计师事务所出具《审计报告》，公司清算净收益75973413.08元。《审计报告》"重大事项说明"有以下几项内容：(1)"工程施工"经审计调整后为34446241.21元，因计入工程施工成本的附件大部分为白条、收

① 最高人民法院(2016)最高法民终528号民事判决书。

据等,工程施工暂未转清算损益;(2)太一热力公司为某小区某楼铺设、接通供热管道,并安装了换热站,应收取接口费 1038.21 元,账面无反映;(3)一台评估净值 743580 元的锅炉为无股东签字的白条入账,在收购中已移交政府,不应作为公司收益参与分配。

同时《审计报告》载明,太一热力公司(法定代表人李某军)应收账款 33900000 元,系 2010 年 9 月 8 日转入兴盛建安公司(法定代表人为李某军);其他应收款 21694383.08 元中,兴盛建安公司 12988795.65 元。

居立门业公司提起诉讼,请求分配太一热力公司盈余的 7000 余万元现金和盈余的 32.7 亩土地,并由李某军承担连带责任。

经法院裁判,一审法院判决太一热力公司支付居立门业公司盈余分配款 20466276.4 元并支付相应利息;太一热力公司到期不能给付的,由李某军承担赔偿责任。

太一热力公司、李某军提起上诉。二审法院改判了盈余分配的数额,判决太一热力公司支付居立门业公司盈余分配款 16313436.72 元。

【判例分析】

本案争议焦点一:太一热力公司是否应向居立门业公司进行盈余分配。

法院经审理认为,公司盈余分配系公司自治范畴,原则上应当由股东会作出公司盈余分配的具体方案。但是当部分股东变相分配利润、隐瞒或转移公司利润时,则会损害其他股东的实体利益,司法需适度干预制止权利滥用行为。本案中,太一热力公司被庆阳市人民政府收购后未开展经营活动、未进行财务清算,公司股东亦未能召开股东会,无法就公司盈余分配形成决议。太一热力公司有巨额的可分配利润,且李某军作为控股股东太一工贸公司法定代表人,未经公司另一股东居立门业公司同意,没有合理事由将 5600 万余元公司资产转让款转入兴盛建安公司账户,转移公司利润,给居立门业公司造成损失,构成滥用股东权利,故本案即使没有股东会决议仍可进行盈余分配。

本案争议焦点二:如何确定居立门业公司应分得的盈余数额。

司法强制分配盈余时,既要严格公司举证责任以保护弱势小股东的利益,同时还要注意优先保护公司外部关系中债权人、债务人等的利益。《审计报告》经双方质证后,一审法院认可太一热力公司清算净收益 75973413.08 元,扣除未核减的工程施工 34446241.21 元、已被收购锅炉 743580 元,加上未计入的接口费 1038.21 万元,认定最终分配利润。二审法院认为,接口费涉及案外人的实体利益,应当依法另寻救济路径解决,而不应在本案中作出认定,故予以扣除。最终,法院按照公司章程的约定以股东的出资比例分配利润。

本案争议焦点三:盈余分配款的利息问题。

居立门业公司起诉时并未主张利息,一审法院判决太一热力公司给付利息超过了当事人的诉讼请求,二审予以纠正。同时,二审法院认为,公司经营利润款产生的利息属于公司收入的一部分,在未进行盈余分配前相关款项均归属于公司。作出盈余分配决议后,股东与公司之间形成债权债务关系,公司未按时给付时,股东可主张利息。但本案系司法强制分配盈余,在盈余分配判决未生效之前,公司不具有法定给付义务,故不应支付利息。

本案争议焦点四:李某军的责任问题。

首先,李某军既是太一热力公司法定代表人、执行董事,又是兴盛建安公司法定代表人,其未经股东会决议同意,利用关联关系将太一热力公司 5600 万余元资产转让款转入关联公司,形成太一热力公司账面巨额应收款项,若李某军不能将相关资金及利息及时返还太一热力公司,则李某军应当按照《公司法》第 21 条、第 149 的规定对该损失向公司承担赔偿责任。其次,李某军转移太一热力公司财产的行为损害了该公司股东居立门业公司利益,居立门业公司可要求李某军在太一热力公司给付不能的范围内承担赔偿责任。但是本案中李某军直接损害的是公司利益,并非股东利益,故居立门业公司无权依据《公司法》第 152 条要求其承担赔偿责任。

【风险提示】

公司盈余分配系公司内部事务,公司是否分配盈余、分配多少盈余、如何分配盈余系公司基于自身发展、资产与负债、市场环境等因素作出的综合商业判断,体现了公司的自由意志,这决定了法院在审理公司盈余分配纠纷案件中的基本态度——充分尊重公司的自治,对司法强制分配盈余持谨慎态度。

根据《公司法》及司法解释的相关规定,股东起诉时原则上需提交载明具体分配方案的股东会或股东大会决议,仅在股东违反法律规定滥用股东权利导致公司不分配利润时,法院才会予以强制分配。

法院强制分配盈余的构成要件包括:第一,公司要具有可分配的盈余。这是司法强制分配盈余的前提条件。在认定可分配盈余时,既要注意保护公司中小股东的利益,亦需要注意对公司外部债权人利益的保护。当公司存在有争议的盈余且该盈余涉及公司外部第三人利益时,该笔盈余不应在公司盈余分配纠纷中进行认定,而是由股东或者公司以其他救济途径加以解决。

第二,公司股东存在违反法律规定滥用股东权利的行为。这是强制盈余分配的实质要件。关于何为"滥用股东权利",最高人民法院在《关于适用〈中华人民共和国公司法〉若干问题的规定(四)》答记者问中进行了概括,主要包括:(1)给在公司任职的股东或者其指派的人发放与公司规模营业业绩同行业薪酬水平明显不符的过高薪酬,变相给该股东分配利润的;(2)购买与经营不相关的服务或者财产,供该股东消费或者使用,变相给该股东分配利润的;(3)为了不分配利润隐瞒或者转移公司利润的;(4)滥用股东权利不分配利润的其他情况。最高人民法院在概括滥用股东权利的行为时强调了实际中常见高发的三种情形,为股东提起公司盈余纠纷适用但书规定进行司法强制分配的举证提供了较为明确的方向。

第三,股东盈余分配纠纷无前置程序。股东滥用股东权利变相分配利润、隐匿或转移公司利润,导致公司不分配利润的,直接损害的系公司的利益,亦会导致其他股东利益受损。此时可以依据《公司法》第 20 条第 2 款向滥用股东权利的股东主张赔偿责任,也可以依据《公司法》第 21 条向控股股东主张赔偿责任,还可以依据《公司法》第 74 条要求请求公司收购股份,不同的救济途径之间并无顺序上的先后,利益受损的股东应依据现有的证据以及案件的不同情形,在综合分析利弊的前提下作出最优的选择。

同时,最高人民法院在本案中明确了公司盈余分配纠纷中利息的计算起点问题。一般情况下,公司股东会或股东大会做出载明具体分配方案的决议,股东的抽象的利润分配请求权转化为具体的利润分配请求权,股东与公司之间形成债权债务关系,故当公司未按期给付时,应承担相应利息。例外情况下,由法院司法强制分配盈余时,因在法院作出生效裁判前,公司虽有可分配的利润,但股东仅享有抽象利润分配请求权,公司无法确定的给付义务,与股东之间无债权债务关系,因此公司不承担利息,仅当法院作出生效裁判,公司的履行期间届满后,才能开始计算相应利息。

法院司法强制分配盈余终究是极为特殊的情况。为更有力地获得法院的支持,保护中小股东的利益,笔者建议公司可在章程中就公司的利润分配时间、分配条件、分配比例等作出明确的约定。

【法条链接】

《公司法》

第二十条第二款 公司股东滥用股东权利给公司或者其他股东造成损失的，应当依法承担赔偿责任。

第二十一条 公司的控股股东、实际控制人、董事、监事、高级管理人员不得利用其关联关系损害公司利益。

违反前款规定，给公司造成损失的，应当承担赔偿责任。

第七十四条 有下列情形之一的，对股东会该项决议投反对票的股东可以请求公司按照合理的价格收购其股权：

（一）公司连续五年不向股东分配利润，而公司该五年连续盈利，并且符合本法规定的分配利润条件的；

（二）公司合并、分立、转让主要财产的；

（三）公司章程规定的营业期限届满或者章程规定的其他解散事由出现，股东会会议通过决议修改章程使公司存续的。

自股东会会议决议通过之日起六十日内，股东与公司不能达成股权收购协议的，股东可以自股东会会议决议通过之日起九十日内向人民法院提起诉讼。

《最高人民法院关于适用〈中华人民共和国公司法〉若干问题的规定（四）》

第十五条 股东未提交载明具体分配方案的股东会或者股东大会决议，请求公司分配利润的，人民法院应当驳回其诉讼请求，但违反法律规定滥用股东权利导致公司不分配利润，给其他股东造成损失的除外。

五、股东名册记载纠纷

股东名册系认定股东身份的重要依据，进而会影响股东基于其身份所能行使的权利。当公司发生股权转让或者进行增资、减资等情形时，会出现股东身份的变化，股东身份的变化必然引起股东名册记载的变更。当公司怠于履行变更登记义务或者相关股东怠于向请求公司履行变更义务，就会出现股东名册上记载的股东与真实股东身份的认定不一致的情形，进而引发股东名册记载纠纷的诉讼。

司法实践中，股东名册记载纠纷与股东资格确认纠纷紧密相连。基于股东名册记载纠纷而产生的争议主要包括原告主体资格的认定、内部股东名册记载与外部工商登记不一致时的认定、超过法定最高股东人数无法记载于股东名册时如何救济等问题。本节从实际的民事判决出发进行分析，以期为股东提供基于股东名册记载纠纷的防范和处理建议。

1. 股东名册与工商登记不一致时的股东资格认定

明达意航企业集团有限公司与抚顺银行股份有限公司股东名册记载纠纷[①]

【关键词】

股东名册记载纠纷　工商登记　股权转让协议解除

【案情简介】

2010 年 10 月 13 日，明达意航企业集团有限公司（以下简称明达意航公司）以发起人身份出资 1500 万元购买抚顺银行股份有限公司（以下简称抚顺银行）股份，抚顺银行向其颁发《股权证》。

抚顺银行召开股东大会通过《关于明达意航公司股权转让的议案》。明达意航公司召开股东会同意向亿丰公司、金信公司转让所持有的抚顺银行股权。

2012 年 2 月 9 日，明达意航公司向抚顺银行出具《担保函》，同意为关联公司在抚顺银行的所有融资业务提供连带责任保证并用其在抚顺银行的股权做质押担保，并授权抚顺银行在发生担保责任时，对该股权进行处置。

另案中，法院于 2012 年 1 月 13 日查封了明达意航公司持有抚顺银行的股权。

金信公司和亿丰公司分别提交了与明达意航公司签署的《股权转让协议书》，协议书上未填写签署日期，明达意航公司未否认协议书上公章的真实性。

辽宁银保监局分别作出批复，同意金信公司、亿丰公司受让明达意航公司持有的抚顺银行股权。2012 年 7 月 4 日，金信公司、亿丰公司将股权转让款转入抚顺银行。同日，抚顺银行将该款项转入明达意航公司账户。同日，抚顺银行从明达意航公司扣划该款项用于偿还其对关联公司借款所担保的债务。明达意航公司法定代表人和财务人员在《银企对账单对公》上签字、盖章。

公司修改章程及股东名册，金信公司、亿丰公司受让股权。因股权被法院执行查封，故未能在抚顺市工商行政管理局办理过户。

2015 年 1 月 26 日，金信公司、亿丰公司就法院查封执行上述股权提起执行异

---

① 最高人民法院（2022）最高法民终 642 号民事判决书。

议之诉,法院认为,法院查封裁定已向股权登记机关下达,具有公示效力,两家公司不构成善意;辽宁银保监局的批复,仅表明股权变动的程序及审批意见,不代表发生股权转让的事实。

2017年10月24日、25日,金信公司、亿丰公司向明达意航公司提起诉讼。法院认定《股权转让协议书》有效,但因合同目的无法实现,故同意解除该协议,并由明达意航公司返还股权转让款。

2018年10月19日,案外人对明达意航公司提出破产清算申请,法院予以受理。

明达意航公司提起本案诉讼,要求将《抚顺银行股东名册》上登记在金信公司、亿丰公司名下的股份变更登记至其名下,并要求两公司赔偿股东分红款。

经法院裁判,一审法院未支持明达意航公司的诉讼请求。

明达意航公司提起上诉。二审法院认为,一审法院认定事实和适用法律虽有瑕疵,但判决结果正确,故驳回其上诉请求。

【判例分析】

金信公司、亿丰公司与明达意航公司签署的《股权转让协议书》,经另案生效判决认定:两份协议书均有效,但已被依法解除。

本案的争议焦点在于明达意航公司能否据此具备抚顺银行的股东资格,并要求办理变更登记。

一审法院认为,协议书解除后,股权依法应归原所有权人明达意航公司所有。虽然辽宁银保监局批复、章程和股东名册等均已将股东变更为金信公司、亿丰公司,但是因股权被法院长期查封,股权仍登记在明达意航公司名下。现有证据只能认定明达意航公司享有涉案股权的所有权,不能认定其具有抚顺银行的股东资格。因涉案股权已在执行拍卖结算,明达意航公司已进入破产清算程序,其是否具备银行股东资格尚不确定,故未支持其关于股权变更登记的主张。

二审法院认定,亿丰公司、金信公司经履行股权转让协议并经行政机关审批作为股东记载于抚顺银行股东名册之时,即成为抚顺银行股东,明达意航公司同时丧失股东身份。抚顺银行是否在工商行政部门办理变更登记,不影响案涉股权转让的效力。

亿丰公司、金信公司主张执行异议之诉时虽经生效判决认定不构成善意取得、自始不发生股权取得的效力,但该民事判决书仅是驳回亿丰公司、金信公司以善意取得股权为由排除执行的主张,并未从公司法、商业银行法等商事法律关系方面认定股权变动的效力。

在股权转让中,受让人通过受让股权继受取得股东资格后,享有参与公司重大决策、监督经营管理等权利,其行为涉及公司其他股东和公司债权人的利益,故为了保护善意相对人,股权转让合同的解除通常仅对将来发生效力,并非溯及既往的导致合同根本消灭。涉案协议书被解除前,金信公司、亿丰公司享有股东身份并可据此获得分红。明达意航公司起诉要求两家公司赔偿股东分红款的诉讼请求难以被支持。

协议书被依法解除后,明达意航公司并不能自然恢复股东资格,需要重新办理股权变更程序。《商业银行股权管理暂行办法》第 5 条规定:"商业银行股东应当具有良好的社会声誉、诚信记录、纳税记录和财务状况,符合法律法规规定和监管要求。"明达意航公司现已进入破产清算程序,显然不符合前述条件,辽宁银保监局亦在回函中明确指出明达意航公司不符合商业银行股东条件。故驳回明达意航公司要求变更登记的诉请。

同时,二审法院认为,《股权转让协议书》解除后,明达意航公司因不符合商业银行股东条件而不能重新取得抚顺银行股东身份,但其在该股权中的财产性权益却应依法予以保护,明达意航公司可通过申请拍卖案涉股份而以其价款折价补偿。故一审判决关于明达意航公司对案涉股权享有所有权但不具有抚顺银行股东资格的认定错误,应予以纠正。

【风险提示】

关于股东资格的认定,在现行公司法框架下,没有任何一种法律文书或证明材料具有当然的证明股东资格的效力,股东名册自然也不例外。

根据《公司法》第 32 条、第 130 条的规定,有限责任公司和发行记名股票的股份有限公司应当置备股东名册,股东名册上应当记载股东的姓名或者名称及住所、股东的持股情况等信息。但是,股东名册系公司内部置备的文书,在公司内部对于公司及其他股东公开具有约束力,对外不具有公示的效力。

因此,当公司股东的姓名或者名称发生变更时,法律规定公司具有法定的进行工商登记的义务,股东依法履行出资义务或者继受取得股权后,亦享有要求公司办理工商登记的法定权利,公司怠于行使该项义务的,股东可以提起诉讼要求公司进行履行。

需要注意的是,办理工商登记在法律上属于宣誓性的登记,仅具有对抗第三人的效力,并不是当然地对股东资格进行确认与证明。股东进行工商登记后,最重要的作用是对外产生公示公信力。在商事外观主义的原则之下，第三人出于对公权力机关的信任，推定工商登记的信息与公司的内部信息是一致的，因此当工商登记中记载的股东进行权利转让时，除非有相反的证据加以证明，可以推定权利受让人系善意的，在满足取得要件的前提下，可以发生善意取得的效果，获得相应的股权。此时，即使真正的权利人向受让人主张权利时，也会因为未办理变更登记，法律出于对第三人利益的保护、基于维护社会交易秩序和交易安全的考虑，认为真正的权利人无法对抗善意的受让人，其只能向转让人主张相应的权利，比如基于不当得利要求转让人返还相应的股权转让款等。在本案中，法院依法裁定查封了抚顺银行的股权，同样产生了对抗第三人的效力，金信公司、亿丰公司因系在法院查封后受让的股权，因此推定不具有善意，难以依据善意取得制度主张其权利。

因此当股东名册与工商登记记载不一致，涉及第三人利益时，应当采用商事外观主义原则，充分保护善意的第三人。建议股东依法取得股权后，及时要求公司办理变更登记。

但是当股东名册与工商登记记载不一致且仅涉及公司内部关系时，应当充分结合股权转让协议、股权代持协议、各股东的出资情况、股东是否在实际参与公司的经营与管理等情况作出综合的认定股东身份。是否进行变更登记，不影响股权依法发生转让的效力。股东名册记载纠纷与股东资格确认纠纷密不可分，在仅涉及公司内部各成员身份关系的认定时，股东资格的认定是股东主张股东名册记载的前提。因此，在司法实践中，对于股东资格争议较大的纠纷，若直接以“股东名册记载纠纷”作为案由起诉时，可能会面临法院要求先行确认股东身份，再行提起该诉讼，进而驳回诉请的困境。

最后，最高人民法院在本案中明确了股权转让协议解除后，权利效力的认定问题。股权转让协议被依法解除后，通常情况下仅对将来发生效力，不具有溯及既往的效力。合同各方当事人在合同解除前行使的权利、履行的义务并不会因为合同的解除而趋于无效。同样，合同各方当事人在合同解除前因该合同取得的利益亦不会因该合同的解除而构成不当得利。

【法条链接】

《公司法》

第三十二条 有限责任公司应当置备股东名册，记载下列事项：

（一）股东的姓名或者名称及住所；

（二）股东的出资额；

（三）出资证明书编号。

记载于股东名册的股东，可以依股东名册主张行使股东权利。

公司应当将股东的姓名或者名称向公司登记机关登记；登记事项发生变更的，应当办理变更登记。未经登记或者变更登记的，不得对抗第三人。

第一百三十条　公司发行记名股票的，应当置备股东名册，记载下列事项：

（一）股东的姓名或者名称及住所；

（二）各股东所持股份数；

（三）各股东所持股票的编号；

（四）各股东取得股份的日期。

发行无记名股票的，公司应当记载其股票数量、编号及发行日期。

《最高人民法院关于适用〈中华人民共和国公司法〉若干问题的规定（三）》

第二十三条　当事人依法履行出资义务或者依法继受取得股权后，公司未根据公司法第三十一条、第三十二条的规定签发出资证明书、记载于股东名册并办理公司登记机关登记，当事人请求公司履行上述义务的，人民法院应予支持。

2. 其他股东认缴被股东抽逃出资份额后的股东名册变更登记

尹某庆与日照君泰房地产(集团)有限公司等股东名册记载纠纷①

【关键词】

股东名册记载纠纷　抽逃出资　推定效力

【案情简介】

2003年10月23日,日照君泰房地产(集团)有限公司(以下简称君泰公司)召开股东会,决议转让股权。股权转让后各股东出资情况如下:王某艺出资729.65万元,徐某芹出资119.65万元,尹某庆出资150.7万元(占15.07%)。变更后的股东召开股东会,决议将注册资本变更为3190万元,其中尹某庆增资1300万元;徐某芹增资760万元;新股东王某持资入股130万元。并选举尹某庆为执行董事、经理和法定代表人,王某为公司监事并担任财务总监。

2004年5月27日,尹某庆向君泰公司账户转入增资款1300万元。5月28日,君泰公司以00339252号转账支票将人民币1300万元转至长青木业,转账支票上加盖有君泰公司公章及王某个人印章。

2010年10月13日,君泰公司监事王某召集股东会,尹某庆未参加。股东会决议内容包括要求尹某庆在2010年10月18日前补足欠缴的增资款。当日晚,王某、王某艺与尹某庆发生争执,泰安路派出所出警,王某、王某艺当场向尹某庆送达了当日的股东会决议。

2011年10月28日,君泰公司刊登了11月29日召开股东会的公告。2011年11月29日,君泰公司召开股东会,尹某庆未参加。股东会作出决议:(1)关于尹某庆欠缴的1300万元,由王某和徐某芹分别履行650万元欠缴出资的认缴义务,公司应于出资义务履行后3日内完成验资并办理变更手续;(2)确认尹某庆无权享有和行使与1300万元出资额对应股权相关的股东权利。该次股东会决议未向尹某庆送达。

---

① 最高人民法院(2016)最高法民申238号民事裁定书。

2013年5月20日、21日，徐某芹、王某各向君泰公司转入650万元。

2013年7月5日，君泰公司召开股东会，尹某庆的委托代理人参加会议并主张从未收到过2010年10月13日的公证书或尹某庆欠缴1300万元出资款的其他信息，尹某庆对2011年11月29日股东会的召开和所形成的决议亦不知情。本次股东会决议如下：公司股东会成员不变，出资额变更如下：王某实缴出资780万元；王某艺实缴出资729.65万元；尹某庆实缴出资150.7万元；徐某芹实缴出资1529.65万元。

徐某芹、王某提起诉讼，请求判令君泰公司就其各自支付的650万元人民币出资款签发出资证明，并记载于股东名册、办理变更登记手续。

经法院裁判，一审法院支持了徐某芹、王某的诉讼请求。

尹某庆提起上诉，二审法院予以维持。

后尹某庆继续提起再审申请，最高人民法院认为其再审申请不符合《民事诉讼法》规定的应当再审的情形，裁定驳回。

【判例分析】

关于徐某芹、王某股东身份的问题。法院经审理认为，有限责任公司股东身份应根据公司章程、股东名册、出资情况、工商登记等因素结合当事人的真实意思综合认定。本案中徐某芹、王某和王某艺共同签署公司章程并认购出资，实际行使了股东权利并承担了义务，依法在公司登记机关登记为公司股东，其共同作为君泰公司股东的意思表示明确，除非有充分确凿的相反证据，各方股东身份应予确认。尹某庆虽主张徐某芹、王某抽逃出资，但是法院认为股东未出资或抽逃出资并不必然导致股东资格和股权丧失，股东实际出资问题可通过公司内部治理机制或另行诉讼解决。

关于尹某庆是否抽逃1300万元增资款的问题。根据2011年《最高人民法院关于适用〈中华人民共和国公司法〉若干问题的规定（三）》第12条第1款第1项规定（现行有效的司法解释已将该项删除）："公司成立后，公司、股东或者公司债权人以相关股东的行为符合下列情形之一且损害公司权益为由，请求认定该股东抽逃出资的，人民法院应予支持：（一）将出资款项转入公司账户验资后又转出；……"徐某芹、王某提供的2004年5月28日君泰公司出具的00339252号转账支票足以证实该1300万元增资款在验资后即被转出，且当事人对该款项转出无合理解释，故对于该增资款被抽逃的主张予以确认。

关于徐某芹、王某各补缴650万元出资款后是否取得相应股权，取决于尹某庆是否已丧失相应股权。尹某庆的1300万元增资虽然抽逃,其并不当然丧失1300万元认购出资对应股权。根据公司自治原则,尹某庆是否丧失相应股权取决于公司相关股东会决议是否有效、是否已合法剥夺了尹某庆相应股权。

关于股东会决议是否有效的问题。法院分别对涉案的3份决议作出评价。2010年10月13日的股东会决议尹某庆虽未参加,但是在当晚尹某庆与王某、王某艺发生争执时,王某艺、王某当场向尹某庆送达了当日的股东会决议,由此认定君泰公司向尹某庆催收了补足出资的事实。2011年11月29日的决议,尹某庆虽未参加,但是其认可在2013年7月知悉,其在知悉决议内容后60日内未提起股东会决议的撤销诉讼,且经公司催缴后,尹某庆拒不补足,使君泰公司长期处于注册资本不足的状况,既不利于君泰公司的经营发展,又损害了君泰公司债权人的利益,公司有权通过自治剥夺股东部分股权,并不违反法律禁止性规定。2013年7月5日的股东会决议程序和内容上均合法有效。

据此,法院经审理认为,公司通过股东会解除尹某庆1300万元的股权份额合理合法,尹某庆已丧失相应股权,徐某芹、王某取得相应股权,并分别履行了650万元的出资义务,有权要求君泰公司就各自支付的650万元出资款签发出资证明,并记载于股东名册、办理变更登记手续。

【风险提示】

首先,根据《最高人民法院关于适用〈中华人民共和国公司法〉若干问题的规定(三)》第17条的相关规定,股东未履行出资义务或者抽逃全部出资,并不会当然地丧失股东身份。经公司催告缴纳或者返还,其在合理期限内仍未缴纳或者返还的,公司可以股东会决议的形式解除该股东资格,这是抽逃出资在股东资格确认纠纷中的常见情形。

在本案中,上述司法解释的适用范围在一定程度上被予以扩大。对于股东仅抽逃部分出资的,法院在本案的审理过程中亦支持了公司在履行催告义务后,对于拒不缴纳出资的股东,通过股东会决议的形式剥夺股东与抽逃出资部分相对应的股东权利。

无论是股东抽逃全部出资还是部分出资,都会使公司长期处于注册资本不足的状态。注册资本不足对内不利于公司的经营与发展,对外有损公司债权人的利益。股东抽逃全部出资或部分出资虽然不等于股东资格的丧失,公司其他股东以股东抽逃出资为由主张对应股东丧失股东资格的,其诉请不会得到法院的支持。但是,法律允许公司通过内部意思自治,以股东会决议的形式剥夺股东抽逃的全部或部分出资所对应的股权。

需要注意的是,公司以股东会决议的形式强制剥夺抽逃出资的股东部分股权的,需以履行催告义务为前提,且经催告后,该股东未在合理期限内缴纳出资。

此外,公司的意思自治亦受到相应的限制。公司通过股东会意思自治形成的决议应以不侵害特定关系人的合法权益为权益。股东对与其自身利益有关系的股东会决议存在异议的,应当及时提出,并注意权利行使的期限,比如,申请撤销股东会决议的期限60 日,并且需要向人民法院提示诉讼,行使撤销权。

在公司以股东会决议形式剥夺股东的部分股权后,法院认可交由公司直接决议由公司其他股东缴纳相应被抽逃的出资。对于认缴该部分出资的股东,实际履行了出资义务,可以依据股东会决议要求公司确认其对于该部分出资额的股东资格,并要求公司签发出资证明、将其记载于股东名册并办理变更登记手续。对于公司上述的自治行为,并不违反现行法律的禁止性规定,基于法律对于私权力主体"法无禁止皆可为"的法理原则,法院充分尊重公司的意思自治,并不过度干预,公司上述的自治行为合法有效。

同时,法院在审理中认为,有限责任公司股东身份应根据公司章程、股东名册、出资情况、工商登记等因素结合当事人的真实意思综合认定。根据《公司法》的相关规定,记载于股东名册的股东,可以依股东名册主张行使股东权利。但是,股东名册并非认定股东身份的唯一因素,股东名册对于股东身份仅具有推定的效力。

所谓推定的效力,是指记载于股东名册上的股东可以以股东名册作为证据,举证证明其具有公司的股东身份,其无须提供实际出资情况、出资证明等材料,即可推定其系公司股东。股东名册的推定效力在法院审理过程中,更为重要的是其对于举证责任分配的影响。对于其股东身份存在异议的人,应当提供相反的证据推翻股东名册的记载。

股东名册虽系认定股东资格的重要依据,但也只是认定股东资格的因素之一,在公司内部关于股东资格的认定仍然更注重于实质性的判断,因此,任何一方关于股东资格的举证均不应停留于文书记载的表象。

【法条链接】

《最高人民法院关于适用〈中华人民共和国公司法〉若干问题的规定(三)》

第十二条　公司成立后,公司、股东或者公司债权人以相关股东的行为符合下列情形之一且损害公司权益为由,请求认定该股东抽逃出资的,人民法院应予支持:

（一）制作虚假财务会计报表虚增利润进行分配；

（二）通过虚构债权债务关系将其出资转出；

（三）利用关联交易将出资转出；

（四）其他未经法定程序将出资抽回的行为。

第十七条 有限责任公司的股东未履行出资义务或者抽逃全部出资，经公司催告缴纳或者返还，其在合理期间内仍未缴纳或者返还出资，公司以股东会决议解除该股东的股东资格，该股东请求确认该解除行为无效的，人民法院不予支持。

在前款规定的情形下，人民法院在判决时应当释明，公司应当及时办理法定减资程序或者由其他股东或者第三人缴纳相应的出资。在办理法定减资程序或者其他股东或者第三人缴纳相应的出资之前，公司债权人依照本规定第十三条或者第十四条请求相关当事人承担相应责任的，人民法院应予支持。

3. 超过法定最高股东人数的股东名册记载与救济

陈某民与远东控股集团有限公司股东名册记载纠纷①

【关键词】

股东名册记载纠纷　股东最高人数　诉讼时效

【案情简介】

2002 年 1 月 1 日，陈某民向江苏远东集团有限公司(2006 年 6 月 26 日该企业名称变更为远东公司)缴纳股本金 238 万元。同日，远东公司向陈某民发放了编号为×××的股权证书，载明：陈某民持股数 238 万股，每股金额 1 元，总持股金额 238 万元，购股日期 2002 年 1 月 1 日等。远东公司在股权证书上加盖单位公章，法定代表人蒋某培签名确认。

2002 年 4 月 25 日，远东公司向宜兴市工商行政管理局申请变更登记，企业类型变更为有限公司，注册资本由 6800 万元变更为 3 亿元。

2002 年 4 月 12 日，远东公司召开第一次股东会议，蒋某培等人为公司股东，但陈某民的名字未在股东名册及公司章程中出现。

2006 年 1 月 5 日，远东公司发布远司(2006)第 1 号文件，载明“经股东会研究决定，向关键性岗位上的员工开放股权。按照公司法的规定，持股前 40 名登记为公司注册股东，其余股东统一委托持股”。远东公司于 2006 年 12 月 17 日发布远司(2006)第 29 号文件，决定解除与陈某民等人的劳动关系。

2011 年 7 月 13 日，陈某民函告远东公司，要求行使股东权利，查阅远东公司股东会决议、财务会计报表及会计账簿等资料。远东公司收函后以陈某民不享有股权为由，拒绝其请求。陈某民提起诉讼，经法院生效判决认定陈某民自 2002 年 1 月 1 日起已经是远东公司的股东，依法享有股东知情权。

远东公司 2013 年 12 月 20 日股东会决议，同意增加新股东，股东人数由 8 人增加至 50 人，公司注册资本由 3 亿元增加至 6.66 亿元，并通过修改后的公司章程等事项。同日，远东公司至工商部门办理了公司注册资本及股东等变更登记，工商部门于同日予以核准，但远东公司未将陈某民作为新增加股东在股东名册上记

① 江苏省无锡市中级人民法院(2015)锡商终字第 0542 号民事判决书。

载,并办理变更登记。

陈某民提起诉讼,请求判令远东公司将其记载在远东公司股东名册上并办理股东工商登记。

经法院裁判,一审法院未支持陈某民的诉讼请求。

陈某民提起上诉。二审法院认为原审法院认定事实清楚,适用法律正确,予以维持。

【判例分析】

法院经审理认为,对于陈某民向远东公司缴纳股本金 238 万元,陈某民自 2002 年 1 月 1 日起已为远东公司股东的事实,已经法院生效法律文书予以确认,对此法院予以认定。

远东公司为有限责任公司,按照法律规定,远东公司应当在法院生效判决确认陈某民为远东公司的股东后即将陈某民记载在公司股东名册上,并向公司登记机关进行登记。但远东公司 2013 年 12 月 20 日股东会决议,将股东人数由 8 人增加至 50 人,该增加的股东中未包括陈某民。现远东公司记载于股东名册中的股东人数已达到法律规定的上限,法院就有限责任公司股东名册记载人数事项向公司登记机关无锡市宜兴工商行政管理局进行了咨询。该局工作人员答复称,公司法规定,有限责任公司由 50 个以下股东出资设立,故其对有限责任公司股东名册记载人数在 50 人以下记载,超出部分的股东不予记载。

一审法院认为,对于股东名册中的股东人数已达法律规定上限的,远东公司可通过变更为股份有限公司增加股东人数,或者陈某民通过转让股份等其他形式实现。二审法院认为,将股东记载于股东名册上系公司的法定义务,但是公司在履行法定义务时应严格遵守法律规定,远东公司记载于股东名册的股东人数已达到法律规定的上限,陈某民要求将其记载入股东名册并办理股东工商登记,须远东公司变更公司性质为股份有限公司增加股东人数或进行股权回购等其他方式实现,但该实现途径非本案理涉范畴。

据此,陈某民要求远东公司进行股东名册记载、登记出资额并办理股东工商登记的主张一审、二审法院均未予支持。

同时,在本案的审理过程中,远东公司提出诉讼时效抗辩。法院经审理认为,当事人可以对债权请求权提出诉讼时效抗辩,也即诉讼时效制度适用的权利范围为债权请求权,本案不属于债权请求权之诉。退一步说,即使适用诉讼时效制度规定,因陈某民于 2012 年 10 月 19 日经法院终审判决确认为远东公司的股东,陈某民于2014年9月4日提起本案之诉,也未超过2年的诉讼时效,故对于远东公司的时效抗辩未予支持。

【风险提示】

首先应当明确,本案法院驳回了陈某民关于将其记载于股东名册并进行变更登记的诉请,与另案判决确认其具有远东公司的股东身份并不矛盾。股东身份的认定与股东名册的记载在一定程度上系相分离的。

如前所述,记载于股东名册上的股东并不当然具备股东身份。同样地,具有股东身份的人并不一定记载于股东名册上,即使股东名册上记载的股东人数已达法定上限,法院仍有可能判决其他人具有该公司的股份身份。

公司法对于有限责任公司的股东人数进行了限制,不得超过50人。基于本案的特殊情况,公司登记的股东已达法定的50人上限,故股东再行要求将其登记于股东名册之上,不具备履行的可能性,不能基于对特定个体的保护就突破现行法律的框架。

但是,法院于判决中明确了此种情况下公司股东的几种救济途径。

变更公司的性质,将有限责任公司变更为股东有限公司,由此增加股东人数。该种救济途径虽然可行,但在实践中实现的可能性较低。

股东转让股份,将其转让给登记于公司股东名册上的其他股东。该种救济途径虽然在一定程度上可以实现部分财产性权利,但是股东将据此失去股东资格,无法再行使相应的股东权利。

公司进行股权回购。但该救济途径仍旧是以丧失股东资格为前提的。

在上述三项救济途径的基础上,笔者提出第四项救济途径——股权代持。

股权代持虽然并不为现行法律所倡导,但是通过股东隐名化的处理,可以在一定程度上突破法律对于有限责任公司股东人数50人的上限,并可使隐名股东继续享有股东资格,行使股东权利。隐名股东虽然不能登记于股东名册上,但是其与名义股东签署的股权代持协议可以经公司加盖公章确认。此项救济途径的风险在于,名义股东因办理了工商登记,对外具有公示效力,可能存在名义股东擅自处分股权,由善意第三人取得相应股权的后果。

每一项救济途径都兼具风险与收益,在遇到公司超过最高股东人数,股东无法记载于股东名册的特殊情形时,股东可结合自身情况与公司情况,寻求合适的救济途径。

此外,法院在本案审理中明确指出诉讼时效适用的对象为债权请求权,诉讼时效系权利人向人民法院请求保护民事权利的期限,期限届满后,权利人仍未行使权利的,债务人获得时效抗辩权。诉讼时效的规定主要适用于给付之诉。而在股东名册记载纠纷下,股东请求公司变更股东名册并非实体法上的请求权,因此不受诉讼时效的限制。

【法条链接】

《公司法》

第三十二条 有限责任公司应当置备股东名册,记载下列事项:

(一)股东的姓名或者名称及住所;

(二)股东的出资额;

(三)出资证明书编号。

记载于股东名册的股东,可以依股东名册主张行使股东权利。

公司应当将股东的姓名或者名称向公司登记机关登记;登记事项发生变更的,应当办理变更登记。未经登记或者变更登记的,不得对抗第三人。

后记

自2015年离开仲裁委，投身律师行业，不觉近十载。多年来，每日疲于案牍之劳，竟从未有机会静下心来，将多年心得体会付诸笔端。去岁春，突觉疏于写作良久，出于对过往实务经验的总结归纳，同时也为加强自身理论学习之目的，笔者遂开始本书的写作，耗时一年有余，终是完成了拙作。不求振聋发聩，只求能为翻阅本书的读者带来些许思考。

言归本书。作为商法中商事组织法的重要组成部分，公司法的掌握和运用对民商法律师而言是基本功一般的要求。在十二载仲裁委的工作经历与八年的律师生涯间，笔者参与处理了相当数量的公司法法律纠纷，颇多感悟。遂决定以此为题，浅析公司主体常见的法律纠纷。

本书的完成，要感谢胡栋律师，回首共同创业的筚路蓝缕，感谢数十载的共进退，感谢无条件的支持，希望未来继续互勉互励。

本书的完成，要感谢团队成员王林丽、郑思思、陈婉玲律师，感谢你们为本书的完成提供的案例搜索、观点探讨、资料查询、文字校对等重要工作，更要感谢你们在日常工作中对笔者的支持。

感谢过往的人和事，为笔者在专业和生活上带来的磨炼。

当然，笔者还要感谢自己在法律路上的坚持，更感谢家人的理解和陪伴。

希望每个法律人都可以守护自己内心的正义。